Wolfgang von der Weppen
Der Spaziergänger

Tübinger Phänomenologische Bibliothek

Herausgegeben von
Dietmar Koch und Klaus Bort †

Die Tübinger Phänomenologische Bibliothek umfaßt sowohl wissenschaftliche
wie essayistische Monographien als auch thematisch geschlossene Sammelbände.
In ihnen soll das Verhältnis der Phänomenologie zu anderen philosophischen
Ansätzen sowie zur Kunst, zur Religion und zu den positiven Wissenschaften
eigens bestimmt werden. Die Buchreihe will in ihrer Offenheit ein Forum sein
für phänomenologische Arbeiten und Arbeiten zur Phänomenologie. Lassen
Werke aus anderen Denktraditionen und -richtungen Fruchtbares für das phänomenologische Sachgespräch erwarten, finden auch sie Aufnahme in der Reihe.

Wolfgang von der Weppen

Der Spaziergänger

Eine Gestalt, in der Welt sich vielfältig bricht

Die Deutsche Bibliothek - CIP-Einheitsaufnahme

Weppen, Wolfgang von der: Der Spaziergänger :
Eine Gestalt, in der Welt sich vielfältig bricht / Wolfgang von der Weppen.-
Tübingen : Attempto-Verl., 1995
(Tübinger phänomenologische Bibliothek)
ISBN 3-89308-185-2

© 1995 AttemptoVerlag Tübingen GmbH
Alle Rechte vorbehalten
Satz: Tübinger Gesellschaft für
phänomenologische Philosophie
Gesamtherstellung: Difo-Druck GmbH Bamberg
ISBN 3-89308-185-2

Meinen Töchtern

Marcella, Katharina
und Friederike
zugeeignet

Vorwort

Betrachtung des Titelbildes

Die Brechung des Äußeren im Innern

Die Ausweitung des inneren Raumes und die Dehnung der Zeit

Die Begrenzung des äußeren Raumes und die Aussetzung der Zeit

Wege nach Innen

Der urbane Spaziergänger

Der gesellige Spaziergang

Die Aufhebung des Spaziergangs im geschichtlichen Raum

Der Abgesang des Spaziergängers

Die Zeitlosigkeit des Spaziergangs

Vorwort

Ab 1900 wurde über drei Jahrzehnte hinweg einiges über den ‚Spaziergänger' geschrieben. Freilich war dabei eher der Wanderer im Sinne der Wanderbewegung vom Interesse des Publikums betroffen als der Spaziergänger im engeren Sinne des Wortes. Doch selbst dieses Interesse verfiel mit dem Ende der Wanderbewegung sehr rasch, das Thema wurde bedeutungslos.

Seit wenigen Jahren nunmehr hat der ‚Spaziergänger' jedoch eine erstaunliche Renaissance erfahren. So liegen einige, zum Teil äußerst ergiebige Einzelstudien zum Thema vor, die sich allerdings nahezu ausschließlich von literarischer Seite her unter einer jeweils bestimmten literaturwissenschaftlichen Detail-Perspektive des Spaziergangs annehmen. Gelegentlich wird vermutet, daß das neuere Interesse am Spaziergänger mit seinem bevorstehenden Ende zu tun habe. Dies ist nicht einfach von der Hand zu weisen, mag jedoch vorerst dahingestellt bleiben.

Eines der Anliegen des vorliegenden Bändchens ist es nun, den Spaziergänger in *seinem* Raum, in seinem ihm zugehörigen ‚Spatium' sowie in seiner zeitlichen Eingebundenheit in eine bestimmte Epoche vorzustellen, ohne das liebenswerte Bild seiner Gesamterscheinung aus den Augen zu verlieren. Nicht nur ‚harmonische' Klangbilder werden hier zu hören sein – auch einige unzeitgemäße, ins Mark gehende Töne dürfen in einer solchen Komposition nicht fehlen.

Was aber die Erscheinung des Spaziergängers, dieses so stillen Vertreters menschlicher Individualität, ja menschlicher Seinsweise schlechthin betrifft, so kann sie zum wenigsten in *leerer* Idealisierung, vielmehr nur in ihrer reichen geschichtlichen und phänomenalen Vielgestaltigkeit ein wenig lebendig gemacht werden. Hierzu war eine behutsam angewandte, ‚offene' Typologie unumgänglich.

Es konnte jedoch nicht das Ziel dieses Essays sein, eine strenge Systematik von klar sich von einander abhebenden Typen zu erstellen, was im Felde lebensweltlicher Phänomene ohnehin unsinnig wäre. Wirklichkeit ist nicht als festes Gefüge, das es nur ‚abzubilden' gälte, zu denken. Frithjof Rodi (‚Morphologie und Hermeneutik') umschreibt den Sachverhalt solchermaßen: „Es ist nicht die Richtung ‚von oben' her, von einer schon bereitliegenden Typologie her, unter deren Schema man die

Erscheinungen einzuordnen hätte, sondern [nämliches] geschieht als Heraushebung jenes ‚Mittelpunkts‘, der für jeden in sich zentrierten Wirkungszusammenhang vorauszusetzen ist." So mußte es notwendigerweise zu Überschneidungen in der Zeichnung der vielschichtigen Ausprägungen der Gestalt des Spaziergängers kommen; dies etwa im Grenzbereich vom romantischen zum existentiellen Spaziergänger, vom Waldgänger zum Flaneur wie auch in denjenigen Kapiteln, die den geschichtlichen Raum des Spaziergängers zu umgreifen suchten.

Diese Vorbemerkung scheint notwendig, da der Typusbegriff zunächst von der politischen Linken im Zuge einer sachlich durchaus anstehenden Vorurteilsanalyse mehr und mehr grundsätzlich als bloße denunziatorische Verallgemeinerung verstanden wurde. Der Wesensbegriff – und mit ihm der Begriff der Ganzheit – wurde im berechtigten Angriff auf schlechte, ‚raunende‘ Innerlichkeit generell als vorurteilslastige Setzung, als das ‚Unwahre‘ als solches (Adorno) gedeutet, was aber heißt, das Kind mit dem Bade ausschütten. Der neue Konservativismus seinerseits hat dann nicht von ungefähr diese Entwicklung begierig aufgegriffen und sich zunutze gemacht, um die von ihm ins Auge gefaßte durchgängige Funktionalisierung von Welt ungehinderter vorantreiben zu können.

Jene Vielschichtigkeit aber der Gestalt des Spaziergängers war leichter ins Bild zu setzen im Rückgriff auf die vielfältigen literarischen Zeugnisse zum Thema und in der Einbeziehung von kritischer, reflektierender Literatur.

Dies meint freilich nicht, daß es in der Absicht gelegen sein kann, eine Enzyklopädie von irgendwann in der Geschichte durchgeführten Spaziergängen berühmter Spaziergänger zu erstellen oder jeden in der Literatur dargestellten Spaziergang aufzulisten. Dies wäre ein Ding der Unmöglichkeit und machte zudem wenig Sinn. So aber wird der Leser manche liebgewonnene Gestalt des öffentlichen oder kulturellen Bewußtseins, die er als Spaziergänger kennen und schätzen gelernt hat, missen. Auch die große Breite der Reiseliteratur mußte deshalb weitestgehend ausgeschlossen bleiben. Manches weglassen zu müssen, was der Berücksichtigung wert gewesen wäre, kam auch den Autor oft schmerzlich an. Oft wurde versucht, wenigstens einiges hierzu in den Fußnoten unterzubringen. In diesem Sinne gibt auch das Literaturverzeichnis da und dort Hinweise auf weiterführende Lektüre zum Thema, und dies mag den Leser ein wenig über Fehlendes hinwegtrösten.

So bleibt mir nur noch abschließend, den stillen Helfern zu danken, die mich bei der Mühe vielschichtiger Nachforschungen unterstützt haben.

Dank schulde ich in besonderem Maße den Herausgebern der ‚Tübinger Phänomenologischen Bibliothek‘, Dietmar Koch (Universität Tübingen) und dem allzufrüh verstorbenen, unvergeßlichen Klaus Bort, die beide meine Arbeiten mit wertvollen Hinweisen, mit einfühlsamem Sachverstand und mit viel Geduld unterstützt haben. Frau Weise Furno (Universität München) half mir mit wichtigen Hinweisen zum ‚Corso‘ in der italienischen Literatur aus, Friederike von der Weppen (München) mit Anregungen zum Kapitel ‚Der Streuner‘. Sehr verbunden bin ich den Künstlern Jan Borofsky (Staat Maine/USA) und Franz Gertsch (Kanton Bern/Schweiz) für die Überlassung ihrer Arbeiten zum Abdruck. Danken möchte ich sodann meiner Frau, Brigitte von der Weppen, für ihr ausdauerndes, feinsinniges und kenntnisreiches Interesse am Fortgang des Manuskripts. Dem Freunde und Gefährten mancher bleibender Wanderung, Jürgen Miericke (Nürnberg), bin ich für die großmütige Unterstützung, welche die Veröffentlichung des ‚Spaziergängers‘ sehr erleichtert hat, zutiefst verpflichtet. Gisela Roelcke (Heidelberg) möchte ich herzlich dafür danken, daß sie die vorliegende Veröffentlichung ebenso wie auch andere meiner Arbeiten der letzten Jahre mit freundlichem Wohlwollen, mit subtiler Einfühlung und tiefer Kennerschaft begleitet hat. Meine Verbundenheit gilt abschließend Erika Böck (München), die mir liebenswerterweise Sachhinweise in literarischer und philosophischer Hinsicht gab und mich bei der Endkorrektur unterstützte.

Wolfgang von der Weppen
Wasserburg am Inn, im Frühjahr 1995

Betrachtung des Titelbildes: anstelle einer Einleitung

Betrachten wir das Bild von Pissaro, das zum Titel gewählt wurde, in seiner Gefügtheit: eine Landschaft ist zu sehen, wie sie im Weichbild einer Stadt, etwa in der Banlieue von Paris zu finden wäre. Doch zeigt das Bild den Quai und die Brücke von Pontoise, jener westlich von Paris gelegenen Kleinstadt, in die sich Pissaro in den Jahren um 1866 zurückgezogen hatte. Der Aufbau des Bildes wirkt streng, die Linien sind klar und sparsam gezogen: eine Brücke sehen wir, der Uferweg führt perspektivisch in den Hintergrund des Bildes, ohne sich im Unbestimmten zu verlieren. Der Himmel schneidet das Bild in zwei Hälften, lediglich vorne rechts von einem größeren Gebäude verstellt, das die völlige Öffnung des Horizontes verhindert. Die Architektur ist einfach komponiert, eher flächig gehalten und nur leicht von einander abgesetzt. Der Raum ist offen, doch zum Horizonte hin abgeschirmt: Natur drängt herein und wird fühlbar, doch in der Einheit mit der Architektur führt sie *nicht* das Unbegrenzte mit sich. Andererseits aber ist der in sich geschlossene Raum gleichwohl nicht fest umfriedet; er bleibt offen. Das Bild weist eine Klarheit auf, der die Gedämpftheit der Stimmung, der melancholisch bewegte Himmel, die Stille des Tages keinen Abbruch tut. Im Vordergrund des Bildes sehen wir zwei Spaziergänger, im Ton dunkel gehalten, gleichsam als Staffage, die Stille weniger belebend als ihr korrespondierend. Die Idylle wird nicht ausgesponnen. Pissaro entzieht diese Gestalten einer Psychologisierung. Was sie fühlen, wovon sie bewegt sind – davon erfahren wir unmittelbar nichts, es sei denn, wir nähmen den Gesamteindruck, den die Landschaft vermittelt, als Ausdruck der Empfindung dieser beiden Spaziergänger. Wäre dem so, dann müßte dem Gegenüber von äußerer Wirklichkeit und innerer Welt, dem Ineinander von Clarté und Tristesse, von Transparenz und Melancholie, von romantischer Offenheit und formaler Harmonie des Bildes nachgedacht werden. Es müßte sich erweisen, wie sich dieser Schwebezustand, dieses zerbrechliche Gleichgewicht im Bildnis des Pissaro zu halten vermag. Was aber die Einheit der beiden für das Bildnis so wesentlichen Figuren mit ihrem Raum, mit ihrer Landschaft betrifft, so soll der in ihr aufscheinenden Geschlossenheit wie Zerbrechlichkeit nun im folgenden nachgegangen werden, und dies am Leitfaden der Gestalt des Spaziergängers.

Die Brechung des Äußeren im Innern

Die Harmonie des Spaziergangs

Der Spaziergänger – so vielschichtig sein Erscheinungsbild sich auch zeigt – ist einer, der aufbricht auf einen kurzen oder einen längeren Weg, einem bestimmten Ziele zu oder ins Unbestimmte gehend, als schweifender Wanderer im Umfeld der Städte oder in freier Natur wie auch als abenteuernder Flaneur in der Landschaft der Metropolen; dies alles in der Absicht, in heiterer Stimmung sein Inneres behaglich ‚auszutragen‘, den vergangenen, den kommenden Tag durchsinnend oder auch, um sich von Trübsal zu befreien, immer aber im Bestreben – sofern ihm dies nur gelingen mag –, seine innere Harmonie in der Landschaft glücklich bestätigt zu finden oder – ganz im Gegensatz dazu – sein aufgewühltes Wesen im ‚Gespräch‘ mit der Stadt, mit ihren Ensembles, mit der Landschaft, mit der Natur in tragende Gestimmtheit zu versetzen.

In der Betrachtung der äußeren Dinge, in der Beobachtung einer bestimmten ins Auge springenden Perspektive oder eines Genres, das sich am Wege öffnet, wachsen dem Spaziergänger innere Welten zu. Nicht daß er sonderlich dazu neigte, Beobachtungen zielgerichtet auf einzelne Phänomene hin vorzunehmen, zu sammeln und zu sortieren, wie dies der Forscher tut, der Sammler auf seinen ‚subtilen Jagden‘ (Ernst Jünger), um ganz in der Bestimmung von Architektur, Flora oder Fauna aufzugehen, immerfort den Erscheinungen am Wegrande nachjagend. Dennoch öffnet er unmittelbar seinen Blick den vielfältigen Erscheinungen auf seinem Wege, soweit er dies in die *Offenheit* seines Spaziergangs hineingestellt weiß. Dann freilich wendet er sich gerne und liebevoll der Kleinwelt auf seinem Wege zu, dem Detail, der Augenblicksszene, dem flüchtigen Eindruck, um all dies in die Schwingungen seiner inneren Gestimmtheit arabeskenhaft einzufügen. Der Spaziergänger unterscheidet sich darin auch gründlich vom klischeejagenden Fototouristen, der nicht das Offene des Eindrucks sucht, vielmehr das vorgefertigte Bildchen, das er mit nach Hause zu tragen wünscht, in der Hoffnung oder sogar im festen Glauben, das nun alles für immer festgehalten zu haben, was ‚man‘ gesehen haben *muß*. Er wähnt, sich die Dinge ‚kaufen‘ zu können. Doch auch der Bildungstourist, der sich weit über solch ‚gewöhnlichem‘

Ansinnen wähnt, der die ‚Geheimtips' abseits der Routen des Massentourismus aufsucht, ist im Grunde kein Spaziergänger: nämlich, sofern er bloß sein Bildungswissen reproduziert, sofern es verlernt hat zu schauen, um das Gesehene gleich in feste, überkommene Bildungsraster einzulesen. Die *Unmittelbarkeit des Schauens* ist dem einen wie dem anderen Touristen fremd. *Besitzergreifung* scheint dem Touristen wesentlich eingeschrieben gegenüber den Dingen, „zu denen er nie in Beziehung treten wird, ja die er ihres Distanzseins und ihrer Selbständigkeit zu berauben beflissen ist."[1]

Anders aber ist die Wirkung der Dinge auf den Beschauer, der ihnen zugetan ist als dem, was sie sind.

In eben diesem Sinne schreibt der Spaziergänger Ernst Jünger in sein Tagebuch: „Saint-Michel, 13. April 1941 Osterspaziergang. Die braunen, noch unbestellten Äcker scheinen kahl, doch überwebt sie an manchen Stellen ein feiner niedriger Nesselflor, fast unsichtbar, das Ultraviolette streifend, auf dem man die Hummeln wie über Traumgespinsten weiden sieht. Die kleinen, ausgefahrenen Feldwege. Auch sie besitzen Nord- und Südhang, auf denen die Pflanzen nicht nur im Wachstum, sondern auch in den Arten verschieden sind."[2]

Die Erscheinungen der Außenwelt werden also vom Spaziergänger in einer minutiösen Vielfalt aufgenommen, dies allerdings, sofern er nicht so sehr mit seiner Innenwelt beschäftigt ist, daß er der Dinge nicht achtet, ja daß er – im Augenblick aufschreckend – vielleicht kaum mehr den Raum seines Spaziergangs bestimmen kann und völlig die Orientierung verloren hat.

Dem ‚idealen' Spaziergänger aber harmonieren Innenraum und Außenwelt im Sichtbarwerden von *etwas* – auch wenn dieses Etwas sich vielleicht der raschen Definition entzieht – in der Stimmung einer Landschaft, in der Aura von etwas, das noch unbestimmt bleiben kann, verschwebend, atmosphärisch. Doch ist es ganz wesentlich so, daß der Spaziergänger nicht dieses oder jenes gezielt ‚angeht', um es als ‚Trophäe', als Souvenir vom Spaziergang mit nach Hause zu bringen, sondern vielmehr nimmt er die Aura der Dinge als solche in sich auf, die Aura eines Ereignisses, eines Viertels, einer Landschaft, die sich im Be-

[1] Buber, Martin: Urdistanz und Beziehung, 31
[2] Jünger, Ernst: Strahlungen, I, 231

wußtsein des Beobachters reflektiert beziehungsweise in seiner Gestimmtheit sichtbar wird. Das Sichtbarwerden von etwas: eine scheinbare Banalität. Der Massentourist wartet mit seinem Videogerät, mit seinem Fotoapparat geduldig, um die Ankunft des Touristenschiffes, der Zahnradbahn oder der Seilbahn im Bild festzubannen, wie er dies von den Postkartenfotos her kennt, – ein gelungenes Bild, ein Vorzeigebild: die äußere Beobachtung liegt ebenso darnieder wie die Innerlichkeit der Seele: *nichts* wird im Abbild sichtbar als ein immer wiederkehrendes, ermüdendes Klischee. *Nichts wird darin sichtbar.* Das Klischee ist es, das stereotyp reproduziert wird, die immerwährende Wiederkehr derselben Banalität, nichts weiter: „Die Dinge sich ,näherzubringen' ist nämlich ein genau so leidenschaftliches Anliegen der gegenwärtigen Massen wie es ihre Tendenz einer Überwindung des Einmaligen jeder Gegebenheit durch deren Reproduzierbarkeit darstellt. Tagtäglich macht sich unabweisbarer das Bedürfnis geltend, des Gegenstands aus nächster Nähe im Bild, vielmehr *im Abbild*, in der Reproduktion habhaft zu werden."[1]

Das, was die Dinge unausgesprochen umgibt, ist es, was der Massenmensch dabei zerstört. Was jenseits seines gerasterten Bewußtseins liegt, ist für ihn nicht existent, darf übergangen werden, wird mißachtet oder vernichtet ...

Die Aura der Dinge wird zerstört, jenes „sonderbare Gespinst aus Raum und Zeit: einmalige Erscheinung einer Ferne, so nah sie sein mag. An einem Sommernachmittag ruhend einem Gebirgszug am Horizont oder einem Zweig folgen, der seinen Schatten auf den Ruhenden wirft – das heißt die Aura dieser Berge, dieses Zweiges atmen. An Hand dieser Definition ist es ein Leichtes, die besondere gesellschaftliche Bedingtheit des gegenwärtigen Verfalls der Aura einzusehen."[2]

Der wahre Spaziergänger aber läßt die Aura der Dinge bestehen, auch wenn er die Neugierde (als eine Art des Hineinlebens in die Dinge), wenn er die Freude am Schauen, die Euphorie des Entdeckens, ja auch das Hineinschlüpfen in fremde Existenzen kennt. Angelika Wellmann verweist auf den Dichter und Spaziergänger Robert Walser, der die Orte allein deshalb nicht geographisch fixiere, da er „die Rätselhaftigkeit der

---

[1] Benjamin, Walter: Das Kunstwerk im Zeitalter der technischen Reproduzierbarkeit, in: Gesammelte Schriften I, 2, 440 (Hervorhebung von mir)
[2] Benjamin, Walter, a.a.O.

Dinge"[1] wahren wolle. Und wenn der Spaziergänger auch vielfach gerne vertraute Wege geht, so liebt er doch das Hinausgehen über das Überkommene, über das Eingefahrene und Eingeschliffene des Alltags.

Hören wir hierzu noch einmal den Spaziergänger Ernst Jünger zum Gedanken des Hineinlebens in andere Existenzen: „Paris, 22. Oktober 1941 Spaziergang mit einer südlichen Modistin, die von der spanischen Grenze kommt und sich bei mir nach einem Kameraden erkundigt. [...] Wir schlenderten plaudernd durch die dämmernden Gassen um die Madelaine. [...] Bei solchen Berührungen belebt mich eine starke Neugier, den unbekannten Menschen zu belauschen, Eingänge zu gewinnen in fremde Gärten oder in Flure von Häusern, die sonst verschlossen sind"[2]... So zeigt sich, daß der aufmerksam Reisende, daß der Spaziergänger einer ist, der an Existenzen teilhat, denen er eigentlich nicht zugehört. Er lebt – auf Zeit – in einer Zwischenwelt, die seine eigene Existenz und jene fremden Existenzen in den an ihm vorüberziehenden Welten zu umgreifen scheint, in einer Zwischenwelt, welche die Innenwelt des Spaziergängers bereichert, wie kaum etwas anderes, ohne daß er dabei der Schwere des Daseins gänzlich ausgesetzt wäre: Schön ist es, die Dinge zu schauen, nicht aber, die Dinge zu sein, wie dies ein buddhistischer Gedanke anzeigt. Die Bedeutung dieser Zwischenwelt, in der der Spaziergänger sich vorübergehend aufhält, verweht jedoch im Nu, im Augenblick, und wird zur Impression, zum flüchtigen Ereignis. Der Spaziergänger hat solchermaßen aber dennoch Anteil an den anderen Existenzen, die ihn im Vorbeigehen berühren, ohne in dieser Teilhabe von der Schwere der ‚durchlittenen' Existenzen gänzlich zu Boden gedrückt zu werden: und doch durchlebt er diese Existenzen, die nicht seine sind, sei es im flüchtigen Eindruck eines Gesichts, in der Zufälligkeit einer Szenerie oder in der Einmaligkeit einer bislang so noch nie gesehenen, unentdeckten Perspektive. So nimmt der Spaziergänger gerne Anteil an dem, was er scheinbar nur von außen im Vorbeiziehen ganz flüchtig wahrnimmt.

Wendet sich der Spaziergänger also der Außenwelt gerne bewußt zu, so tut er dies nicht mit der Schärfe einer topographischen Ermittlung, wie sich dies etwa der Bergwanderer zu eigen machen muß, um sich in

[1] Wellmann, Angelika: Der Spaziergang, 190
[2] Jünger, Ernst: Strahlungen, I, 265 (Hervorhebung von mir)

schwierigem und unwegsamem Gelände sowie in der ständig wechseln-
den Perspektive stets neuer Erhebungen und Felswände zurechtzufinden.[1]

Dem Spaziergänger wendet sich vielmehr die Offenheit seines Weges
nach innen, der Kontemplation zu, ohne daß sich ihm sein jeweiliges
Umfeld zu einer Zufallskulisse verkürzte und in das Innenleben hinein
auflöste. Freilich: der philosophierende Spaziergänger, der sich dem Gedanken hingibt, scheint seines Weges ebensowenig zu achten wie der
meditierende, der in der reinen, nach innen gerichteten Meditation seinem inneren Bilde entspricht. Gerne überläßt er sich der Fülle seines Innern. So schreibt Rousseau in den ,Träumereien eines einsamen Spaziergängers' in diesem Sinne: „Ich will mich ganz dem süßen Gespräch mit
meiner Seele überlassen, da sie das einzige ist, was die Menschen mir
nicht nehmen konnten."[2] Dieses Selbst-Gespräch des Empfindsamen
aber führt diesen in die äußere Bewegung, hinaus in die Landschaft, und
dies mit gutem Grund.

Die umgrenzte Offenheit von Zeit und Raum

Gerne entflieht der Spaziergänger einer Enge, die ihn bedrückt, um in
der Bewegung des Leibes auf dem Umweg über das ,Draußen' zu sich
selbst zu finden.

Der Weg führt den Spaziergänger heraus aus dem Kreis des Alltäglichen, um der inneren Freiheit Raum geben zu können, wenn auch nur –
wie ihm selbst gewärtig ist – vorübergehend und auf Zeit. Die Gedanken
lassen sich so auf dem Spaziergang, der den Alltag ,unterbricht', ordnen,
Erlittenes wird verarbeitet, fällt leichter ab. Oft tritt eine entscheidende
innere Klärung ein, besonders beim Spaziergang zu zweit: „Es ist kein
Zufall, daß Spaziergänge zu zweit oft Grundsätzliches aufrühren."[3]

---

[1] Es gibt für eine solche Darstellung der Außenwelt außerordentliche Zeugnisse in der deutschen Literatur. Man vergegenwärtige sich nur Goethes
Beschreibungen italienischer Landschaft – etwa die liebevolle Schilderung der
Straßen Neapels mit ihrem ,dichten' Leben – oder Stifters Landschaftsschilde-
rungen sowie Fontanes ,Wanderungen durch die Mark Brandenburg', in denen
er Landschaft und Geschichte gleichermaßen lebendig werden läßt.
[2] Rousseau, Jean-Jaques: Die Träumereien des einsamen Spaziergängers, 653
[3] Böhm-Christl, Thomas: Spazieren, 264

Dem kommt oft große helfende Bedeutung und auch ein besonderer heuristischer Wert zu: So ist es ein unter Freunden oder Partnern gerne geübter Brauch, vor schwierigen Entscheidungen innerlich Unklares, noch nicht Bewältigtes zu Gehör zu geben, gemeinsam nachsinnend und die Dinge – im Gespräch oder auch im Schweigen – einer Klärung zuzuführen dadurch nämlich, daß sie in einen offenen Fragehorizont zurückgenommen worden sind. Auch in anderen Fällen mag der gemeinsame Spaziergang einer unaufdringlichen ‚Therapie' dienen, wie dies in der disziplinierten Anstrengung, vielleicht grübelnd am Schreibtisch sitzend, so nicht möglich wäre.

In jedem Fall aber scheint der Weg ins Freie das Versprechen einer inneren Befreiung einzulösen im Abschütteln unliebsamer Dinge und Geschehnisse, im Heraustreten aus der Anspannung des Alltags: „Wer spazierengeht, verhält sich negativ, negativ gegen Haus, Arbeit, Handlung Rolle, Funktion, Pflicht."[1] Allerdings: solche Negation ist nicht als destruierend zu verstehen. Auch kann der Spaziergang bewußt in einen geregelten Rhythmus eingebunden sein, in den Rahmen von Pflicht und von Arbeit, wie dies verschiedentlich von Literaten und anderen Geistesmenschen gepflegt worden ist und ausgeübt wird.

Ist die Zielsetzung des Spaziergangs solchermaßen vielfach schon festgelegt, so wird der Weg ins Freie aber auch oft zum Aufbruch ins Unbestimmte, ins Offene der eigenen ausstehenden Entschlüsse, allerdings ein Aufbruch nicht solchermaßen wie der zu einer großen Reise, nicht gar zu einem Abenteuer, alle Schiffe hinter sich verbrennend wie Cortez nach seiner Landung auf Yukatan am Karfreitag des Jahres 1519, dies, um die Eroberung von Mexiko unwiderruflich in Angriff zu nehmen. Der Abenteurer bricht die Brücken hinter sich ab. Umkehr? Schon der Gedanke daran ist für ihn auszuschließen.

Anders der Spaziergänger. Der Spaziergang ist für ihn fast immer eine Bewegung im umgrenzten Raum, und er befreit ihn nur so lange von den Mühen des Alltags, solange er absichtslos seine Schritte setzt. Die Rückkehr in die Behausung ist ihm absehbar. „Zum Spaziergang gehört – im Unterschied etwa zum Wandern – die Behausung, als Gegenpol der freien Natur, von der der Spaziergänger ausgeht und zu der sein Gang

---

[1] Böhm-Christl, Thomas, a.a.O., 262

zurückführt."[1] So ist der Spaziergänger frei und gebunden gleichermaßen. In sich gekehrt lebt er gleichwohl in die Außenwelt hinein. Von der Umgebung seines Weges animiert, kehrt er reicher in den Alltag zurück, so daß die vormals vielleicht bedrückende Enge sich in Geborgenheit erneut umzuwenden vermag.

Der Spaziergänger und der Abenteurer

Der Spaziergänger ist nicht in der Weise ins Offene gestellt wie der Abenteurer, dessen innere Unruhe ihn stets weitertreibt ins risikoreiche Wagnis, ins Unerforschte; dessen Wesen ist ja bestimmt vom ständigen Aufbruch in die Dimension des Anderen, des Drüben, des ihm am Horizont Sichtbaren, welches – gerade noch erkennbar – schon jenseits einer Grenze liegt, welche Halt verspricht. Die Offenheit des Abenteurers läuft so ständig Gefahr, in die Besinnungslosigkeit einer unstillbaren Sehnsucht umzuschlagen; seine ständige Bewegung findet keinen sicheren Grund mehr unter den Füßen, und so kann es geschehen, daß er sich letztlich seiner Freiheit im Sinne einer vernunftsbestimmten Freiheit begibt und sich dem Rausch irrationaler Fährnis überläßt; leicht wird ihm sein Weg zum Weg ins Dunkle, in den Untergang, mag ihm sein Weg zunächst noch so sehr als Weg in ein fernes Eldorado, in ein Land paradiesischen Glücks erscheinen. Doch nicht dieses ist es eigentlich im Grunde, was den Abenteurer sirenenhaft lockt und verführt, vielmehr gerade die Gefahr, die Möglichkeit des Untergangs selbst.

Der Spaziergänger hingegen, der ja auch mitunter das Neue, das Unbekannte, das Abenteuerliche sucht, sucht es im Zirkel des ihm Vertrauten. Er bewegt sich in einem Raum, den er je schon umgreift, auch wenn er nicht jedes ihm erreichbare Revier schon abgeschritten hat: auf diese Weise bewegt er sich in ‚seiner‘ Vorstadt, in einem ihm noch wenig bekannten Stadtviertel ebenso wie im Bannwald oder in freier Landschaft. Doch auch wenn er in freier Natur sich bewegt, verliert er sich nicht an sie so wie einer, der in die Wüste geht, um dort dem Absoluten sich zu verbinden wie der Prophet, der in der glühenden und kalten Einsamkeit dem Gotte sich stellt, alles menschlich Schwache von sich abschüttelnd,

---

[1] Wölfel, Kurt: Angedeutete Materialien zu einer Poetik des Spaziergangs, 72

ehe er zur Verkündung schreitet oder auch – um ein neueres Beispiel zu nennen – wie der Abenteurer Chatwin, der in die Wüste aufbrechen wollte, um dort unerkannt zu sterben …

Die romantisierende Empfindung des Spaziergängers sucht zwar ebenso die Grenzen ständig zu überschreiten, doch bleibt dies eine Bewegung, die nach innen geht, in einen offenen und gleichwohl doch innerlich umgrenzten, wohl auch vertrauten Raum. Aus der inneren Nähe zu den Dingen, aus dem Inneren des Gemüts erschließt sich dem Spaziergänger, sofern er es darauf abstellt, auf seine Weise die Hochstimmung, in der der Abenteuer sich beim Aufbruch ins Unbekannte befindet. Robert Walser schildert diese Empfindung auf rührende Weise: „Soviel ich mich erinnere, befand ich mich, als ich auf die offene, helle Straße trat, in romantisch-abenteuerlicher Gemütsverfassung, die mich beglückte. Die Morgenwelt, die sich vor mir ausbreitete, erschien mir so schön, als sehe ich sie zum erstenmal. Alles, was ich erblickte, machte mir den angenehmen Eindruck der Freundlichkeit, Güte und Jugend. […] Freudig war ich auf alles gespannt, was mir etwa begegnen oder entgegentreten könnte"[1]… Der Raum wird als sich darbietender Raum[2] zur freudig erwarteten Utopie, zur unbestimmten Hoffnung des Spaziergängers, seinen Raum stetig und aufs Neue sich zu erschließen.

Der Spaziergänger benötigt den äußeren überschaubaren Bewegungsraum, um die lebensnotwendige Utopie eines neuen, offenen Raumes meditativ in seinem Innern entwerfen zu können, eine Utopie, die ihm insofern lebensnotwendig ist, da ohne sie das lebendige Dasein im bloßen Hier- und Jetztsein zu ersticken droht. Er überschreitet dabei im Innern ständig die vorgegebene Grenze der Räumlichkeiten der Außenwelt, in welcher er sich gerade befindet, er weitet sie aus, doch im Gegensatz zum Abenteurer fordert der Spaziergänger keine konsequente Umsetzung der erträumten Utopie, sei es in der Unbestimmtheit eines wissenden Zögerns, sei es aus einer gewissen bürgerlichen Vorsicht heraus oder sei es in der resignativen Einsicht, daß die innere Sehnsucht auch in der vita activa des entschlossensten Wanderers in andere Welten nicht erfüllt zu werden vermag.

---

[1] Walser, Robert: Der Spaziergang, Werke in 6 Bänden, Bd. 6, 40
[2] Plessen, Jaques: Promenade et Poésie, 248, spricht vom ‚l´ éspace offert'.

Leicht geschieht es, daß das Gleichgewicht von Innen und Außen im Spaziergänger seine Balance verliert, so daß das Innere sich romantisch weitet auf Kosten der realen Außenwelt oder aber daß das Innere zurücktritt, ganz einem schönen Sonnentag hingegeben. Gelingt es ihm nicht, die Waage zu halten, so verläßt der Spaziergänger die eingeschliffenen Wege und unternimmt – dem Abenteurer gleich – Streifzüge an den vertrauten Ensembles vorbei in ferne, unbekannte Reviere. Dabei sind ihm die touristischen Sehenswürdigkeiten und Baulichkeiten ebenso wie auch die Naturwunder bloße topographische Anhaltspunkte und nicht das Ziel seiner Erkundung. Er beginnt auszuschweifen in die unendliche Offenheit des Raums.

Der Horizontsüchtige

Bei Chatwin etwa schlägt dies Schweifen ins Abenteuer um; dies eine ‚Familienkrankheit‘, über die er selbst als von einer ‚Horizontsüchtigkeit‘ berichtet:

„Die Männer in der Familie meines Vaters waren entweder solide, seßhafte Bürger [...] oder horizontsüchtige Wanderer gewesen, deren Gebeine in allen Winkeln der Erde verstreut lagen: Cousin Charlie in Patagonien, Onkel Viktor in einer Goldgräbersiedlung in Yukon, Onkel Robert in einem orientalischen Hafen, Onkel Desmond, der mit dem langen blonden Haar, war spurlos verschwunden, und Onkel Walter hatte in einem Hospital für heilige Männer in Kairo auf seinem Sterbebett Suren aus dem glorreichen Koran gesungen. Manchmal hörte ich, wie meine Tanten über diese verkorksten Existenzen sprachen; dann drückte Tante Ruth mich an sich, als wollte sie verhindern, daß ich in ihre Fußstapfen trat. Doch aus der Art, wie sie bei Wörtern wie ‚Xanadu‘, ‚Samarkand‘ oder ‚weinroter See‘ verweilte, konnte man schließen, daß auch sie die Unruhe des ‚Wanderers in ihrer Seele‘ spürte"[1]...

Kein Zweifel, daß hier wohl auch die Romantik des Kontinente umspannenden Britischen Empire im Spiel ist, von der selbst Churchill in jungen Jahren, sei es auf dem Indischen Subkontinent, sei es in Afrika, nicht unberührt blieb.

[1] Chatwin, Bruce: Traumpfade, 15

Das Exotische aber, das Fremde ist es, das reizt, das Anreiz gibt, aus-
zuholen, auszuschreiten, sich aus dem Gewohnten zu entfernen. So
etwa, wenn den Protagonisten in Hamsuns Roman ‚Gedämpftes Saitenspiel‘ unmittelbar nach seinem Scheitern beim Gang ins Gebirge eine
unbestimmte, in die Ferne gehende Sehnsucht erfaßt: „Es gibt nichts
Herrlicheres als das Rauschen des Waldes, es ist wie ein Schaukeln, ist
wie Tollheit: Uganda, Tananarivo, Honolulu, Atacama, Venezuela – [...]
Während ich wieder heimwärts zu meiner Blockhütte wandere, fängt es
an zu frieren, der Frost bedeckt alle Moore und Sümpfe und macht das
Gehen leicht. Langsam und gleichgültig, die Hände in den Taschen
schlendre ich dahin. Es eilt mir nicht, es ist gleichgültig, wo ich bin."[1]
    Wenig fehlte nur, und der Spaziergänger, der Wanderer, der jenen fer-
nen Räumen sich zuwendet, gerät ins Uferlose, ins offene Meer, ins
Nichts. Der Weg, der ‚hodos‘ wird nun tatsächlich zur ‚Reiseunterneh-
mung‘[2] unbestimmter Art. Leicht auch wird dieser Weg zum Weg ins
Labyrinthische oder, wie es bei Otfrid Becker heißt, zum ‚Weg in den
Wahnsinn‘.
    Die Uferlosigkeit, das Fehlen der Konturen des Horizonts läßt den
Spaziergänger dieses Schlags die Gesichertheit des Weges verfehlen,
ohne daß er bewußt die Unwegsamkeit, die aporia aufsuchte, wie dies
dem Abenteurer zu eigen ist.

Andererseits, wenn wir auch den Abenteurer zunächst negativ bewertet
sehen als einen, der alle Brücken hinter sich abreißt, – ist sein Aufbruch
nicht vielleicht doch vielfach ein Aufbruch ins Wesentliche?
    Der Abenteurer, so schreibt Hans Lipps, „ist angewidert von dem Le-
ben der Mittelmäßigkeit, in dem Arbeit und Vergnügen reguliert sind,
das auf kurze Sicht gelebt wird – schicksallos, nur auf Glück und Zufall
abgestellt"[3]... Ist der Spaziergänger in seiner Offenheit gegenüber den
Dingen nicht immer auf jene Überwindung des alltäglichen Mittelmaßes
abgestellt? Wenigstens im Ansatz?

---

[1] Hamsun, Knut: Gedämpftes Saitenspiel, in: Sämtliche Romane und Erzählungen, Bd. 3, 636 f.
[2] Becker, Otfrid: Das Bild des Weges, 20
[3] Lipps, Hans: Der Spieler und der Abenteurer, in: Die menschliche Natur,
119; auch Nietzsches Scheidung des ‚großen‘, das heißt schicksalsvollen Glücks
vom ‚kleinen‘ Glück der feigen Behaglichkeit wäre hier anzuführen.

So betrachtet aber steckte in jedem Spaziergänger ein Abenteurer, selbst in dem, der sich mit der Unausgefülltheit und Vergeblichkeit seines Lebens abgefunden hat und in der bürgerlichen Welt seine Existenz fristet. Er verlegt das Abenteuer vielleicht in sein Inneres, wie etwa der Vater Franz Grillparzers, der – an ein enges Beamtenleben gebunden und an Melancholie leidend – oft stundenlange Spaziergänge machte und dabei den Donauinseln der damals noch nicht regulierten Donau bei Wien exotische Namen gab.

Die Ausweitung des inneren Raumes
und die Dehnung der Zeit

Der vertrauliche Spaziergang

Der Spaziergang zeichnet sich unter anderem dadurch aus, daß er aus dem metrischen Gleichmaß der eingespannten Zeit herausgelöst ist. Ein Spaziergang, den man mit dem Zeitmesser in der Hand machte, wäre keiner mehr. Der gewonnene Innenraum aber birgt die Zeit für den ganz eigenen, individuellen Rhythmus des Gehens, des Nachdenkens und des Empfindens. Selbst wenn der gemeinsame Spaziergang begonnen wurde mit der Absicht, bewußt etwa Probleme abzuklären, so ist er dennoch aus dem Zweckdenken rationaler, instrumentaler Zwecksetzung herausgelöst.

Das Gespräch, der Dialog bleibt auf einem solchen Spaziergang nicht bloßer Alltagsdialog im Sinne einer äußerlichen, ritualisierten Konvention, sondern in ihm stellt sich meist Wesentliches behutsam und scheinbar beiläufig ein, wie Martin Buber dies beschreibt: „Das echte Gespräch, bedeutet Akzeptation der Andersheit. [...] Die Strenge und Tiefe der menschlichen Individuation, das elementare Anderssein des Andern wird dann nicht bloß als notwendiger Ausgangspunkt zur Kenntnis genommen, sondern von Wesen zu Wesen bejaht." Ein solchermaßen geführtes Gespräch nunmehr ist frei von einer Verwendungssucht, „von der besessen der ‚Propagierende' und ‚Suggerierende' in seinem Verhältnis zu den Menschen als in einem Verhältnis zu den Dingen beharrt."[1]

Die Vertraulichkeit des Spaziergängers ist solchermaßen nie Vereinnahmung. In der Nähe zum Anderen wird die Urdistanz nicht überschritten, wie dies rauschhaft-vorübergehend in der Umarmung der Liebenden zu gelingen scheint. Das Gespräch der Spaziergänger entbehrt des Elements gewaltsamer Überredung, Überrumpelung oder gar Nötigung, Mittel, wie sie der Machtbewußte im Mißbrauch des Dialogs einsetzt.

Die Gemeinsamkeit des durchschrittenen Weges wirkt auf die Spaziergänger zurück und wird darin symbolhaltig. Hinzu kommt der ruhig schweifende Blick über die Landschaft, welche nicht als bloßes Attribut,

---

[1] Buber, Martin: Urdistanz und Beziehung, 30 f.

als eine eventuell verzichtbare Kulisse *wahr*-genommen wird, sondern
zur durchlässigen Umschirmung des Gesprächs wird. Die Offenheit der
Landschaft öffnet das Gespräch mehr als von ihm abzulenken und för-
dert so die Öffnung der Gedanken im ‚Augenblick‘ des Spaziergangs, im
Gestus der Bewegung und in dem nur scheinbar beiläufigen Betrachten
der Landschaft. Im vorübergehenden, scheinbar willkürlichen Abschweifen von den tieferen Gedanken des Gesprächs birgt sich paradoxerweise die Möglichkeit zur Sammlung und Konzentration jenseits einer bloß kausalen Engführung der Gedanken. Landschaft vermag so
inspirativ zu werden. Vereinnahmende Enge ist auf diese Weise dem gemeinsamen Gespräch im meditativen Gehen von Grund auf fremd.

Spielerisch und scheinbar beiläufig wird der Landschaftseindruck wahrgenommen, das Atmosphärische spielt herein, die Gestimmtheit der
Sprechenden, die Nuancen der Witterung, die Jahreszeiten, – Konversa-
tion gleitet hinüber in die Tiefenstruktur des Existentiellen, so wie in
Hamsuns ‚Mysterien‘ Dagny im Gespräch mit Johan Nagel, einem – wie
es heißt – ‚Ausländer des Daseins‘, dessen ‚Fremdsein‘ im tief-leichten
Gespräch unwiderruflich verfällt:
„Nein, sehen Sie doch die Höhenzüge dort – wie klar sie sind! Ich bin
so froh, gnädiges Fräulein, ich bitte Sie um die Güte, Nachsicht mit mir
zu haben. Ich könnte heute nacht vor lauter Glück Dummheiten machen. Sehen Sie die Kiefern hier und die Steine und die Maulwurfshaufen
und dort die Wachholdersträucher, sie gleichen in diesem nächtlichen
Licht sitzenden Menschen. Und die Nacht ist kühl und rein; sie bedrückt nicht mit seltsamen Ahnungen, und nirgends keimen heimliche
Gefahren, nicht wahr? Sie dürfen jetzt nicht unzufrieden mit mir sein,
Sie dürfen nicht. Es ist gerade so, als gingen Engel durch meine Seele
und sängen ein Lied. Mache ich Sie furchtsam?
Sie war stehengeblieben, und deshalb fragte er, ob er sie ängstlich ma-
che. Lächelnd sah sie ihn mit ihrem blauen Blick an, wurde wieder ernst
und sagte:
Ich habe darüber nachgedacht, was Sie wohl für ein Mensch sind.
Dies sagte sie, während sie immer noch vor ihm stand und ihn ansah.
Während des ganzen Weges sprach sie mit bebender, klarer Stimme, als
sei sie ein wenig ängstlich und ein wenig froh.
Dann begann ein Gespräch zwischen ihnen, das, so langsam sie auch
gingen, den ganzen Wald hindurch dauerte und das von dem einen zum

anderen übersprang, von Stimmung zu Stimmung, mit all der bewegten Unruhe, die über beiden lag"[1]...

Auch hier führte das Zwiegespräch in der Offenheit des Spaziergangs sehr bald in seelische Tiefen so, wie dies echte Vertraulichkeit in der Wahrung der Urdistanz erst ermöglicht.

In der Offenheit des Möglichen, im Verweilen, im Abschweifen, im Nicht-Gezwungensein, den Faden hart zu straffen, ist die Möglichkeit zu befreiender Nachdenklichkeit gegeben. So auch die Möglichkeit, ein Gespräch in der Andeutung zu belassen, ein tiefes Geheimnis aus der Verschlossenheit zu lösen, beiläufig scheinbar etwa auf den nahen Gebirgszug, auf den leisen oder jähen Witterungsumschwung oder auf ein reizendes Blumenensemble am Wegrand verweisend. Die Verlegenheit eines Geständnisses, die peinliche Offenbarung eines Versagens oder die Tiefe eines verborgenen Stolzes – all dem wird die Heftigkeit genommen, wie sie sich in anderer Situation wohl in solchem Falle kaum vermeiden hätte lassen.

Wie Dagny es ohne jede Gezwungenheit gelingt, die Existenz ihres Begleiters, Johan Nagel, auszuloten, so verdichten sich allgemein auf dem Spaziergang die Gespräche schwereloser zu einer existentiellen Begegnung.

Vielfach wird dieser Gedanke der unmittelbaren Zuwendung in der Literatur des 19. Jahrhunderts tragend, besonders in den zahlreich beschriebenen Begegnungen auf Reisen: das Reisen war noch beschwerlich, man ging zu Fuß oder fuhr über holprigen Wegen mühsam seine Strecke. So kam man wohl gerne auf einander zu, und dies nicht nur aus besagten Gründen. Sich oft völlig fremde Menschen tauschten ihre Gedanken und Empfindungen auf dem begrenzten Stück gemeinsamen Wegs, so etwa in Tiecks ‚Sternbalds Wanderungen' oder in Wilhelm Hauffs ‚Märchen'. Der gemeinsame Weg führte auf solchen Wanderschaften zur Begegnung im Gespräch, ganz gleich, ob die Geschichte in Flandern, im Spessart oder in einer Karawanserei im fernen Orient spielte. Freilich kann ein solches völlig unmittelbar gewonnenes Vertrauen auch mißbraucht werden, so wie dies im ‚Märchen vom falschen Prinzen' geschah im Falle des Schneiders, der sich das Vertrauen seines

---

[1] Hamsun, Knut: Mysterien, a.a.O., Bd. 1, 267

Reisegefährten erschleicht und sich an dessen statt am Ende der Reise als
Prinzen ausgibt.

Doch selbst in solchem Mißbrauch eines unterwegs gewonnenen Ver-
trauens wird der Urgedanke der Begegnung nicht aufgehoben. In der
Gemeinsamkeit des Weges, auch wenn sie nur vorübergehend und flüchtig zu sein scheint, leuchtet menschliche Existenz auf: dies in ihrer Ver-
wiesenheit auf die Vorläufigkeit des Ziels, zu welchem man immer auf
dem Wege ist, ebenso wie in der inneren Öffnung des Menschen in ver-
trauensvoller Begegnung; beides aber betrifft ein und dasselbe und führt
uns dem eigentlichen Ziele schon ein wenig näher.

Der schweifende Spaziergänger
oder das Warten des Robert Walser

Der schweifende Spaziergänger kommt dem Abenteurer nahe. Wessen
er ermangelt, um Abenteurer zu sein, ist die Entschlußkraft, aus seinem
Kreis letztgültig herauszutreten. So verlegt er seinen Gang ins Unbekannte, seinen Weg nach ‚Drüben‘ ins Gehen selber in der Hoffnung, die
sich weitende Innerlichkeit zu bewältigen, welche nur allzu offensichtlich sich anzeigt im weitausholenden Schwärmen dieses Spaziergängers,
in seinem Schwärmen für den frohen, beginnenden Tag, für den hoff-
nungsvollen Aufbruch ins Weite, für die Fülle der Eindrücke in freier
Landschaft oder in der urbanen Metropole. Diese Innerlichkeit, die den
begrenzten Raum zu sprengen droht, bleibt aber dennoch geborgen und
aufgehoben und gleichermaßen befreit im Gehen der Wege selbst, die ja
in die offene Weite führen und deren Ziel durchaus unbestimmt bleiben
darf.
   Wie jedoch schon gezeigt worden war, bleibt der Horizont dieses von
der Offenheit des Weges her bedrohten Spaziergängers dennoch gerade
dadurch umschlossen, daß der ‚Weg‘ – und sei er noch so frei in seinem
Verlauf – nicht verlassen wird und dadurch letztendlich die Unwegsamkeit, die ‚aporia‘ selbst im Umherschweifen nicht ‚angegangen‘ wird, wie
dies beim Abenteurer geschehen mag. So aber – nimmt man als ernsthaf-
ter Beobachter dieses Spaziergängers die Sache von der Tiefe her – läuft
der schweifende Spaziergänger nicht Gefahr, den äußeren Horizont
überschreiten zu wollen wie der Horizontsüchtige, doch droht ihm von

anderer Seite her die beständige Auszehrung. Dies liegt in den Gründen selbst, die ihn zum Umherschweifen veranlaßten, letztlich nämlich in den schweifenden Wegen seines eigenen Bewußtseins. Es ist, als könne er den Entschluß nicht finden, seinen Lebensweg (sei es im bürgerlichen Sinne, sei es im Sinne eines ‚gefaßten‘ existentiellen Wegs) entschieden zu gehen. Nimmt man diese Entschlußlosigkeit eines solchen Spaziergängers auf, der solchermaßen seine innere Bewegtheit in die äußere Bewegung verlegt, so enthält sich der schweifende Geher, betrachtet man seine Absicht genauer, eigentlich selbst der Bewegung in die andere Dimension des Abenteuers hinein, ganz ähnlich wie der Unglückliche in Bichsels Kurzgeschichte ‚San Salvador‘, der seinen ‚Ausbruch‘ aus dem Gehäuse des ihn erdrückend banalisierenden Alltags und seiner wohl nur scheinbaren Geborgenheit in einen sorgsam aufgesetzten, doch nie abgeschickten Abschiedsbrief verlegt, selbst zum Aufbruch nicht mehr fähig.

Dennoch: der schweifende Spaziergänger legt mitunter ungeheure Strecken hinter sich, um die Enge und Beklemmung seiner Welt, die sein Bewußtsein bedrückt, hinter sich zu lassen, um aufzugehen in einem im Grunde ziellosen Weg. So ist etwa der Robert Walser der späteren Jahre ständig im Begriffe, seinen heimatlichen, und doch verlorenen Innenraum verlassen zu wollen in Gewaltmärschen, die schier unglaublich sind. Und so ist es nicht die Gewißheit des romantischen Unterwegsseins, sich im Unendlichen geborgen zu wissen, welche sich ja bei jedem Schritte unterwegs nach Hause und immer nach Hause weiß, vielmehr ist es für den Spaziergänger Walser das ständige flüchtige Durchschreiten einer heiteren, oft idyllischen Welt, nur um dem Ungründigen in ihm selbst zu entlaufen: „Er ist nicht nur ein Stadtnomade, auch über Land wandert er gern und lang. Unwahrscheinliche Strecken legt er in der kürzesten Zeit zurück. Tags oder nachts, das ist ihm egal. Schuhwerk und Socken, die unterwegs schlappmachen, weil das Material zu sehr strapaziert wird, werden sozusagen fliegend ersetzt. Als ob es nichts wäre, geht er zu Fuß von München nach Würzburg. An einem Tag. Was eigentlich gar nicht möglich ist. Oder in zwei Tagen von Bern über Fribourg und Lausanne nach Genf. Was zumindest verrückt erscheint"[1]...

---

[1] Amman, Jürg: Robert Walser, 35

Es erscheint wohl kaum als möglich, an einem Tag die besagte Strecke zu durchwandern, doch ist das nicht das Entscheidende: Das Gehen als Flucht, als Traum zwischen Helle und Angst, die Getriebenheit, die nicht dem fernen Ideale zustrebt, wird wesentlich. Ein wissender Träumer durchschreitet hier sein Geschick, der um die Unmöglichkeit der Verwirklichung der Träume von Grund auf weiß; darum sucht er gar nicht erst deren Realisierung, das Träumen selbst ist ihm genug; die ihm selbst durchaus klare Illusion eines scheinbaren Entkommens ist ausreichend, sofern nur das Gehen, das Spazierengehen bleibt und dem erdrückenden Dasein die Enge nimmt.

Aber: der schweifende Spaziergänger reflektiert den Innenraum nicht, so wie der romantische Spaziergänger den inneren Raum ins Äußere projiziert, er setzt sich nicht selbst die Unendlichkeit vor Augen, er erfreut sich vielmehr im Sinne von Jean Paul am Kleinen und Unscheinbaren: durch dieses hindurch schimmert freilich immer wieder der Schrekken der kosmischen Leere; doch verbirgt er dies im kindlichen Schauen des Unscheinbaren der kleinen Dinge am Wege und findet so sein Zuhause im Spaziergang. Robert Walser blickt, wie Bichsel treffend sagt, am Abgrund sitzend in Richtung Normalität, ohne freilich diese Normalität zum Maßstab zu erheben, wie der sicherheitsbeflissene Kleinbürger dies wohl tun mag. Walser weiß letztlich um die Zerbrechlichkeit der vorgestellten Idylle und um das Abgründige der menschlichen Existenz.

Gehen als Ausdruck der Findung oder Bewahrung innerer Freiheit wird in seiner Absichtslosigkeit, in seiner mangelnden Zweckhaftigkeit eins mit dem Warten. Das Warten, das Wartenkönnen ist Ausdruck einer letztlich mystischen Einstellung. Gehen und Warten – ineins gedacht – wird zum Akt der Ruhe inmitten einkreisender Angst. Solche Einstellung ist förmlich eine Umkehrung des ,Kafkaschen Sturmlaufs': eines Bewegens am Standort, ohne einen Schritt voranzukommen. Anders auch als das Gehen in Thomas Bernhards gleichnamiger Erzählung: das Gehen dort – ein hoffnungsloser Akt; das Hin- und Hergehen in der Klinik: ein Gehen ohne Freiheit, ein Warten ohne Hoffnung; Gehen als Ausdruck stumpfer Verzweiflung; Gehen einem Ende zu, doch ohne Ziel.

Beides aber vereint demgegenüber der Spaziergänger Walser in sich: das anrührend Idyllische in der Betrachtungsweise der Welt – und darin das

reine kindliche Hier- und Jetztsein auch im mystischen Warten – und
andererseits die abgründige Ausgesetztheit der eigenen Existenz. Robert
Walser verstarb am Weihnachtstag 1956 auf einem seiner ausschweifen-
den Spaziergänge im winterlichen Schnee:

Es hat eine höhere Glut
Robert Walser, der Spaziergänger

Die Schritte im Schnee
und dann das Fallen.
Davor die in sich gefalteten Jahre ...

Es hat schönes Wetter heute, nicht wahr?
Gut zu warten.
Denn das Warten: es geht Hand in Hand
mit dem Träumen und dem Anständigbleiben.

„Uns ist nun einmal beschieden spazieren zu gehn. "

Es hat jetzt viel Zeit.
Wie doch zum Ort hinaus die mit allerlei
zufriedenem Gemüse vollbepflanzten
Gärten
in die Stille stehen
und auch die Obstbäume und die Bohnenbüsche voll Bohnen und
das reizende
Getreide
und wie die grauen Schindeln am Haus so ruhig ihre Ordnung
haben.

Erst aber: das Umherirren hier und dort und in der Welt,
und das Sich-Einarbeiten in den Kontoren, in den Fabriken und
Banken
und bei den Herrschaften.

„Ihr sehr ergebenster Diener eventuell auch teurer Freund ... "

Damals noch in Berlin:

Radierung von Karl Walser (Abb. 1)

die heimatlichen Späße in den Salons und das Hosenlupfen mit
Wedekind; wie war er doch echauffiert!
Und dann: „immer dieselben Wege, immer dieselben.
Sind nicht Liebe und Güte immer dieselben?"
Andererseits und mit Verlaub: ist die Lieblosigkeit nicht besser
– die ist man gewohnt- als die Liebe,
und feiner die Einförmigkeit der Anstalt
als die „große Kaserne des modernen Lebens"?

Es ist so gut, sein Tagewerk zu richten,
und die Arbeit, sie ist schon recht!
Das Falzen und Kleben der Papiersäcke, das geordnete Nichts.

Und das Spazierengehen.

Die Schritte im Schnee
und das endliche Fallen.
Es hat alles seine Zeit.
„Es ist gerade so schön nichts zu sein,
es hat eine höhere Glut als das Etwas sein."[1]

Der in sich Versunkene – Beethoven

Der in sich Versunkene ist ein Spaziergänger besonderer Art. Nicht vielleicht deshalb, da er in jedem Fall den Blick so weit nach innen richtete,
daß er die Umgebung seines Wegs nicht mehr wahrzunehmen vermöchte, sondern darum, da er in diesem seinem ‚meditativen' Zustande
dennoch seinen Weg in der Welt sucht. Allerdings: ist er einmal von einer Sache innerlich zutiefst ergriffen und bewegt, so vermag er nur im
Ausschreiten die Fülle seines Innenraums zu bewältigen. Er achtet dann
auf seinen weit ausholenden Spaziergängen seiner Umgebung, der Menschen, die ihm begegnen, kaum, dermaßen erfüllt ist er von den Visionen, die in ihm aufsteigen und Gestalt annehmen. Die innere Passion
verleiht dem versunkenen Spaziergänger dann für die verwunderten
Passanten den Ausdruck eines Entrückten. Sein Äußeres, seine Klei-

---

[1] Von der Weppen, Wolfgang: Metaphysische Gedichte, 73 ff.

dung, seine Wirkung auf andere bedeuten ihm in diesem Zustande nichts. Was ihn bewegt, ist allein der Reichtum seiner inneren Bilder.

Kein Geringerer legt für den Spaziergänger dieser Art Zeugnis ab als der Beethoven der Wiener Zeit[1]: „Seine äußere Erscheinung hatte die Form angenommen, die jedem Wiener jener Generation unvergeßlich blieb. In heftigem Tempo segelte er durch die Straßen, brummend, gestikulierend, an der Ecke leicht mit jemandem zusammenstoßend. Die Kleidung vernachlässigt, der offene Rock schlug sich bei Rückenwind um seine rudernden Arme, das weiße Halstuch flog mit langen Zipfeln, der verbeulte und verschwitzte Hut war tief ins Genick geschoben und ließ die grauen Haare flattern. […] Die Straßenjungen wagten erst, wenn er vorüber war, zu grinsen und zu johlen. Von hinten sahen sie eine Lorgnette an langem, schwarzem Faden baumeln, die Rocktaschen vollgestopft mit großem Notenheft und kleinem Schreibheft für die Unterhaltung, dazu Hörrohr und Zimmermannsbleistift – das Taschentuch hing auch heraus. […] Es kam indessen vor, daß Beethoven verblüffend elegant erschien,“[2] dies vor allem bei gesellschaftlichen Anlässen, bei all den Empfängen, Soireen und Bällen, auf welchen er Charme und Esprit zeigen konnte, obgleich ihm Schlagfertigkeit nicht zu eigen war. Immerhin bestätigt dieser Zusammenhang, daß immer dann, wenn die inneren Welten sich verdichteten – und nur dann! –, die äußere Welt zurücktreten mußte.

Verließ er dann das Haus, um jene aufsteigenden inneren Welten im Gehen zu bändigen, so nahm er die Menschen auf seinem Wege nicht wahr, ja sogar seine dicht an ihm vorbeigehenden Freunde konnte er auf solchen Ausflügen leicht übersehen. Manches Mal konnte es vorkommen,

---

[1] An dieser Stelle ist ein klärendes Wort, was unser methodisches Vorgehen betrifft, dringend erforderlich. Carl Dahlhaus macht in seiner Arbeit ‚Ludwig van Beethoven und seine Zeit‘, 29 ff. berechtigte methodische Einwände gegenüber einer spezifischen, unreflektierten Aufarbeitung von Künstlerbiographien, die wähnt, vom Anekdotischen her ein Werk erschließen zu können und dann doch nur neben dem Werk beiherläuft. Wir halten seine differenzierten methodischen Überlegungen für völlig berechtigt, bitten jedoch um Absolution dafür, daß hier dennoch vom Anekdotischen ausgegangen wird, nicht in der wenig erfolgreichen Absicht, ein Werk zu erhellen, sondern um jenen Typus von Spaziergänger vorzustellen, der uns am Herzen liegt.

[2] Thiel, Rudolf: Die großen Symphoniker, 197 f.

daß er nicht einmal wußte, wohin er gegangen war und wo er sich befand.

Kennzeichnend hierfür ist jener bekannte Vorfall im Herbst 1821, im Jahre seiner völligen Taubheit, in welchem er die Klaviersonate in As-Dur, op. 110, komponierte und am ‚Credo‘ der Großen Messe arbeitete, „wie er eines Abends in einem Wiener Vorort verhaftet wird, weil ihn die Leute für einen Landstreicher halten; er war morgens ohne Hut in einem alten Rock ausgegangen, den ganzen Tag umhergeirrt und wußte abends nicht mehr, wo er war. Erst um Mitternacht bestätigte der Musikdirektor des Vororts, wen sie arretiert hatten, und nun ließ ihn der Bürgermeister im Wagen nach Hause bringen [...] Es war die Zeit seines schlimmsten Ungemachs und größter Entrücktheit"[1]... Der Vorort war aber wahrhaftig kein Vorort Wiens mehr, sondern Wiener Neustadt, immerhin über 40 Kilometer von Wien entfernt! Der Vorfall zeugt nicht nur von Beethovens robuster Konstitution, sondern eben auch von jener weltvergessenen Denkungsart, welche den inneren Kampf ebenso wie die Weite des inneren Kosmos im selbstvergessenen Spaziergang manifest werden läßt. Hätte der am Ort ansäßige Musikdirektor Herzog, der Beethoven kannte, diesen nicht ausgelöst, so hätte er, der versunkene, der selbstvergessene Spaziergänger, ohne irgend eines Vergehens schuldig zu sein, in Wiener Neustadt wohl noch einige Tage in Gewahrsam verbracht.[2]

Jene weit ausholenden Spaziergänge aber haben Beethoven ebenso wie seine häufigen Umzüge den ungerechten Vorwurf eines Neurasthenikers eingebracht, ein Vorwurf dies, der es sich in der Verkürzung der Zusammenhänge auf ein als Schlagwort praktiziertes allgemeinpsychologisches Vokabel mehr als zu einfach machte mit der Intensität und Weite der Empfindung und Geistigkeit des Genius, ist es ja das Bedürfnis gerade des gestaltenden Menschen, die innere Bewegung in der äußeren zu reflektieren und aufzuarbeiten. Was für Beethoven zu alledem noch hinzukommt, ist seine tiefe Naturverbundenheit:
„Jedes Frühjahr, wenn die Bäume sich belaubten, wurde Beethoven von Unruhe erfaßt. Durch Schnee und Matsch und Regen wanderte er in

---

[1] Riezler, Walter: Beethoven, 55; Riezler bezieht sich hier auf den schon tauben Beethoven.
[2] Vergleiche hierzu Thiel, Rudolf , a.a.O., 198 f.

die umliegenden Ausflugsorte. [...] Den Sommer über verbrachte er nun den ganzen Tag, oft auch die Nacht, im Freien. Seine Freunde rieten jedem, ihn nicht anzusprechen, wenn sie ihn träfen beim Spazierengehen. Er sei da wie ein Schlafwandler am hellen Tag. Barhäuptig und sonnenverbrannt trabte er vorüber, ohne jemand zu beachten, ohne jemand zu erkennen, brummte Melodien, wedelte Takt mit den Armen. Manche glaubten, einem Landstreicher von der gefährlichsten Sorte begegnet zu sein, die Bauern tippten auf die Stirn."[1]

Einen durchaus humorvoll gefärbten Bericht über die in sich ruhende Selbstvergessenheit Beethovens gibt Ignaz von Syfried in seinen Erinnerungen, wenn er dessen ,fehlenden Zeitbegriff' charakterisiert – dies ebenfalls ein Symptom des wahren Spaziergängers, welcher der Offenheit von Zeit und Raum hingegeben ist: „Er lebte viel auf dem Lande, wohin ich denn öfter kam, um eine Lektion zu erhalten. Zuweilen sagte er dann morgens um acht Uhr nach dem Frühstück: ,Wir wollen dann erst ein wenig spazieren gehen.' Wir gingen, kamen aber mehrmals erst um drei bis vier Uhr zurück, nachdem wir auf irgendeinem Dorfe etwas gegessen hatten. [...] Bei einem ähnlichen Spaziergange, auf dem wir uns so verirrten, daß wir erst um acht Uhr nach Döbling, wo Beethoven wohnte, zurückkamen, hatte er den ganzen Weg über für sich gebrummt oder teilweise geheult, immer herauf und herunter, ohne bestimmte Noten zu singen. Auf meine Frage, was es sei, sagte er: ,Da ist mir mein Thema zum letzten Allegro der Sonate eingefallen' (in F-Moll, op. 57)"[2] ... Könnte es heute noch geschehen, daß man unterwegs auf seinen Spazierwegen einen Fremden heulen und grummeln hörte, so sollte man sehr vorsichtig sein und nicht mit Vorurteilen bei der Hand, da man – falls dies noch möglich wäre – nicht sicher sein könnte, daß nicht ein innerlich versunkener Künstler wiederum einen Einfall zu einem Sonatenthema im Range einer ,Appassionata' denn vielleicht gerade haben könnte ...

Keinesfalls aber auch darf man in der tiefen inneren Vergessenheit des versunkenen Spaziergängers einen bloßen Egoismus des Künstlers vermuten und eine entsprechende Teilnahmslosigkeit an den Geschehnissen

---

[1] Thiel, Rudolf, 134 ff.
[2] Leitzmann, Albert (Hrsg.): Ludwig van Beethoven. Berichte der Zeitgenossen, Briefe und persönliche Aufzeichnungen, 70 f.

der engeren Lebenswelt, denn etwa die große Anteilnahme Beethovens an den Dingen der Welt und den Nöten der Menschen ist in seinen weiten Spaziergängen mit verbürgt. So treibt ihn die Sorge um seinen wenig glücklichen Neffen, dessen er sich wahrhaft inständig annahm, wiederholt zu fluchtartigem Gehen, so etwa, wenn er 1826 – ein Jahr vor seinem Tode – in der Zeit, als der Neffe Karl einen Suizidversuch unternahm und er das F-Dur-Quartett, eines seiner letzten Werke, komponierte, in innerer Düsternis und Verzweiflung die Straßen Wiens durcheilte:

„Als er, in musikalischen Visionen mit den Armen rudernd, über eine Straße lief, wurden die Ochsen eines Bauernkarrens scheu und rannten mit dem fluchenden Besitzer einen Berg hinauf, als ob der Satan hinter ihnen her wäre"[1]… Nicht immer – gottlob – hatte dies für Beethovens ‚Schlafwandeln' auf den Straßen so konkrete Folgen, leicht aber gerät der versunkene Spaziergänger in den Verdacht des Misanthropen, des menschenfeindlichen Hagestolzes. Beethoven selbst hat in seinem ‚Heiligenstädter Testament' über diesen verfehlten Eindruck bitter geklagt![2]

Der Spaziergang wird dem versunkenen Spaziergänger aber deshalb schon zu einer Quelle der Inspiration, da er nicht bloß in sein eigenes Ich, in die Kleinlichkeit seiner Sorgen und Bedürfnisse sich hineinwindet, sondern weil er ja vielmehr sein Ich als ein Selbst begreift, das sich als Ganzes in die All-Einheit eingebunden weiß. So nahm Beethoven gerade in seiner inneren Konzentration auf ein großes Thema, auf einen musikalischen Gedanken, auf ein musikalisches Motiv die ihn umgebende Natur auf eine Weise wahr, die weniger einer spezifizierenden Beobachtung entsprang als der Empfindung einer mystischen Allharmonie mit ihr: „Am Ende seines Lebens hat er sich einmal zu einem Fremden, einem schüchternen Verehrer, darüber ausgesprochen, wie die Empfängnis eines Werkes bei ihm vor sich ging. ‚Sie fragen mich, woher ich meine Ideen nehme? Das vermag ich mit Sicherheit nicht zu sagen. Sie kommen ungerufen auf Spaziergängen im Wald, in der Stille der Nacht, am frischen Morgen, angeregt durch Stimmungen, die sich beim Dichter in Worte, bei mir in Töne umsetzen'"[3]… Derlei Äußerungen allerdings

[1] Thiel, Rudolf: Die großen Symphoniker, 219
[2] Hürlimann, Martin (Hrsg.): Beethoven. Briefe und Gespräche, 121 ff.: Das Heiligenstädter Testament
[3] Thiel, Rudolf: Die großen Symphoniker, 130 (Hervorhebung von mir)

Zeichnung von Johann Daniel Böhm (um 1823) – Beethoven (Abb. 2)

dürfen nicht das romantisierende Bild eines Genius zeichnen, der – ausschließlich seinen Stimmungen folgend – ‚spontane Einfälle' einfach niederschreibt, vergessend, daß es sich vor allem gerade bei Beethoven wie aber auch sonst in der Kunst um komplexe geistige Schöpfungsprozesse handelt.

Freilich nähert sich Beethoven desungeachtet auf seinen unübersehbar zahlreichen Ausflügen einem Typus des Spaziergängers an, den wir unter dem Begriffe des ‚romantischen Spaziergängers'[1] in den vorgegebenen Themenkreis einzuschreiben versuchten.

Das Naturempfinden Beethovens war letztlich ein ursprüngliches, wenngleich durch seine Epoche etwas sentimentalisch eingefärbt. So etwa, wenn er sich aufs Skizzenblatt notierte: „Süße Stille des Waldes. […] Allmächtiger im Walde! Ich bin selig, glücklich im Walde: jeder Baum spricht durch dich. O Gott! welche Herrlichkeit! welche Herrlichkeit! In einer solchen Waldgegend, in den Höhen ist Ruhe, Ruhe, ihm zu dienen."[2]

Der getriebene Spaziergänger

Der Spaziergänger, dessen Inneres keinen Halt mehr findet, geht ständig und beständig, um sich vom inneren Dämon zu befreien. Dasjenige in der Landschaft, an dem das Auge sich ansonsten fängt, dem es Kontur verleiht, flieht ihn; die Landschaft wird zur Flucht, wie in Kafkas „Kleiner Fabel": die Mauern drohen die Welt einzuengen und abzuschnüren. Nur das Gehen, das beständige, unaufhörliche Gehen gewährt Linderung; in ihm ist Hoffnung auf die Lösung des Knotens, der im Innern unentwirrbar blieb. So schweift der Spaziergänger aus und legt weite Strecken hinter sich und seinen Albdruck. Der Raum im Innern beginnt zu pulsieren, sich ins Ungeheure zu dehnen, sich zu weiten, um unvermittelt sich wieder zusammenzuziehen und zu verdichten, bis der Schmerz in seiner Dichte unerträglich scheint, und eben doch bereitete die kosmische Leere noch Angst und Schrecken …

---

[1] Siehe unten die Kapitel ‚Der romantische Spaziergänger' und ‚Die Romantisierung der Natur'
[2] Görner, Rüdiger: Ludwig van Beethoven. Briefe und Aufzeichnungen. Frankfurt 1993, 54 f.

Manches Mal hilft nicht einmal mehr das Gehen, wie dies dem Spaziergänger Späth in Krolows Erzählung ‚Gehen' widerfährt: „Späth ließ auf
sich beruhen, was ihn umzingelte, was ihm nachstellte, was er nicht los
wurde, was beharrlich war. Endogene Depression ist ein starkes Wort,
ein gefährliches dazu"[1]... „Es war wie eine Art Teig, in dem er watete. Er
spürte sich von einer dünnen Schutzhülle umgeben, die ihn hielt. Sein
Gehen, glaubte er, war zu wenig für Therapie. Er hatte mitunter Angst
vor totaler Lebensunfähigkeit und einer ensprechenden Hilflosig-
keit"[2]... Ähnlich wie Herr Sommer in der ‚Geschichte von Herrn Sommer' von Patrick Süßkind ist der Geher Späth einer, der im Gehen das
selbstgewählte Überschreiten des letzten Horizontes vorbereitet, das
Mechanische des Gehens im Entschluß zur großen Freiheit abstreifend.
Und so heißt es zum Ende der Erzählung folgerichtig: „Er war jetzt bestimmt in seinem Gehen. Es gab keinerlei Zögern im Gang, und er war
auch nicht mehr mechanisch. Es war ein entschlossenes Gehen. [...] Er
hatte seinen Körper auf den anderen Weg und geradeaus geschickt."[3]

Stärker noch ist die Auflösung der Außenwelt in der Psyche des Protagonisten in Büchners ‚Lenz' nachgezeichnet:
    „Den 20. Jänner ging Lenz durchs Gebirge. [...] Es lag ihm nichts am
Weg, bald auf-, bald abwärts. Müdigkeit spürte er keine, nur war es ihm
manchmal unangenehm, daß er nicht auf dem Kopf gehen konnte. [...]
Es war ihm alles so klein, so nahe, so naß; er hätte die Erde hinter den
Ofen setzen mögen. Er begriff nicht, daß er so viel Zeit brauchte, um einen Abhang hinunterzuklimmen, einen fernen Punkt zu erreichen; er
meinte, er müsse alles mit ein paar Schritten ausmessen können."[4]

---

[1] Krolow, Karl: Im Gehen, 8
[2] Krolow, Karl: Im Gehen, 45
[3] Krolow, Karl: Im Gehen, 86 f.
[4] Büchner, Georg: Lenz, a.a.O., 81 (Hervorhebung von mir); auffallend ist das
erschreckende Ungenügen an der eigenen zeitlichen und räumlichen Begrenztheit. Eine andere Form der Getriebenheit zeigt sich in der Auflösung des Ich in
den ‚Doppelgänger' hinein, so in Dostojewskis Roman ‚Der Doppelgänger' oder
in Henry Millers Erzählung ‚Hin und Her in China': „Heute mache ich wieder
einen großen Heimsuchungsspaziergang, ich und mein anderes Ich, fest zusam-
mengeleimt. Wieder hängen die Wolken bewegungslos am Himmel, die Luft ist
von geisterhafter Stille" (a.a.O., 154).

Die Landschaft für den getrieben, für den rastlos Gehenden schrumpft oder dehnt sich, sie wird zum verzerrten Raum. Natur wird bedrohlich, die Relationen schwinden. Der Innenraum wächst ins Riesenhafte, verschlingt und verfärbt die Welt als Ganzes: ‚Er hätte die Erde hinter den Ofen setzen mögen.' Der berstende Innenraum phosphoresziert in allen Farben, so etwa in den düsteren Gesichten des Spaziergängers Strauch in Thomas Bernhards Roman ‚Frost'[1]:

„Ich habe heute einen Traum gehabt, von dem ich nicht mehr weiß, wo er sich abgespielt hat; aber doch in einer Landschaft, die mir immer vertraut gewesen ist; nur in welcher Landschaft, das weiß ich nicht mehr. Ein ungewöhnlicher Traum, keiner der hoffnungslosen, wie ich sie sonst immer träume. Die Landschaft, wo der Traum sich abgewickelt hat, in Sekundenschnelle wahrscheinlich, war bald weiß, bald grün, bald grau, bald tiefschwarz. Nichts hatte die Farbe, die ihm nach menschlichem Ermessen zusteht. Der Himmel beispielsweise war grün, der Schnee war schwarz, die Bäume waren blau ... die Wiesen so weiß wie Schnee ... Das hat mich an bestimmte Ölbilder unserer Zeit erinnert. [...] Und so radikal, in dieser Landschaft ... die Bäume hoch, in die Unendlichkeit hinein, die Wiesen so hart, das Gras so hart, daß, wenn der Wind darüber hinstrich, eine laute Musik entstand, eine Musik, die aus allen Musikepochen zusammengesetzt war. Plötzlich saß ich in dieser Landschaft, auf einer Wiese. Das Merkwürdige war, daß die Menschen die Farbe der Landschaft hatten. [...] Die Menschen waren, da sie so wie ich die Farbe der Landschaft hatten, nur an ihren Stimmen zu erkennen, wie auch ich nur an meiner Stimme zu erkennen war für sie. So differenzierte Stimmen, wissen Sie, unglaublich differenzierte Stimmen! Plötzlich aber geschah etwas Grauenhaftes: Mein Kopf blähte sich auf, und zwar so, daß sich die Landschaft um einige Grade verfinsterte und die Menschen in Wehlaute ausbrachen, in ungeheure Wehlaute, wie ich sie noch niemals gehört habe. In Wehlaute, die dieser Landschaft angepaßt waren. Ich weiß nicht, warum. Da mein Kopf plötzlich so groß und schwer war, rollte er von dem Hügel hinunter, auf dem ich gestanden war, über die weißen Wiesen, den schwarzen Schnee – in dieser Landschaft sind alle Jahreszeiten immer gleichzeitig! –, und erdrückte viele der blauen Bäume und viele der Menschen. Das hörte ich. Plötzlich bemerkte ich, daß hinter mir alles abgestorben war. Abgestorben, tot. Mein großer Kopf lag in einem toten Land. In Finsternis. Er lag so lange in

---

[1] Bernhard, Thomas: Frost, 36 ff.

dieser Finsternis, bis ich aufwachte. Wie kommt es, daß dieser Traum so fürchterlich endete? fragte ich mich.' Der Maler zog seinen Pascal aus der linken Rocktasche und steckte ihn in seine rechte Rocktasche. ,Es ist unheimlich', sagte er." Der Maler Strauch muß schaudernd beobachten, wie sich seine Innenwelt ins Unendliche ausweitet. Auffallend dabei ist die ausgeprägte Synästhesie: Farben und Klänge tauchen wie Leben und Tod in die ungeheure, dem Menschen unerträgliche Gleichzeitigkeit des Ungleichzeitigen, in die unaufhörliche, ständige Verwandlung der Dinge in ihre Gegensätzlichkeit hinein, bis schließlich der Raum selbst zu pulsieren beginnt ...

Ein gravierendes Beispiel für die Einschnürung des Raums, in die sich der getriebene Maler Strauch wie zuvor schon Lenz eingeflochten findet, deutet sich hier an. Ähnlich wie bei Lenz, so auch bei Strauch: Die Natur antwortet nicht: „Wir kehrten beim Schnapsbrenner ein. Es ging zuerst durch den ganzen Hohlweg und weiter, weiter in den Wald hinein, den ich noch nicht betreten hatte. Alle Augenblicke blieb mein Mitmensch stehen und sagte: ,Sehen Sie! Sehen Sie, die Natur schweigt! Sehen Sie! Sehen Sie!'"[1]...

,Landschaft' aber, in ihrer Beschaffenheit (das Suffix ,-schaft' verweist auf ,Beschaffenheit', auf ,Gestalt') von der germanischen Wurzel her zu verstehen als ,freies Land, Heide, Steppe', wird in die labyrinthische Auswegslosigkeit des ,Kopfes' hinein ,zerquetscht'. Der ,Kopf' beginnt alles und jedes zu erdrücken: „Plötzlich hatte mein Kopf [...] alle, den Wasenmeister, den Gendarm, den Ingenieur, alle, die Wirtin und ihre Töchter auch, an die Wand gedrückt. Im Traum, wissen Sie. Mein Kopf [...] erdrückte alles"[2]... Flucht vor dem Kopf, vor dem kreisenden Gestirn des unbehausten Selbst ist das einzige Mittel, das verfügbar erscheint. Die Flucht ,gelingt', freilich um den Preis, die Begrenzung des Horizonts als einer den Spaziergänger bergenden Linie aufzugeben. Wie es dann im ,Demokratischen Volksblatt' auch hieß: „Der Berufslose G. Strauch aus W. ist seit Donnerstag vergangener Woche im Gemeindegebiet von Weng abgängig. Wegen der herrschenden Scheefälle mußte die Suchaktion nach dem Vermißten [...] eingestellt werden."[3] Der Weg

---

[1] Bernhard, Thomas, a.a.O., 38
[2] Bernhard, Thomas, a.a.O.,287
[3] Bernhard, Thomas, a.a.O., 316

Strauchs führte in die Freiheit des Losgelöstseins, freilich unvermittelt: Der Schnittpunkt von Unendlichkeit und Endlichkeit im Horizont der Landschaft konnte von Strauch dabei nicht mehr ermittelt werden. Er fällt unmittelbar in den unendlichen Raum in der Absicht, ihm zu entfliehen.

Ich entsinne mich meines Schulfreundes Josef B., der in der Verkettung widriger Umstände schon in den Jahren vor dem Abitur das innere Gleichgewicht verlor und bereits als früher Zwanziger mehr und mehr der geistigen Umnachtung verfiel. Er war hochmusikalisch, komponierte selbst und beschäftigte sich mit allen möglichen Wissenschaften, die er teilweise hervorragend, teilweise dilletierend durchdrang. Seine Vereinsamung wuchs in dem Maße wie sein innerer Kosmos sich weitete, ja jede Begrenzung durch die Gesetze der Logik und die Enge von Zeit und Raum überschreitend. In stundenlangen Spaziergängen wurde ich viele Jahre sein einziger Begleiter. Nachdem ich fortgezogen war, so hörte ich, durchstreifte er viele Jahre in weiten, unregelmäßigen Wanderungen das Gebiet seiner Heimatstadt und ihrer Umgebung stundenlang und legte so täglich oft dreißig und mehr Kilometer zurück. Das Gehen war ihm so zum Bedürfnis geworden, da nichts in dieser Welt seinen Kosmos mitzutragen vermochte. Nur im Durchmessen weiter Räume hoffte er wohl unbewußt, seiner inneren Disposition Herr zu werden. Auf vereinzelte Briefe schickte er mir dutzende, fein beschriebener Postkarten, die schon die Ausweitung seiner inneren Wanderung aufzeigten; deren eine soll hier auszugsweise zitiert werden: „Lieber Wolfgang! Das Integral einer Kurve besteht gerade in einem Grenzwert von Tangentenverschiebungen, biologisch die weiblichen Brustwarzen, wobei hinzukommt, daß die Tangente als Gerade selbst wieder für einen Grenzwert ‚steht', kosmisch gesehen. Geometrische Schnittpunkte und dergleichen setzen daher ‚an sich' erhebliche induktiv-deduktive Entgrenzungen voraus. Denke ich zum Beispiel an die gravitätsfreundliche Horizontale, nicht nur beim ‚Sommernachtstraum', die mit der fruchtbareren Perspektivität die abendländische wissenschaftliche-technische, der Unterschied verfließt in den Spezialisierungen mehr und mehr, Entwicklung einleitete, etwa in der Renaissancearchitektur, Malerei, Descartes'schen Gleichungsgraphisierungen und dergleichen, so ist deren tiefere Begründung vermutlich mit in der Kreuzhorizontale zu suchen, die ja, wie anderorten ausgeführt, vergleichbar der deduktiven Distanz der ‚an sich' waagrechten Erdrinde zum induktiven Erdkern usf., zugleich den ‚deduktivsten' Bruch der Mitte, verbunden mit der nackten Vertikale symbolisiert. Natürlich ist mit der Erhaltungsdistanzierung zugleich, wie gesagt, Induktionszentrierung verknüpft, wobei das Kreuz als quasi raum zeitlicher Grenzwert vielleicht die nahende Verkörperung des Göttlichen im irdischen Evolutionskombinationsspiel vorwegnehmend setzte, sozusagen als christliche Übermenschvision"... Die Horizonte verfließen hier ineinander und geben den Blick frei in ein Reich mystisch-alogischer Entgrenzung, nicht sinnlos in sich, doch nicht mehr am logischen Grundsatz der Identität und des Widerspruchs meßbar. Der Weg des Spaziergängers wird so zunächst zum Weg in die Einsamkeit der Wüste und zuletzt zum Gang ins Labyrinth der inneren Wahrnehmung, zur Flucht der unendlich eilenden Gedanken, die in den weiten äußeren Spaziergängen schon vorweggenommen worden waren.

Eines Tages dann hörte Josef B. gänzlich auf zu gehen und trat den Rückzug in die Heimat seines in sich kreisenden Kosmos an, aus dem ihn keiner mehr in die Fremde herüberholte.

Die Begrenzung des äußeren Raumes
und die Aussetzung der Zeit

Der ordnend-beschauliche Spaziergang

Eine liebenswerte Gestalt ist derjenige unter den stillen Spaziergängern, der seinem Leben Halt und Beständigkeit zu geben versucht durch die Regelmäßigkeit und das beharrliche Gleichmaß seines Spaziergangs. Er, der oft zu Unrecht als Philister in schlechten Ruf gekommen ist, erweist sich im Grunde seiner Seele von seiner inneren Disposition her als ein heimlich schweifender Abenteurer, als ein romantischer Unendlichkeitssucher, dessen inneres Geschick nur durch die Umstände in fest genormte, gleichmäßige Bahnen gelenkt wurde.

Oft ist es seine existentielle Ausgesetztheit und in ihr die schärfste Anspannung, welche ihm kaum mehr bewältigbar scheint, es sei denn durch das bewußt gesetzte *Maß*, welches unter anderem durch die Regelmäßigkeit des täglichen Spaziergangs im Lot gehalten wird.

Ein oft mühsam erreichtes Gleichgewicht des seelischen Innenraums wird so im regelmäßigen Spaziergang in einer meist vertrauten Umgebung, die weniger schweifend durchstreift als im sicheren Umfeld vertrauter Ecken und Gassen und im Gleichmaß regelmäßiger Ordnung begangen wird, vom äußeren Raum her, der weniger als offener Raum, denn als topographisch bestimmter Ort empfunden wird, erneuert und bestätigt. So wäre Immanuel Kant in weiten Phasen seines Lebens diesem Typus zuzurechnen, er, der von sich sagte, daß die Parzen seinen Lebensfaden dünn gesponnen hätten. Die Königsberger konnten die Uhren nach seinen Spaziergängen stellen, heißt es, so pünktlich und regelmäßig fanden sie statt. Dies in der Folge einer ungeheuren Anspannung des Denkens.

Ungewöhnlich freilich war es dann, wenn Kant nicht der gewohnten Regelmäßigkeit nachkam, so in der Krise von 1762 bis 1764, in der sein inneres Lebensfundament ins Wanken kam und er der Verzweiflung nahe ein ‚fundamentum inconcussum‘, ein unerschütterliches Fundament suchte. Die Schrift über den ‚Einzig möglichen Beweisgrund zu einer Demonstration des Daseins Gottes‘ weist ihn neue Wege; die Schrift vom ‚Versuch über die Krankheiten des Kopfes' (1764) ergänzt seine Gedankengänge, in welchen er in immer neuen Ansätzen vernünftiges und unsinnig-irrationales Denken und Handeln zu unterscheiden suchte, was ihn an die Grenzen menschlicher Erkenntnis heranführte; solche innere Bewegtheit schlägt sich in dieser Zeit auf seine Gewohnheiten nieder: „Mit Verwunderung vermissen viele die ‚Königsberger Normaluhr Kant', die Punkt 7 Uhr abends ihren Spaziergang anzutreten pflegte"[1]... In solchen Krisen aber machte Kant entgegen seiner sonstigen Übung weite Spaziergänge, so etwa ähnlich schon zuvor 1747, als er nach dem Tode des Vaters und nach dem Abschluß des Studiums von Königsberg vorübergehend Abschied nahm ohne Aussicht auf eine akademische Laufbahn und vieles dunkel in ihm reifte: „Die Bauern sehen ihn weite Spaziergänge machen. Den Kopf gesenkt, grübelt er vor sich hin."[2]

Der Arbeitsspaziergang als regelmäßiges Elixier der Erfrischung und Muße ist von manchem großen Geist bezeugt. So etwa ist Thomas Mann hier nicht zu vergessen, der schon in seiner Münchner Zeit einen gleichmäßigen Arbeitsstil sich angewöhnte, dem der regelmäßige Arbeitsspaziergang hinzuzurechnen ist. Gerade für ihn war ein diszipliniert-bürgerlicher Lebensstil, zu welchem der regelmäßige Spaziergang gehörte, von höchster Bedeutung für sein inneres Gleichgewicht und gewissermaßen eine Reaktion auf seine von ihm deutlich erkannte Faszination vom ‚Prinzip der Unform', vom Tod und seiner ‚Durchgängerei', wie es im ‚Zauberberg' heißt.

Thomas Mann arbeitet in diesen Jahren vor dem 1. Weltkrieg „regelmäßig die drei Stunden des Vormittags etwa von neun bis zwölf oder halb eins"[3], ‚bewacht' von seiner Frau Katja v. Pringsheim. Sie übernahm in rührend-selbstloser Weise „in dem Schriftstellerhaushalt die Leitung der ‚geschäftlichen' Angelegenheiten."[4]

1914 bezog die Familie das großbürgerliche Stadthaus in Bogenhausen. In seiner reizvollen kleinen Erzählung ‚Herr und Hund' schildert der

---

[1] Fernau, Joachim: Genies der Deutschen, 217
[2] Fernau, Joachim, a. a O., 210
[3] Schröter, Klaus: Thomas Mann, 79
[4] Schröter, Klaus, a. a. O., 77

Autor seine Spaziergänge, die nur scheinbar beiläufig seine literarische Arbeit umkleiden:

„Wenn die schöne Jahreszeit ihrem Namen Ehre macht und das Tirili der Vögel mich zeitig wecken konnte, weil ich den vorigen Tag zur rechten Stunde beendigte, gehe ich gern schon vor der ersten Mahlzeit und ohne Hut auf eine halbe Stunde ins Freie, in die Allee vorm Hause oder auch in die weiteren Anlagen, um von der jungen Morgenluft einige Züge zu tun und, *bevor die Arbeit mich hinnimmt,* an den Freuden der reinen Frühe teilzuhaben"[1]...

Auffallend ist hierbei die Rolle des Morgenspaziergangs, der eine so andere Funktion hat als etwa der regelmäßige Spaziergang nach getaner Arbeit, der Abendspaziergang: „Es ist gut, so am Morgen zu gehen, die Sinne verjüngt, die Seele gereinigt von dem Heilbade und langen Lethetrunke der Nacht. Mit kräftigem Vertrauen blickst du dem bevorstehenden Tage entgegen, aber du zögerst wohlig, ihn zu beginnen, Herr einer außerordentlichen, unbeanspruchten und unbeschwerten Zeitspanne zwischen Traum und Tag, die dir *zum Lohn* ward *für eine sittliche Führung.* Die Illusion eines stetigen, einfachen, unzerstreuten und beschaulich in sich gekehrten Lebens, *die Illusion, ganz dir selbst zu gehören,* beglückt dich"[2]... Mancher Spaziergänger hat sein langes Arbeitsleben in verantwortlicher Stellung mit einem solchen Morgenspaziergang den Arbeitstag begonnen.

Anders der Abendspaziergang: er dient dem Resumé, der Abklärung des Tages, der Rückschau, der Entspannung, dem Ausklingen, wie dies Wilhelm Hauff in seiner Erzählung von ,Abner, dem Juden der nichts gesehen hatte' andeutet, in dem er Abner den erfolgreichen Geschäftstag während des zunächst sehr friedlichen Abendspaziergangs nochmals durchgehen läßt. Allerdings ist ein zufriedener Abendspaziergang schwer möglich, wenn die Anspannung des Tages keine Ruhe aufkommen lassen will. Allzuleicht wird dann aus dem Versuch, durch einen Spaziergang einen ruhigen Abschluß des Tages zu finden, ein unruhiges Fortragen der nicht bewältigten Geschehnisse in die schweren Träume der Nacht hinein.

---

[1] Mann, Thomas: Herr und Hund, 5 (Hervorhebung von mir); eine ebenfalls sehr einprägsame Darstellung der Einbettung des Spaziergangs in die Arbeit des Schriftstellers gibt Peter Handke im ,Nachmittag eines Schriftstellers'.
[2] Mann, Thomas, a.a.O., 11 (Hervorhebung von mir)

Der philosophisch-peripatetische Spaziergang

In der Spanne vom Ausgang bis zur Rückkehr des Spaziergängers liegt etwas Wunderliches: reicher kehrt der Spaziergänger heim von seinem unverstellten Weg, ohne daß offensichtlich etwas Bedeutsames *geschehen* wäre, zieht man den äußeren Verlauf des Spaziergangs in Betracht. Dennoch wurde der innere Faden reich gesponnen und vielleicht auch ein schwerer Knoten entflochten:

Verwickelte Dinge eines vorangegangenen Geschehens, eines schwärenden Gedankens, eines dunklen Tages, mit welchem der betreffende, der ausging, nicht zurechtgekommen war, entwirren sich aufs Tröstlichste, sei es in der einsamen Besinnung, sei es im verstehenden Gespräch eines unaufdringlichen Gegenüber.

Dem Spaziergang kommt solchermaßen vielfach eine *heuristische* Funktion zu, nämlich die *Möglichkeit des ‚Findens‘, des Auffindens, des Emporhebens, des Entflechtens* zunächst verworren scheinender Gedanken. Heinrich von Kleist schildert solche Entwirrung der Dinge, wie sie allein schon im Gespräch mit einem aufmerksamen, der Sache paradoxerweise aber durchaus unkundigen Zuhörers sich zeigt:

„Und siehe da, wenn ich mit meiner Schwester davon rede, welche hinter mir sitzt, und arbeitet, so erfahre ich, was ich vielleicht durch ein stundenlanges Brüten nicht herausgebracht haben würde. Nicht, als ob sie es mir, im eigentlichen Sinne *sagte;* denn sie kennt weder das Gesetzbuch, noch hat sie den Euler, oder den Kästner studiert. Auch nicht, als ob sie mich durch geschickte Fragen auf den Punkt hinführte, auf welchen es ankommt, wenn schon dies letzte häufig der Fall sein mag"[1]... Wie von selbst, so scheint es, ohne tieferen Anlaß wird der Gedanke allein durch *das Gegenüber* des anderen – in Kleists Fall durch seine ‚ungelehrte‘ Schwester – hervorgebracht. Dies verweist in die tieferen Wurzeln der *dialogischen Struktur* des Denkens.

Analoges geschieht auf dem Spaziergang: Der Gedanke, noch dunkel und ungeboren, klärt sich, entfaltet und artikuliert sich während des Gehens. Es ist, als würde durch die äußere Bewegung, durch das bloße vor

---

[1] Kleist, Heinrich von: Über die allmähliche Verfertigung der Gedanken beim Reden. Werke und Briefe, 2. Bd., 319; vergleiche zur dialogischen Struktur des Denkens besonders: Berlinger, Rudolph: Augustins dialogische Metaphysik. Frankfurt a. M. 1962

sich Hingehen *ohne jede gezielte therapeutische Absicht* die innere Bewegung entspannt, gelöst und käme so zum Ziele. Der im gemeinsamen,
ruhigen Gehen abgestimmte Rhythmus hält dem Gedanken sowohl den
quälenden Stillstand wie die angstvolle Hast fern. Der zunächst offenbar
verborgene innere Weg, dem die verzweifelte Suche galt, öffnet sich im
Aufbruch ins Freie der Landschaft entschiedener. Im *Vertrauen* in die
ersten eigenen Schritte findet sich leichter die Spur als im starr fixierten
Verweilen an einem festen Ort, am Schreibtisch, am Arbeitsplatz, im gewohnten Zimmer. Die *körperliche Bewegung* löst die innere Spannung,
und der innere Weg wird klarer aufgenommen. Im *Hineingehen* in die
Bewegung – wenn das Wortspiel erlaubt ist – befreit sich der innerlich
Bewegte von der Last, die seine Bewegungsfreiheit hinderte. Schlimm ist
die Lage nur dann, wenn die bedrückende Last so schwer geworden ist,
daß der erste Schritt nach ‚Draußen‘ gar nicht mehr einsetzen kann und
die Fesseln sich nicht mehr abstreifen lassen.

Diese Gleichgerichtetheit aber der inneren mit der äußeren Bewegung
ist der Natur des Menschen eingeschrieben. Hierfür legt Goethe – wie
für so manches – ein beredtes Zeugnis ab:

„Goethe brauchte zu jeder geistigen Tätigkeit körperliche Bewegung.
Selbst beim Diktieren in seinem Arbeitszimmer ging er auf und ab. Am
liebsten war ihm der Aufenthalt im Freien; denn ‚die frische Luft des
freien Feldes ist der eigentlichste Ort, wo wir hingehören‘. In seinen
jüngeren Jahren war Goethe ein begeisterter Spaziergänger. Mit zuneh-
mendem Alter wurde der Garten immer häufiger Schauplatz seiner täglichen Ausgänge. Lieblingspromenade des alten Goethe war im Garten
am Stern die lange Malvenallee, im Garten am Frauenplan die dichte
Herlitzenhecke. Hier hat er im Umherwandeln Zwiesprache gehalten
mit dem Himmel und der Erdnatur."[1]

Treibt aber das nachdenkliche Gehen über den Alltag, über dessen Last
und dessen Nutzen, über die in ihm aufkeimenden Wünsche und Ziele
hinaus in Bereiche, die die Gegebenheiten um uns herum überschreiten,
hinüber ins Meditativ-Spekulative, so scheint darin die tiefere Einheit
der Bewegtheit des wissenden Spaziergängers mit seinem Ursprung auf:
„Denken und Gehen, Sinnen und Schreiten, Dichten und Laufen waren
verwandt miteinander."[2]

[1] Balzer, Georg: Goethe als Gartenfreund, 98
[2] Walser, Robert: Werke II, hrsg. v. J. Greven, 304

Die innere Bewegung findet in der äußeren aber nicht bloß eine isomorphe, das heißt eine gleichgerichtete Bewegung, deren Gleichklang freilich keinen tieferen Grund anzugeben vermöchte, vielmehr bringt der Ursprung sich in so unterschiedlicher Weise zur Erscheinung, daß die innere Verwandtschaft der Erscheinungen – hier des Gehens und des Denkens, des Spazierens und des Empfindens – nicht ohne weiteres sich zeigt. Der Gehende ist so sehr auf den Fortgang auf ein konkretes, naheliegendes Ziel unmittelbar *vor ihm* bezogen, daß er nicht ohne weiteres Gewahr wird, daß er dorthin voranschreitet, woher er kam: er schreitet voran in den Ursprung, in das Prinzip der Sache, der er *nach*geht und ohne welches er den Weg gar nicht erst hätte antreten können. Er vollführt auf diese Weise im Grunde eine sich ständig vertiefende Kreisbewegung.

Die alte philosophische Schule der Peripatetiker hat hiervon wohl schon gewußt: Die Schüler des Aristoteles, Theophrast von Lesbos als ihrem ersten Vertreter, wandelten in der von Aristoteles in Athen gegründeten Schule, im *Lykeion* (ein dem Apollon Lykeios, dem ‚wolftötenden‘, unheilabwehrenden Apoll geweihtes Gymnasion) unter schattigen Laubengängen umher, sich ihrer tiefgehenden Gedanken gemeinsam vergewissernd. Angelika Wellmann weist darauf hin, daß schon längst vor den sogenannten Peripatetikern diese Form des gemeinsamen Lernens und Durchdenkens üblich gewesen ist: „Bereits in den Platonischen Dialogen wird die Sitte überliefert, im Umhergehen philosophische Diskussionen zu führen."[1]

Ähnliches findet man auch im gemeinsamen Gespräch, im Gebet, in der Meditation im Kreuzgang des Klosters vor, wie dies die Tradition des Mönchswesens ausgebildet hat. Auch hier: im Geviert und seinen Diagonalen eine in sich ruhende Kreisbewegung, die in sich zurückkehrt.

Solches Gehen aber, das im Einklang steht mit dem Durchdenken, Durchgehen der Dinge oder des Gedachten legt nahe, einen Blick auf denjenigen Weg zu werfen, den das Denken selbst einschlagen muß, wenn es zu sich selbst kommen will.

[1] Wellmann, Angelika: Der Spaziergang. Stationen eines poetischen Codes. 13ff.

Denkwege

Es ist zu befürchten, daß dies ein schwieriges, ein philosophisches Kapitel wird, doch wollen wir uns hierbei auf einen maßvollen, stillen Spaziergang begeben.

Andererseits: kann man etwas begreifen, auch nur verstehen, ohne die Mühe auf sich zu nehmen, einer Sache auf den Grund zu gehen? Dies nämlich heißt, einen philosophischen Weg gehen: nicht *grundlos* sich auf den Weg machen.

Was aber führt auf den *richtigen* Weg? Gibt es nicht viele Wege? Welches aber ist schon der richtige Weg unter den vielen Wegen? Sind dies – so fragen wir weiter – nicht müßige Fragen? Ist man denn nicht längst schon auf irgendeinem Weg ausgesetzt, den man eben gehen *muß*, ob es einem beliebt oder nicht beliebt, und den man dann auch mehr oder weniger widerwillig geht? Oder aber, es gelingt, sich abzusetzen, sich in die Büsche zu schlagen, zu verschwinden oder in einen anderen Weg einzubiegen, um so der Frage nach dem richtigen Weg auszuweichen. Ist es – überschlägt man vorwegnehmend die Summe des gegangenen Wegs – nicht gleichgültig, welchen Weg man hinter und vor sich hat, scheinen die Ziele doch gleichwohl unbekannt! Und wiederum: sollte man sich über Weg und Ziel denn überhaupt beunruhigen? Ist es nicht besser, sich mit dem Gedanken zu begnügen, daß die Wege ja schon zu *irgendeinem* Ziele führen werden?

Sich philosophisch auf den Weg machen aber heißt nicht, diesen oder jenen Weg einschlagen, wie es einem so gefällt oder – in der gängigen hedonistischen Ausdrucksweise formuliert – wie man eben Lust dazu hat.

Weg ist in diesem Sinne nicht nur als im Grunde zufällige, beliebige Strecke im Raum von hier nach dort zu denken[1], so wenn wir nach einem richtigen, das heißt sicheren Weg des Denkens fragten, um uns alle Mühe des *Umwegs* zu ersparen. Solches Einsparen des Weg nämlich läge im Sinne eines bloß verrechnenden Denkens, etwa wenn ich sage: Ich gehe von A nach B in der und der Zeit und bediene mich dabei dieser oder jener Hilfsmittel. „Für das heutige Vorstellen, das überallhin durch das technisch-wissenschaftliche Rechnen in seine Formen ausgestanzt

---

[1] Heidegger, Martin: Unterwegs zur Sprache, 198

wird, gehört der Gegenstand des Wissens in die Methode. Dies befolgt die äußerste Ab- und Ausartung dessen, was ein Weg ist."[1]

Eben noch haben wir *nach dem richtigen Weg* gefragt. Bedenken wir aber das gerade Gehörte, so müssen wir einsehen, falsch gefragt zu haben, wenn wir nach dem *richtigen* Weg des Denkens fragten. Richtig oder falsch ist ja etwas dann, wenn es auf ein *vorgegebenes* Verrechnungssystem hin bezogen wird! Dies eben kann nicht gemeint sein, wenn vom Denkweg die Rede ist. Der Denkweg, der zum *Wissen* hin sich einschlägt, kann eben mit jener Methode eines rationalistisch-planenden Vorgehens *nicht* gefunden werden:

„Anders als im wissenschaftlichen Vorstellen verhält es sich im Denken. Hier gibt es weder die Methode noch das Thema, sondern die Gegend, die so heißt, weil sie das gegnet, freigibt, was es für das Denken zu denken gibt. Das Denken hält sich in der Gegend auf, indem es die Wege der Gegend begeht. Hier gehört der Weg in die Gegend. Dies Verhältnis ist vom wissenschaftlichen Vorstellen her nicht nur schwer, sondern überhaupt nicht zu erblicken. [...] Wir gehen schon in der Gegend, in dem Bereich, der uns angeht. [...] Diese Gegend ist überall offen in die Nachbarschaft zum Dichten"[2]... Solche Rede scheint für den ungeübten Leser nichts als ein Wortspiel, vielleicht sogar ein *leeres* Spiel mit Worten zu sein, nicht einmal ein ‚Sprachspiel‘, dem ja im Sinne Wittgensteins zumindest ein konkretes Feld der äußeren Realität zu entsprechen hätte.

Erinnern wir uns: es war nach dem Weg gefragt, den das Denken einschlagen sollte, um sich nicht zu versteigen in unwegsamer Gegend, um nicht in die Irre zu gehen. Was ist es nun, das einen auf den Denkweg bringt? Ist es der Weg, der führt? Ist es das Ziel, das einen diesen oder jenen Weg einschlagen läßt? Gibt es *Wegzeichen* zur Orientierung auf dem Denkweg, wie etwa das Gerüst der Logik?

Hören wir uns noch einmal in die Worte Heideggers hinein: er spricht von *den* Wegen, die das Denken begehe, nicht von einem, gar von einem bestimmten Weg, etwa von dem der logischen Erschließung der Ziele im Gang der Logik und ihrer Axiome! Andererseits ist dies nicht so zu denken, daß der Denkweg im Dunkeln des Irrationalen verdämmerte: die Wege, die in die ‚Gegend‘ führen, sind keine Wege ins Ungewisse, sind

[1] Heidegger, Martin, a.a.O.,197
[2] Heidegger, Martin, a.a.O., 178 f.

keine dunklen Wege im sinnentleerten Raum. So sind wir uns dieser Wege im Grunde gewiß, auch wenn wir noch unsicher sind, sie zu begehen! Denn die Wege eilen uns je schon voraus und geben den Schritten Halt und Festigkeit!

Aber, so wendet man ein: Wie sicher kann man sein im Begehen der Wege? Sind es nicht nur Irrwege, die wir gehen? Täuschen wir uns gar in der Freiheit, Wege zu gehen, die wir für unsere hielten und die wir unbedingt einschlagen wollten? Sind uns die Wege nicht vielleicht doch als gebahnte Wege vorgegeben?

Dies hieße dann, man folgte diesem oder jenem Plan, in dem die ‚Denkwege‘ scheinbar leicht überschaubar eingezeichnet sind. Aber führte dies denn zum Ziel, diesem oder jenem Plan zu folgen? Gewiß: will man von hier nach dort gelangen, dann tut man gut daran, einer Landkarte, einem Plan zu folgen. Doch – so hörten wir – das Denken ist schon in der Gegend, die sich *freigibt*, sofern wir ihr nach-denken. Man stelle sich vor, jemand wollte die Denkwege – und damit den *wahren* Weg finden, indem er sich ein Handbuch kaufte – derlei Surrogate gibt es ja genug –, in dem all die Denkwege der Denker durch die Jahrhunderte hin übersichtlich aufgelistet sind. Führte dies wohl zum Ziel, den Denkweg zu finden? Führte dies nicht auch vielleicht ins *Labyrinth* der festgefahrenen Wege?

Sind aber die Wege, von denen hier die Rede ist, offen, sind sie verborgen? Sind sie in der Gegend abgegrenzt, von ihr abgezäunt, *definierbar*?

Es ist von den *Denkwegen* die Rede. Nun scheint es aber, daß es das Denken doch mit logischer Klarheit und Folgerichtigkeit zu tun habe und daß wir hier nun, statt eine klare, befriedigende Antwort zu geben, eine allgemeine, ja eine anscheinend recht unbestimmte Metapher des Weges vorsetzen anstelle einer durchschaubaren *logischen* Erklärung.

Doch dies ist es ja gerade, was geklärt werden soll: weder verzichten die Denkwege in ihrem Fortgang auf den *Logos*, auf die Sinnbestimmtheit noch erschöpfen sie sich im formallogischen Spiel. Denn die Denkwege führen in die Nachbarschaft des Dichtens. Metapher und Begriff stehen auf demselben Grund, auf dem die Wege die Gegend öffnen und freigeben.

Die Denkwege bedürfen umgekehrt der Offenheit der Gegend. Der Denkende, der in die Offenheit der Gegend hinausgeht, kann aber diese Offenheit, die ja den Spaziergänger grundsätzlich betrifft, nicht auf einmal fassen, er bedarf der Zeit, der Orientierung, das heißt, er geht nicht willkürlich drauflos. Freilich folgt er nicht einem bestimmten Plan von hier nach dort. Der Denkweg folgt der inneren *Gefügtheit der Gegend*, der Struktur der Sache, die er durchgeht und die ihm entspricht.

So sind die Denkwege immer schon vorläufig im doppelten Sinne des Wortes: „Der Begriff der Vorläufigkeit ist also zunächst als Gegenbegriff zum Begriff der Gewißheit, aber dann zugleich im Sinne eines Vorgriffes der Sinngesetzlichkeit des Denkens zu nehmen, schon ehe das Denken durch eine Wendung zu sich selbst sich auf sich selbst zu besinnen begonnen hat."[1] Die Wege, die wir gehen, sind zwar – aus unserer berechtigten ureigensten Sicht – unsere eigenen Wege, und doch sind sie dies nicht ausschließlich: es sind die Wege der Gegend. Wir sind es, welche sie nur aufnehmen. Sie gehen uns in gewisser Weise voraus, auch wenn wir es sind, welche sie entdecken. Dies gibt dann andererseits dem Denkenden, der die Denkwege geht, etwas Vorläufiges, Überholbares, mag dies nun tröstlich sein oder nicht. In einem tieferen Sinne wird hier etwas geborgen, auch wenn der Spaziergänger sich den Wegen der Gegend mitunter ausgeliefert sieht.

Den Horizont aber des Denkweges umschließt das Denken selber. So ist das Denken weder der planmäßigen ‚Zementierung' der Wege ausgesetzt noch liefert es sich der Leere eines ortlosen Raumes aus: es bleibt in der Gegend. Das Ziel der Wege aber ist im Ursprung des Denkens selbst zu finden; das Ziel ist so gesehen nicht ein *willkürlich gesetztes* Ziel – von hier nach dort. Die Denkwege fallen also nicht aus der Gegend heraus, sie sind ihr immer schon eingeschrieben. Geht man der Empfindung des Spaziergängers nach, so scheint er im beständigen Begehen der Denkwege den Horizont des Denkens laufend zu überschreiten, in Wahrheit treibt er auf seinem Denkweg das Denken in sich selbst voran oder vielmehr – zurück! Nicht zu Unrecht wurde deshalb von der Umwendung des Denkens in sich selbst, von seiner Inversion in sich selbst gesprochen:

---

[1] Berlinger, Rudolph: Philosophisches Denken. Einübungen, 71

„Nimmt das Denken sich auf sich selbst zurück, so geschieht dies auf dem Wege des Insichgehens nicht blind, sondern im Vorblick; dies heißt: in der stillschweigenden Erwartung, daß das gesuchte Etwas gefunden werden könne. Dieser Vorblick der Erwartung wäre unmöglich, wenn sie nicht schon vor jeder Reflexion getroffen wäre von dem Richtungssinn oder der Intention dessen, was gesucht werden soll: der Gesetzlichkeit des Denkens. Das Denken ist also immer schon vor jeder inversiven Wende in sich selbst vorläufig im Banne seiner Gesetzlichkeit"[1]... Jene Gesetzlichkeit aber ist keine Fixierung auf logische Abläufe – obgleich sie nicht jenseits des Logos zu finden ist –, sie unterliegt auch keiner naturalen Notwendigkeit. Im Gehen der Wege der Gegend selbst erweist sich der Denkweg als eingebunden. Die Wege zu gehen oder nicht zu gehen, dies ist ein Akt der *Freiheit*. Diese ist es, deren Gesetzlichkeit der Denkweg folgt. So bleibt der Denkweg eingespannt zwischen Gewißheit und Ungewißheit, immer aber im Vorgriff der Gegend. Für das, was unter ‚Gegend' aber gemeint ist, gibt es ein altes Wort: *das Sein*.

Immer setzen die Denkwege das Sein voraus. Darin nur ist Gewißheit, auch wenn die Gegend vielfach von Dunkel umschattet scheint und die Denkwege oft verborgen sind. Darin aber ist auch die Ungewißheit nie gänzlich eliminierbar. Die Wege der Gegend jedoch binden unsere Schritte ein. So aber gibt es viele Wege nach Innen, sofern sie den Ursprung als ihr Ziel nicht aus dem Blick geraten lassen.

---

[1] Berlinger, Rudolph: Philosophie als Weltwissenschaft, 34

Wege nach Innen

Das hohe Symbol des Wanderers

Von alters her ist der Weg Symbol für den Weg des Lebens, für die ‚Lebensreise‘, zugehörig dem Symbol des Wanderers, des Pilgers auf dieser Erde, des ‚homo viator‘. Besonders die christliche Symbolik hat sich dieses Bildes angenommen bis hin zu Gabriel Marcel, dem christlichen Existenzphilosophen. Schon die irischen Wandermönche der Frühzeit wie Gallus, Kilian, Kolonat oder Totnan waren davon beseelt, sich in dieser Welt an keinem Orte dauerhaft einzurichten und zur Ruhe zu setzen, sondern vielmehr als wahrer Peregrinus, als bloßer Wanderer auf Erden die Straße zu ziehen, eine Straße, die sie als Gottes Weg verstanden. Das Ziel aber ihrer Wanderung war allemal das ‚Haus des Vaters‘ (Lukas 2,49).

Das Leben als Wanderschaft – dem ist gedanklich und bildlich breiter Raum zu geben. Es ist „die von Rationalisten verlästerte oder belächelte *Mehrdeutigkeit des Symbols*“, welche den Reichtum auch des Bildes vom Wanderer ausmacht: „Für den Systematiker ist die Vieldeutigkeit eine *crux interpretum*. Für den Einfühlsamen dagegen der Anreiz zur Anverwandlung, so daß das Symbol in sein eigenes Geistesleben eingeht.“[1] So wollen wir es dem Leser selbst überlassen, wie weit er meditativ das Symbol des Wanderes für sich neu schafft.

So leuchtet etwa das Motiv der Lebenswanderung zu einem Ziel hin, das über das bloße gegenwärtige Leben hinausweist, in allen Epochen der Geistesgeschichte immer wieder auf, so etwa bei John Bunyan (1628 – 1688), selbst Wanderprediger, leidenschaftlich gegen die Restauration der Anglikanischen Kirche predigend. Die Gedanken, die er in ‚Pilgrim’s Progress‘ niederlegte, wurden so zu einem bilderbogenhaften religiösen Gleichnis.
    Auch im Deutschland des 17. Jahrhunderts scheint das Motiv der Lebenswanderung vielfach auf. So greift etwa ‚Angelus Silesius‘, der ‚schlesische Engel‘ (mit bürgerlichem Namen Johannes Scheffler) – um nur ei-

[1] Kessler, Herbert: Das offenbare Geheimnis, 222

nen bedeutsamen Vertreter der Epoche zu nennen – in seinem ‚Cherubinischen Wandersmann‘ das Bild von der Wanderschschaft auf Erden wieder auf und fordert in seinen Epigrammen im Sinne des Barock die Herauslösung des Menschen aus den vielfältigen Verstrickungen in die Dinge der Welt, um wahrhaft aufzubrechen auf einen Weg, der dem eigentlichen Ziele des Menschen entgegenführen sollte; erkennt er dieses Ziel nicht, so wird er als ‚Narr‘ apostrophiert:

Du schlägst ums Zeitliche das Ewig in den Wind;
Richt, ob die Welt auch wohl ein größern Narren findt?[1]

Weit über den Kreis des religiösen Denken hinaus aber wird das Bild des Wanderers zum Leitmotiv, so etwa bei Shakespeare in einer eher skeptischen Deutung des Lebens als einer wohl vielleicht vergeblichen Wanderung.

Das Leben zeigt sich in solcher Perspektive als eine Wanderschaft ohne Ziel, als ein lediglich ‚komödiantischer‘ Auftritt auf der Weltbühne, dessen Bedeutung ebenso flüchtig und bedeutungslos ist wie diese selbst:

„Leben ist nur ein wandelnd Schattenbild:
Ein armer Komödiant, der spreizt und knirscht
Sein Stündchen auf der Bühn, und dann nicht mehr
Vernommen wird…“
(Macbeth, V. Akt, V. Szene)

So scheint es müßig, noch nach dem ‚Wesen‘ zu suchen hinter den Masken der Schauspieler, nach einem Wesen, welches vielleicht doch zumindest einen Schatten werfen könnte. So aber gewinnt der Vanitas-Gedanke an Mächtigkeit: es ist alles eitel, lächerlich, leer und vergeblich …

Wenden wir uns von solchem ‚homerischen Gelächter‘ über das vergebliche Dasein des Menschen ab, dann findet sich noch manche ganz anders geartete Gestalt des Wanderes:

So wird der Wanderer vielfach symbolisch überhöht zum *Weisen*, der das Leben wahrlich kennt, der weiß, daß sich nichts halten läßt, am aller-

---

[1] Angelus Silesius: Cherubinischer Wandersmann, in: Werke Bd. 3, 191 [= 6. Buch, Nr. 19]

wenigsten der Anspruch, mit dem Leben eine Rechnung aufzumachen wie ein Krämer, eine listige Rechnung dazu, zu den eigenen Gunsten nämlich, in welcher – wenn schon sonst nichts bleibt – zumindest der Erwerb von Weisheit in Rechnung gestellt wird. Knut Hamsun stellt solche Krämerei, welche ‚Weisheit' als Besitz ins Grab zu nehmen wähnt, wie kein anderer in Frage:

„Nein, man darf nicht glauben, daß man auf mehr Süßigkeiten Anspruch hat, als man erhält. Ein Wanderer rät von allem Aberglauben ab. Was gehört dem Leben? Alles. Was aber gehört dir? Ist dein der Ruhm? Oh, sage uns weshalb! Man soll sich nicht auf das ‚Seine' versteifen, das ist so komisch, und ein *Wanderer* lacht über den, der so komisch ist. Ich erinnere mich eines solche Mannes, der sich von dem ‚Seinen' nicht trennen konnte: er heizte am Mittag seinen Ofen, doch erst am Abend brachte er das Feuer endlich zum Brennen. Da konnte er sich nicht entschließen, die Wärme zu verlassen und ins Bett zu gehen, sondern blieb sitzen, um das Feuer auszunützen, bis die andern wieder aufstanden … Ich bin nun ziemlich weit umhergewandert in meinem Leben und bin jetzt dumm und verblüht. Aber ich habe nicht den perversen Glauben der Greise, daß ich weiser geworden sei, als ich war. Und ich hoffe auch, daß ich niemals weise werde"[1] …

Sollte man an dieser Stelle nicht doch Einhalt gebieten und einwenden: die ‚Weisheit', die ‚Sophia', ist *sie* nicht zumindest das Ziel der mühevollen Lebenswanderung, wenn sich schon sonst nichts halten ließe? Hamsun ironisiert hier allerdings ein Erscheinungsbild von ‚Weisheit', das er schon Ibsen gegenüber in jener berüchtigten Rede anprangerte, die sich der ‚geehrte' Literat selbst als ‚Festrede' mit anhören mußte: er karikiert jene ‚philisterhafte', selbstgefällige Weisheit, die das Leben auf Distanz meinte messen, beherrschen und der gefälligen Manipulation ausliefern zu können. Er kritisiert dies wohl in lebensphilosophischer Absicht – und ist darin ‚philosophischer' Weisheit vielleicht näher als der trockene, dürre Systematiker, der alles seinem gelehrten Kalkül meint unterstellen zu können. Als klassische Gestalt eines solchen im Grunde beschränkten Geistes haben wir den ‚selbstgenügsamen' Begleiter des Faust, den betulichen Wagner exemplarisch vor Augen.

---

[1] Hamsun, Knut: Gedämpftes Saitenspiel, a.a.O., Bd. 3, 631 (Hervorhebung von mir)

Hamsuns Ablehnung aber von *solcher* ‚Weisheit‘ entspricht der Einsicht des Wanderes, der die Wanderung durch die Welt in der Tat aufgenommen hat und nicht nur im ‚gelehrten‘ Sinn von ihr spricht.

Auf ganz andere Weise wiederum wendet sich Hölderlin am Leitfaden des Wanderermotivs gegen philisterhafte Abgrenzung und Selbstgefälligkeit und bestimmt das Menschliche selbst als verbürgt im Gedanken der *Sehnsucht* nach dem Schönen und Wahren, einer Sehnsucht nach dem unendlichen Horizonte; solche Sehnsucht jedoch ist dem selbstgefälligen Spießer fremd. Er nämlich igelt sich ein in ‚Praxis‘, in rasche Beherrschung seiner abgezirkelten Bereiche – und tauscht so seine Seele gegen plane ‚Sicherheit‘. Diesen Gedanken führt Hölderlin als Zeitklage gegen die Deutschen seiner Epoche an: „Handwerker siehst du, aber keine Menschen, Denker, aber keine Menschen, Priester, aber keine Menschen, Herrn und Knechte, Jungen und gesetzte Leute, aber keine Menschen“[1]… Der eben noch göttliche ‚Mensch‘, so begreifen wir Höderlins Scheltrede, der zuvor in schöner Harmonie mit sich und der Welt ist, zerreißt jene Harmonie auf solche Weise durch abgrenzende Instrumentalisierung – zunächst der Welt wie schließlich seines eigenen Selbst.

Was Hölderlins Klage betrifft, so sind wir nahezu sicher, daß sich solches geändert haben muß.

Hölderlin aber sieht sein Dasein als ein Peregrinus, dessen Lied nicht nur die Klage über die Vergänglichkeit des Daseins anstimmt, sondern welches auch bewegt ist von der Sehnsucht nach dem Ziele, nach dem Ideale des Daseins, und mit einem Blick auf das Schicksalslied wollen wir die flüchtigen Gedanken zum Symbol des Wanderers beschließen:

> *„Schicksallos, wie der schlafende*
> *Säugling, atmen die Himmlischen …*
>
> *Doch uns ist gegeben,*
> *auf keiner Stätte zu ruhn,*
> *Es schwinden, es fallen*
> *Die leidenden Menschen*
> *Blindlings von einer*
> *Stunde zur andern,*
> *Wie Wasser von Klippe*

---

[1] Hölderlin, Friedrich: Hyperion, in: Werke Bd. I, 73

zu Klippe geworfen,
Jahrlang ins Ungewisse
hinab"[1]

Der Weg in sich selbst und das Wandern im Gebirge

Der Weg in sich selbst scheint im Spaziergang, in der Wanderung besser zu gelingen, als im Verweilen an einem einzigen, festgelegten Ort. Wir haben dies schon betont. Gewisse Landschaften und Gegenden aber, die den Alltag besonders enträckt erscheinen lassen, sind dem Gang in sich selbst wohl im herausragenden Maße zugewandt. Vornehmlich der Weg ins Gebirge gibt dem Inneren auf diese Weise Ruhe und Weite, um den Weg in sich selbst um so gelassener zu entfalten:

„In der That, ist es ein allgemeiner Eindruck, daß man auf hohen Bergen mehr Heiterkeit des Geistes spürt; das Vergnügen ist da minder feu-

---

[1] Hölderlin, Friedrich, a.a.O., 727; das Schicksalslied ist allerdings nicht als Quintessenz des Romans ‚Hyperion' zu sehen, es steht eher *nur* für den Menschen auf seiner ‚exzentrischen Bahn', die es ja zu überwinden gilt. Eher gipfelt der Roman in der Einsicht in die Relativität der ‚exzentrischen Perspektive' selbst und im damit verbundenen Gedanken der ‚Alleinheit', mit Hinblick auf welche ‚Versöhnung' die eigentliche Antwort des Menschen zu sein hat.

Für uns ist hier allerdings das Motiv der Wanderschaft entscheidend. Es durchzieht das Denken Hölderlins; so finden sich allein im Hyperion schon viele Hinweise auf sein Dasein als Peregrinus: „Ruhmlos und einsam kehr ich zurück und wandre durch mein Vaterland, das, wie ein Totengarten, weit umher liegt"... (Hyperion, a.a.O., 582). Er ist ein Heimatloser, der den fernen Idealen zustrebt: „Wie es mich umhertrieb an den Bergen und am Meeresufer! Ach! wie ich oft dasaß mit klopfendem Herzen, auf den Höhen von Tina, und den Falken und Kranichen nachsah, und den kühnen fröhlichen Schiffen, wenn sie hinunterschwanden am Horizont! Dort hinunter! dacht ich, dort wanderst du auch einmal hinunter, und mir war, wie einem Schmachtenden, der ins kühlende Bad sich stürzt und die schäumenden Wasser über die Stirne sich schüttet"... (a.a.O., 585; vergleiche auch Hölderlins Gedicht ‚Der Wanderer', a.a.O., 208 ff.). Eine ähnlich tragende symbolhafte Rolle spielt das Motiv des Wanderers bei Georg Trakl, so in seinen Gedichten ‚Der Wanderer', ‚Wanderschaft', ‚Der Spaziergang', ‚Traumwandler' oder ‚Abend in Lans'. Doch auch in vielen anderen seiner Gedichte, die das Motiv nicht im Titel tragen, klingt die Wanderschaft des Lebens als Motiv auf den zweiten Blick an, so etwa in ‚Kaspar Hauser Lied'. Untrennbar ist dieses Motiv jedoch bei Trakl mit dem der Unbehaustheit, der Heimatlosigkeit verbunden.

rig, die Leidenschaften sind sanfter. Die Gedanken haben da, ich weiß nicht, was für eine ruhige Wollust, die nichts heftiges und nichts sinnliches bey sich führt. Man ist da ernsthaft ohne Schwermuth, ruhig ohne Unempfindlichkeit, zufrieden, daß man ist und denkt; alle zu lebhafte Begierden ermatten, verlieren jene Schärfe, die sie schmerzhaft macht, lassen im Innern des Herzens nur noch eine leichte, sanfte Aufwallung übrig; und so macht eine glückliche Himmelsgegend die Leidenschaften, sonst des Menschen Peiniger, zu Werkzeugen seines Glücks. – Alle Schönheit von tausend erstaunenswürdigen Schauspielen wird auf den Bergen noch durch die Dünne der Luft vermehrt. Diese macht die Farben lebhafter, die Züge kenntlicher, und bringt alle Gesichtspunkte näher; die Entfernungen scheinen kleiner, als auf den Flächen, wo die Dicke der Luft den Erdboden in einen Schleyer hüllt; der Horizont zeigt den Augen mehr Gegenstände, als er fassen zu können scheint; kurz, das Schauspiel hat etwas zauberisches, übernatürliches, das Geist und Sinne entzückt; man vergißt alles, vergißt sich selbst, und weiß nicht mehr, wo man ist."[1]

Auf emphatische Weise gibt der Bergsteiger Reinhold Messner den Eindruck von der kosmischen Weite wieder, welche den im Extremen abenteuernden Wanderer in der Einsamkeit der Weltgebirge umfängt und ihm so den Weg ins eigene Innere meditativ eröffnet:

„Hier in nächster Nähe des Gipfels, stand die Welt zeitlos still. Das Brausen des Windes und das Summen aus dem Innern des Berges bildeten einen Teppich über den Tälern, so groß wie das Meer. Dieses anhaltende wogende Geräusch. Die gleitenden Farben im gezackten Rund trafen am Gipfel zusammen in Schwarz und Weiß. Die Atmosphäre war

---

[1] Rousseau, Jean-Jaques: Nouvelle Héloïse, Part. I. Lett. XXIII. Gebirgsbeschreibung von Rousseau, Nouvelle Héloïse, zitiert bei Hirschfeld, Bd. I, 195 (Abschnitt: Gebirge); ich ziehe diese Übersetzung der neueren vor (siehe Rousseau, J. J.: Julie oder Die neue Héloïse. München 1988, 77 f.); vergleiche ferner zu Rousseaus Gedanken über das Wandern im Gebirge: Biese, Alfred: Das Naturgefühl im Wandel der Zeiten, 126 ff. = Kapitel XI. Das Erwachen des Gefühls für die Romantik des Gebirges. – Ähnlich panegyrisch äußerst sich Nietzsche im ‚Zarathustra' „Ich bin ein Wanderer und ein Bergsteiger, sagte er zu seinem Herzen, ich liebe die Ebenen nicht, und es scheint, ich kann nicht lange still sitzen. Und was mir nun auch noch als Schicksal und Erlebnis komme – ein Wandern wird darin sein und ein Bergsteigen: man erlebt endlich nur noch sich selber. Die Zeit ist abgeflossen"... Nietzsche, Friedrich: Der Wanderer (= Also sprach Zarathustra, 3. Teil), in: Werke in 3 Bänden, Bd. 2, 403

von Ruhe geprägt, nicht von der lähmenden Ruhe des Todes, sondern
von der befreienden Ruhe der Leere, die leicht und sorglos im Raume
stand. Alle Geräusche waren wie tiefes Schweigen, jede Bewegung nicht
Arbeit und nicht Handlung, nur Sein. Das Sein war Frieden, völlig unge-
stört vom fernen Gang der Jahrtausend. [...] Wir saßen am Gipfel, im
Mittelpunkt eines unendlichen, leeren Raumes. Tief unten in den Tälern
lag milchiger Dunst. Der Horizont um mich wuchs wie die Leerheit in
mir. Und meine tiefen Atemzüge verdichteten sich zu spontanen Erscheinungen in einem reinen, visionären Kreis. Mit einem unbeschreibli-
chen Gefühl der heiteren Gleichgültigkeit erwachte ich aus diesem Zustand der Harmonie, aus einer Art Nirwana"[1]...

Allerdings: derlei *Erfahrung* des Selbst ist nicht zu verwechseln mit
Selbsterkenntnis im Sinne des Sokrates, im Sinne des ,Gnothi seauton',
des ,Erkenne Dich selbst' des Orakels von Delphi; – solche Selbsterfah-
rung findet dort auch ihre Grenze, wo sie als bloße Erfahrung der phy-
siologischen Grenzen des Ich, als bloße *Nerven*erfahrung sich selbst im
Rausche orgiastischer Empfindung einzubringen versuchte; dies wäre
wohl ein Ding der Vergeblichkeit! ,Erfahrung' des Selbst im Sinne von
Selbsterkenntnis nämlich wird letztlich nur möglich im Heraustreten
aus dem Raum der Erfahrung im Hinübergehen in den Grund der Möglichkeit von Erfahrung selbst. Dies meint etwas anderes als das Erleben
der Grenzen der eigenen physischen und nervlichen Leistung.

Der Weg ins Gebirge scheint aber in dieser Hinsicht dem Weg im Flach-
lande gegenüber den Vorzug zu haben, daß er, der Spaziergänger, leichter den Weg über sich hinaus findet; es scheint, daß der Weg ins Gebirge
dem Wanderer seelisch reinigende, ,kathartische' Wirkung zukommen
läßt. In der ,Reinheit' aber eines solchen Wegs erscheint das Selbst des
Spaziergängers als ein ,Gegenüber' abgehoben, abgehoben von den Äu-
ßerlichkeiten der Welt und aufgehoben in der ruhigen, gleichgültigen
Natur. Gleichgültigkeit meint hier in Bezug auf den Wanderer, daß er
auf seinem Gang ins Gebirge seinen Rhythmus wiederfindet im Gleichklang von Sonne, von Regen, von Stille und Wind. Ein Gleichgültigwer-
den des Alltags stellt sich ein, ein Indifferenzpunkt, dem eben nicht
Fühllosigkeit, keinesfalls aber begierdenhafte Leidenschaft zukommt.

---

[1] Messner, Reinhold: Die Herausforderung, 188 f. (Schilderung der Gipfelbe-
steigung des Hidden Peak, 8068 Meter)

„Man ist ernsthaft ohne Schwermut", sagt Rousseau und verweist darin in jenen Indifferenzpunkt, der uns dem Ursprung, den wir suchen, annähert. Dazu bedarf es der Hingabe an den Rhythmus des eigenen Leibes im Gehen im stillen Einverständnis mit der Natur. Lautheit jeder Art steht dem entgegen: erbauliche Verherrlichung von ‚Gottes schöner Natur' ebenso wie ‚zünftige' Naturburschenherrlichkeit. Dieser Indifferenzpunkt wird durchschnitten in der Stille, im Schweigen, in der sachlichen Anweisung an die Begleiter, bestimmt von den Umständen des Geländes oder der Witterung, im Hinweis, im Schauen, im inneren Warten. So weitet sich das Selbst in der Ich-Vergessenheit. Wir wollen den Gedanken aber nicht verschweigen, daß der Weg in den Ur-Sprung auch zur Gratwanderung zu werden vermöchte, wobei sich – den Wanderer ängstigend oder ihn zumindest gefährdend – der Ab-Grund, der Ungrund auch zeigte. Solches vermag auch die Helle des Denkens nicht auszuschließen und beschwichtigend aus dem Weg zu räumen.

Wo aber die *ideologische Besetzung* des Bergmotivs einsetzt oder ein ‚modernes' sportives Leistungsbewußtsein, sind die Dinge eigentlich ihrem Ursprung entfremdet.

Die ideologische Besetzung des Motivs des Wanderns im Gebirge aber liegt nahe: Gesundheitsideologie, ökologisch-biologistische Tendenzen, Vermarktungen aller Art, Bergsteigerpathos oder religiöses Pathos setzen hier unvermittelt ein. Ich entsinne mich einer Begehung der knapp 3000 Meter hohen Schesaplana und des angrenzenden Brandner-Gletschers mit einem Pastor und dessen Sohn, wobei jener seinem Kinde die Wanderung durch kaum aussetzende, permanente erbauliche Hinweise darauf, wie der liebe Gott die Natur doch so schön gemacht habe, gründlich verleidete. Erbaulichkeit zog hier vernichtend ein.

Die Stille aber war verloren.

Der romantische Spaziergänger

Der romantische Spaziergänger ist einer, der sich gerne verliert in den Raum, der sich ihm darstellt als unendlich tief und den er intuitiv erschauend durchschreitet. Er scheut sich dabei nicht, in Bewunderung dessen zu verfallen, was Hegel als ‚schlechte Unendlichkeit' gebrandmarkt hat, in eine Bewunderung nämlich der ‚quantitativen' Unendlichkeit der zahllos flimmernden Gestirne am nächtlichen Himmel, in das

Staunen über die scheinbare Grenzenlosigkeit des Horizonts des weiten
und offenen Landes, die schimmernde Unbestimmtheit herbstlicher Ne-
beldämmerungen oder eben über das irdisch-ruhige, zeitlose Schauspiel
des Sonnenuntergangs wie die zerrissen-wilde Düsternis eines stürmischen Nachthimmels als Ahnung der ewigen kosmischen Nacht. Dies
etwa schildert der einsame Nachtwanderer in den ‚Nachwachen von Bonaventura‘: „Am Himmel flogen die Wolken, vom Winde getrieben, wie
wunderliche Riesenbilder vorüber, und der Mond erschien und verschwand im raschen Wechsel. Unten in den Straßen herrschte Toten-
stille. [...] Es war mir schon recht, und ich freute mich über meinen einsamen widerhallenden Fußtritt"[1]...

So ist dem romantischen Spaziergänger eine gewisse Kühnheit zu eigen;
in sich selbst hineinhorchend ist er sich ungeachtet seiner ins Offene gehenden Sehnsucht seiner selbst unmittelbar gewiß, anders als sein modernes Pendant, der Spaziergänger auf der Suche nach dem Weg in die
eigene Existenz.
Jener nämlich ruht in sich, sein Selbst in den Kosmos hinein auswei-
tend. Er schweift *nicht vergeblich* umher, der Verlorenheit seines noch
unbestimmten Daseins überlassen; zu sehr geht der romantische Spaziergänger in den Dingen auf, sich eins mit ihnen wissend und darüber
seine Begrenztheit, seine Vereinzelung vergessend. Auf *diese* Weise aber
ist die Sehnsucht sein Wesenselement: „„Wo gehn wir denn hin?‘ ‚Immer
nach Hause‘"[2]...

---

[1] Bonaventura: Nachtwachen, 5; vergleiche die situativ sehr ähnliche und in
der Farbgebung doch so ganz andere, südliche Darstellung einer einsamen
Nachtwanderung im ‚schönen Antonio‘ von Brancati, 85 f.
[2] Novalis: Heinrich von Ofterdingen. München 1966, 200; vergleiche hierzu
noch Hesse: „Auch uns Wanderer führt jeder Weg nach Hause. [...] Ich bin allein
und leide nicht unter dem Alleinsein"... (aus: Die Kunst des Müßiggangs, in:
Gesammelte Dichtungen, 3. Bd., Frankfurt a. M. 1952, 390 f.); vergleiche ferner:
Hauser, Sozialgeschichte der Kunst, 695 zum Motiv des romantischen Wanderns: „Sooft die Romantiker die Eigenart ihres Kunst- und Weltgefühls
beschreiben, schleicht sich das Wort Heimweh oder die Idee der Heimatlosigkeit
in ihre Sätze ein. Novalis definiert die Philosophie als ‚Heimweh‘, als den ‚Trieb,
überall zu Hause zu sein‘, und das Märchen als einen Traum ‚von der heimatlichen Welt, die überall und nirgend ist‘. [...] Darum ist bei ihnen so viel vom Wandern die Rede, vom Wandern ohne Ziel und Ende, von der ‚blauen Blume‘, die
unerreichbar ist und unerreichbar bleiben soll, der Einsamkeit, die man sucht
und meidet, der Unendlichkeit, die nichts und alles ist"...

Der romantische Spaziergänger genießt es, seine Sehnsucht zu reflektieren, sich ihrer inne zu werden und sucht so, den inneren Raum im Äußeren zu weiten.

Er findet die Landschaft, die Natur, die ihn umgibt, eingestimmt auf seine unstillbare Sehnsucht nach jener All-Vollkommenheit, die sich immer schon hier und jetzt entäußert, als im Endlichen sich schneidend, und die doch in unbestimmbarer Ferne sich verliert. Der Spaziergänger dieser Denkungsart findet sich eingewoben in die Natur, auch wenn sie sich dem ägyptischen Flußgott Proteus gleich in ihrer Unfaßlichkeit dem Begriffe entzieht.[1]

Auf *magische* Weise nämlich ist das Bewußtsein des romantischen Spaziergängers eins mit der unfaßlichen Natur. Die Natur *ist* der „verzauberte Geist", sie ist „das notwendige Produkt eines ewigen Aktes des Geistes"[2]...

Weit entfernt also davon, die Landschaft auf seinem Wege auf Hierarchien geographischer und biologischer Konstrukte hin zu reduzieren oder sie auf Abfolgen geschichtlicher und kunstgeschichtlicher Fakten hin abzuklopfen, schaut der romantische Spaziergänger die Landschaft auf *mystische* Weise. So sieht er nicht nur dies oder jenes, das nach näherer Bestimmung drängte, er *schaut das Ganze der Natur*, er ist auf seinen Spazierwegen versunken in ihre allumfassende ‚bestimmte' Unbestimmtheit:

„Welches aber ist der Sinn, der diese geheimnisvolle Harmonie von Geist und Natur erschaut? Dieser Sinn öffnet sich nur dann in uns, wenn wir uns dem gewohnten Sehen, das immer nur Gegenstände und Gegenständliches sieht, verschließen. Novalis nennt ihn den Sinn für Mystizismus". Dies bedeutet nunmehr für den romantischen Spaziergänger, die „Anschauung des Unendlichen im Endlichen"[3] in der Betrachtung der Landschaft und durch sie hindurch zu erwirken.

---

[1] Hier wäre auf Hegels Naturphilosophie und die pantheistischen Tendenzen zum Beispiel in der Philosophie Schellings einzugehen, wollte man sich tiefer in die Materie einfinden.
[2] Volkmann-Schluck, Karl Heinz: Novalis' magischer Idealismus, in: Die deutsche Romantik, 46
[3] Volkmann-Schluck, Karl Heinz, a.a.O., 49

Hans Dieter: Einer, der seine Wege zieht (Abb. 3)

Der romantische Spaziergänger findet sich auf diese Weise in der freien Natur in der eigenen inneren *Gestimmheit* vor, die ins Unendliche gerichtet ist[1], selbst auch in der feinsten Beobachtung der Schattierungen und Wandlungen der realen Landschaft, wie etwa in der folgenden betrachtenden Schilderung: „Sanft sich hebende Hügel hemmen die Aussicht ins Weite; zugleich dem Wünschen und Wollen der Kinder, sie genießen der Gegenwart köstliche Zeit nicht anders, noch wollend, was ferner liegt. Blühende Büsche, nährende Kräuter, duftende Blumen schließen den stillen, klaren Bach ein, in dem sich die reinliche Bläue des unbewölkten Himmels spiegelt, wie in den Seelen der Kinder der Gottheit herrliches Bild. […] Kein Stein ist hier zu sehen, kein dürrer Zweig, kein abgefallen Laub. *Friede, Freude und Unschuld und Leben atmet die ganze Natur.* […] Heute ruft mir zum erstenmal die sonst so herrliche Gegend Vergänglichkeit und Tod zu, da sie mir sonst nur Freude und Leben entgegenlächelte. Der Himmel ist trübe und stürmisch, und heute hängt er zum erstenmal den schönen bunten Bergen und Gefilden seinen einfarbigen Wintermantel über. Erblaßt liegt die ganze Natur vor mir."[2]

Caspar David Friedrich, der hier spricht, empfindet *das Symbolische* in den Erscheinungen der äußeren Natur. Dies bedeutet für den romantischen Spaziergänger:

Die Landschaft weist über ihre bloße Gegebenheit bzw. Vorfindlichkeit hinaus in die Freiheit des empfindsamen Gemüts und so in den Grund der Einheit von Anschauung und Denken. In der kindlichen Fähigkeit, ganz Gegenwart sein zu können, wird ebenso wie im jahreszeitlichen Werden und Vergehen der bleibende Urgrund in eben dem Maße sichtbar, wie ihn der Spaziergänger in seinem Innern in die Natur hinein entfaltet und besingt. Der Weg des romantischen Spaziergängers wird zur *Offenbarung* des Urgrundes und – in diesem schwingend – zur ‚Fahrt ins Lied'.[3]

---

[1] Dieser Gedanke erfährt seine philosophische Grundlegung in Kants Analytik des Erhabenen.
[2] Friedrich, Caspar David, in: *Friedrich*, Caspar David in Briefen und Bekenntnissen, 81 (Abschnitt: ‚Aus dem Tagebuch'; Hervorhebung von mir)
[3] Zum poetischen ‚Weg ins Lied' siehe besonders Becker, Otfrid: Das Bild des Weges, 68 ff.

Das In-sich-Gehen der Existenz

Ein nicht einfacher Schnittpunkt der Überlegung ist die Differenzierung zwischen dem romantischen und dem existentiellen Spaziergänger. Eine strenge Scheidung ist wohl schon deshalb nicht möglich, da die ‚Erscheinung‘ des jeweiligen Spaziergängers jeweils *intentional* aufgenommen und Typisierung nur in diesem phänomenologischen Sinne angesetzt und verstanden werden soll. Dies besagt, daß ein vorgestellter Typus kein gegebener ‚Gegenstand‘, kein ‚Faktum‘ sein kann, sondern im Bewußtsein sich allererst formt, in der Weise allerdings, daß das ‚konkret‘ ins Auge gefaßte ‚Etwas‘, auf welches sich die Betrachtung ‚intentional‘ richtet, in seiner unberührten ‚Offenheit‘ nicht verletzt wird. Darin wiederum ist gewährleistet, daß in der logischen Bestimmung das *unausgesprochen* Mitgemeinte stets mitschwingt. Dies heißt aber, daß ein solcher Typus eben nicht in der Weise gedacht werden kann, daß er als gegebenes *Faktum* im positivistischen Sinne naiv als ‚vorhanden‘ genommen und so als unumstößlich ‚festgefügt‘ angesetzt würde. In jener phänomenologischen Weise des Denkens aber von einem ‚Typus‘ zu reden, heißt folglich, Umschwünge und Überschneidungen im einzelnen Phänotypus in Kauf zu nehmen, was auch der vorliegenden Betrachtung notwendigerweise schwebenden Charakter verleiht.

Solchermaßen ausgelegten Wesensbestimmtheiten kommt dann allerdings Bedeutung zu, sofern sie im geschichtlichen Raum und durch dessen Perspektivität hindurch sich ausnehmen, so auch im vorliegenden Fall einer Typisierung des Spaziergängers[1]. Freilich kann eine solche Typisierung nicht im Sinne formaler Exaktheit, die sich ja im Grunde nur

---

[1] Der Übergang des einen Typus in den anderen findet sich insbesondere bei Hermann Hesse, so etwa im ‚Steppenwolf‘, wenn existentielle Ausgesetztheit in romantisierendem Medium aufscheint: „Mit gespielter Munterkeit trabte ich über den feucht beschlagenen Asphalt der Gassen, tränend und umflort blickten die Laternenlichter durch die kühl-feuchte Trübe und sogen träge Spiegellichter aus dem nassen Boden. Meine vergessenen Jünglingsjahre fielen mir ein – wie habe ich damals solche finstre und trübe Abende im Spätherbst und Winter geliebt, wie gierig und berauscht sog ich damals die Stimmungen der Einsamkeit und Melancholie, wenn ich halbe Nächte, in den Mantel gehüllt, bei Regen und Sturm durch die feindliche, entblätterte Natur lief, *einsam auch damals schon, aber voll tiefen Genießens* und voll von Versen, die ich nachher bei Kerzenlicht in meiner Kammer, auf dem Bettrand sitzend, aufschrieb!" (Hesse, Hermann: Der Steppenwolf, 33)

selbst genügen könnte, ,definiert', also begrenzt werden. So eben finden sich zahlreiche Übergänge von einem Typus zum andern.

Wenden wir uns nach dieser bescheidenen methodischen Überlegung nochmals dem Typus des ,romantischen Spaziergängers' zu, um dessen ,Belastbarkeit' zu prüfen und von da her mögliche Grenzziehungen zu versuchen. Stellen wir diesen Spaziergänger hierzu in seinen eigenen Horizont, allerdings in der Weise, daß die Voraussetzungen für seinen Weg nicht mehr ohne weiteres als gegeben erscheinen:

Wie nämlich, so fragen wir, wenn es sich zeigte, daß der romantische Spaziergänger für die ihm innewohnende Sehnsucht *vergeblich* in der Landschaft einen Reflex, eine Antwort suchte und sich schließlich in ihr *nicht* mehr wiederfände? Dies wäre für ihn bestürzend, ist diesem Spaziergänger die Landschaft auf seinen Wegen doch Gegenbild seiner inneren Befindlichkeit! Natur ist ihm ja durch und durch beseelt, ja durchgeistigt, insofern als er Natur als das *Anderssein* des lebendigen Geistes sich vorstellt; *dieser* lebendige Geist ist es letztlich, von dem er sich bewegt fühlt, und dies meint: in der fortwährenden Verschmelzung mit der Natur findet sich der Spaziergänger in die All-Ruhe einer unendlichen kosmischen Geborgenheit hineinversetzt. Der Weg selbst, den er geht, bietet ihm diese Geborgenheit und diesen Schutz, sich dem unendlichen Ziel, dem er zustrebt, immer schon eingebunden wissend.

Die Natur zeigt sich dem romantischen Spaziergänger gegenüber nicht abweisend, nicht feindlich, nicht fremd. So öffnet sich ihm das ,Zuhause', dem er entgegengeht, in seinem inneren Bilde schon in jedem Schritt: Das Schreiten selbst ist ihm Ausdruck seiner unendlichen Sehnsucht als einer Sehnsucht nach dem Aufgehobensein im Unendlichen: er, der Spaziergänger, der Wanderer, *ist immer schon angekommen* und muß sich doch hinfortbewegen! Die Zeit seines Weges ist auf diese Weise aber nicht ,herausgeschnitten' aus der allumfassenden Unendlichkeit, die gleichsam ,hinter' der Zeitspanne seines Lebens angesiedelt wäre: Die Unendlichkeit ist ihm in jedem *Augenblick* seines Weges, den er als Einheit von Natur und Geist empfindet, gegenwärtig.

Was aber – so setzen wir erneut ein –, wenn das Band der Einheit von Natur und Geist ,durchschnitten' wäre? Wenn Natur nicht länger als ,geistbestimmt', wenn sie als ,entgöttlicht' und schal erschiene – durch welche Vorkommnisse auch immer – und wenn der in sich und seine Sehnsucht eingesponnene Spaziergänger sich selbst aufgrund dessen jäh und unvermittelt in einer *kosmischen Leere* vorfände? Was, wenn der Kosmos nicht länger Geborgenheit, vielmehr nichts als schreckliche, unendliche, schwarze Leere ausströmte? Wie nämlich, wenn der Kosmos auch nur den kleinsten ‚Riß' aufwiese, der mitten durch die Schöpfung hindurchginge? Nur ein einziger Schmerz mag es sein, der einen solchen Riß schon verursachte, wie Georg Büchner einmal beiläufig meinte.

Was, wenn es dem Spaziergänger nicht mehr gelänge, die Dinge auf seinem Wege als immer schon aufgehoben und eingebettet in den Strom des Unendlichen zu sehen?

Wenn dem so wäre, dann allerdings wäre der romantische Spaziergänger unbehaust und einsam wie der verlorenste Abenteurer am Ende der Zeiten.

Nun finden sich aber Spaziergänger jenes Schlags ein, die um die notwendige Zurücknahme ihrer Sehnsucht nach dem *unerfüllbaren* absoluten Ziele wissen und dennoch nicht davon ablassen können, ihren Weg zu gehen, der nunmehr von Verlorenheit und Trauer gekennzeichnet ist; doch ihre Trauer schlägt um in die Begierde, die Dinge in ihrer erregenden Unantastbarkeit auf ihrem Spaziergang *im Übermaß* auszukosten, bis zu jenem Punkte hin ihrer schmerzlichen Entfremdung. Die Unerreichbarkeit der Dinge in einem beziehungslos gewordenen Umfeld provoziert die Weigerung, sich mit ihrer Äußerlichkeit zu begnügen, beziehungsweise ihre gewohnte Deutung gemäß einer alltäglichen ‚Abmachung', gemäß einer bloßen Konvention hinzunehmen. So erscheinen *diesem* Spaziergänger die Dinge auf seinem Wege als fremd, sie bleiben ihm in ihrem bloßen Vorhandensein zwar erregende Provokation, und letztendlich doch unansehnlich und schal. Antoine Roquetin in Sartres Roman ‚Der Ekel' wiederfährt dies auf seinem Weg durch die Stadt, der zum Gang in die eigene Existenz wird:

„Es ist halb acht, ich habe keinen Hunger […] es ist Aperitifzeit; von allem Lebenden, von den Hunden, von den Menschen, von all den wabbeligen Massen, die sich von selbst vorwärts bewegen, habe ich im Augenblick genug.

Ich biege nach links ab, ich gehe in das schwarze Loch hinein, dahinten, am Ende der Reihe der Gaslaternen; ich werde den Boulevard Noir bis zur Avenue Galvani entlanglaufen. Aus dem Loch weht ein eisiger Wind: dahinten gibt es nur Steine und Erde. Steine sind hart und bewegen sich nicht.

[...] Ich stehe an der Bürgersteigkante der Rue Paradis neben der letzten Laterne. Das Asphaltband bricht unvermittelt ab. Auf der anderen Straßenseite ist es dunkel und matschig. Ich überquere die Rue Paradis. Ich trete mit dem rechten Fuß in eine Pfütze, mein Strumpf ist durchnäßt; der Spaziergang beginnt ... Ich bleibe stehen, um zu lauschen. Ich friere, die Ohren tun mir weh; sie müssen ganz rot sein. Aber ich fühle mich rein; die Reinheit dessen, was mich umgibt, hat mich ergriffen; nichts lebt; der Wind pfeift, starre Linien fliehen in die Nacht"[1]...

Halten wir einen Moment inne, um Monsieur Roquetin auf seinem Weg zu betrachten: Monsieur Roquetin geht ziellos durch die Stadt. Er friert, er hat keinen Hunger. Die Strümpfe sind durchnäßt. Er bleibt stehen, um zu lauschen. Was hört er? Es wird nicht mitgeteilt. Er ist in der *Erwartung*, etwas zu hören. Die Außenwelt scheint reduziert, reduziert auf eine Abfolge rudimentärer Empfindungen. Er berichtet: „Ich biege nach links ab." – Der Weg wird zufällig; es ist nicht mehr deutlich, inwiefern und ob überhaupt Weg und Ziel aufeinander bezogen sind.

Welchem Ziele strebt ein solcher Spaziergänger zu, der lediglich geht und hört und schaut in der Art des Monsieur Roquetin? Wir erfahren, so scheint es, wenigstens genaueres über den Weg, den Monsieur Roquetin nimmt: er führt über den Boulevard Noir bis zur Avenue Galvani. – Doch: die Genauigkeit der topographischen Angaben trügt, sie gibt uns nur scheinbar Auskunft über den Weg von Monsieur Roquetin als einem Weg zu einem Ziele hin. Der Weg ist ihm anscheinend vertraut, und dennoch: er ist ihm wohl gleichgültig. Wie zeichnet sich denn dieser Weg in seinem Inneren ab? Die Dinge, die für diesen Spaziergänger auf seinem Weg sich vorfinden, sind ihm jedenfalls fremd, sie gehören zu seiner *Existenz* so wenig wie der Weg selbst, den er geht; er könnte ebensogut eine ganz andere Richtung einschlagen. Das Umfeld seines Weges ist ihm entfremdet bis zu jenem Punkt hin, an dem diese ‚Kulisse‘, welche ihn umgibt, ihrer widerstrebenden Gegenständlichkeit völlig entkleidet ist. Der Spaziergänger entledigt sich ihrer ekelbergenden Aufdringlichkeit gänzlich: er meidet all die ‚wabbelige Masse‘. Dann erst, wenn dies alles vorüber ist, empfindet er tiefe Gleichgültigkeit bezüglich seines nunmehr völlig abstrahierten Gegenüber, und er empfindet, die nunmehr gegenstandslos gewordene Gegenständlichkeit der Dinge betreffend, eine *Reinheit* der Welt, die auf ihn übergeht ...

[1] Sartre, Jean-Paul, a.a.O., 34 ff.

Nun erst wird der *Sinn des Reduzierens der Dinge auf ihre bloße Gegebenheit* deutlich: Nur dadurch findet der Spaziergänger den Weg zu sich selbst, in seine Existenz, indem er *absieht* von allem, was sich zwischen ihn und seine Existenz gewöhnlicherweise schiebt:
indem er absieht von den Theoremen, von den vorgefertigten Eindrücken, von den erschlichenen Harmonien …, von all dem nämlich, was gewohnheitsmäßig als ‚Wesen‘, als *essentia*, als *vorgefertigte* ‚Wesensbestimmung‘ genommen wurde. Es sind allerdings selbstredend *keine* echten Wesensbestimmungen, was im Zeichen eines fixierten ‚Wesensbegriff‘ von Monsieur Roquetin abgelehnt wird; vielmehr geht es dabei um jene schwer erschütterbare, ständige ideologische Vereinnahmung der Dinge bis tief hinein in die scheinbar selbstverständlichen Alltagsinterpretationen, welche er abweist. *Dies* gerade will der existentielle Spaziergänger aufheben. Antoine Roquetin übt das, was die Phänomenologen Epoché nannten: die Aussetzung oder Zurückhaltung des Urteils. *So nur* erwirkt die Klarheit, die nüchterne, illusionslose Klarheit, die Clarté des Denkens die Freisetzung von Existenz. Der existentielle Spaziergänger macht sich auf seinem Weg durch die ungeborgene Zeit nichts vor. Dadurch allererst ist es ihm möglich, daß die Dinge in ihrem Wesen völlig neu sichtbar werden.

Jaques Plessen schreibt in diesem Sinne über Rimbaud als einem Vorläufer des existentiellen Spaziergängers:
„Worauf es Spaziergängern seines Schlags ankommt, ist das Aufspüren von Neuem, das unvorhersehbare Abenteuer, welches an der Wegbiegung irgendein Baum, irgendeine Blume oder irgendein Ausblick sein kann. Geradezu wahre existentialistische Spaziergänger wissen um *die Vorgängigkeit der Existenz vor der Essenz.*“[1]

Was meint dies konkret für unseren Spaziergänger auf dem Weg in die Existenz? Der Spaziergänger sieht die Dinge auf seinem Wege: diesen Baum, jene Blume. Er sagt sich nicht: es genügt mir zu wissen, daß dies ein Kastanienbaum ist und daß jene Blumen Buschwindröschen sind. Er mißtraut den Worten, den abstrakten Worten. Wie Lord Chandos in Hofmannsthals berühmtem ‚Brief‘ mißtraut er den abstrakten Worten,

---

[1] Plessen, Jaques: Promenade et Poésie, 67: „Pour des promeneur de sa trempe, ce qui compte, c'est de ‚trouver du nouveau‘, c'est l'aventure imprévisible que peut signifier au tournant du chemin tel arbre, telle fleur, telle perspective. Ceuxlà *veritables existentialistes de la promenade*, savent que l, existence précède l' essence“… (Hervorhebung von mir)

die wie ‚modrige Pilze‘ in seinem Munde zerfallen. Sartre sodann verlegt den Schwerpunkt des betroffenen Erstaunens vom abstrakten Begriff in das Prädikat: „Das Meer *ist* grün; dieser weiße Punkt da oben, das *ist* eine Möwe.“[1] – Wer vermöchte auch nur für ein Nu, nur für einen Moment auszuloten, was jenes ‚ist‘ ausfüllt, was sich in diesem ‚ist‘ breitmacht, heißt es doch schon in Georg Büchners ‚Dantons Tod‘: „Die Schöpfung hat sich so breit gemacht, da ist nichts leer, alles voll Gewimmels, das Nichts hat sich ermordet.“[2]

Dieses ‚Urfaktum‘ des ‚*ist*...‘ läßt den existentiellen Wanderer erschaudern. Es ist für ihn kein Dahinterkommen, womöglich kein Weiterkommen.

Die Unhintergehbarkeit von Existenz wird so dem existentiellen Spaziergänger auf seinem Wege offenbar. Sie peitscht ihn vorwärts auf seinem Weg ins Innere seiner Existenz, freilich ohne den Schutz jener bergenden Innerlichkeit, die ihm die Einheit von Ich und Welt, von Bewußtsein und Natur noch verbürgen könnte. Dies bezeugt seine Einsamkeit und Zerrissenheit, sein Ausgegrenztsein aus dem scheinbar ‚gesicherten‘ gesellschaftlichen Umfeld. Natur und Umwelt werden so als feindlich, als fremd, als gleichgültig erlebt und empfunden, wenn nicht gar als anwidernd; dies, sofern das Zentrum des Ekels letztlich nicht in den Bildern einer ekelerregenden äußeren Natur, in ihrer oft aufgedunsenen Körperhaftigkeit, in ihrer Triebhaftigkeit und Verwesung gesucht wird, sondern vielmehr in der eigenen Existenz: „Der Ekel gönnt mir eine kurze Atempause. Aber ich weiß, daß er wiederkommen wird: das ist mein Normalzustand. Nur heute ist mein Körper zu erschöpft, um ihn zu ertragen [...] Ich langweile mich, das ist alles [...] *Es ist eine tiefe, tiefe Langeweile, das tiefsitzende Herz der Existenz, der Stoff selbst, aus dem ich gemacht bin*“[3]...

Es ist die radikale Trennung von Innenraum und Außenwelt, welche bei diesem Typus des Spaziergängers schneidend und voll schonungsloser Trauer durchschlägt, eine Trennung, die sich von der frühen Aufklärung bis in das Denken Sartres hin durchzieht.

Dieser schmerzvollen Situation aber stellt sich der existentielle Spaziergänger bedingungslos. Er nimmt die Situation auf (mag sein, zu-

[1] Sartre, Jean-Paul: Der Ekel, 144
[2] Büchner, Georg: Dantons Tod, in: Gesammelte Werke, 63
[3] Sartre, Jean-Paul: Ekel, 177

nächst mit einiger Verwunderung), er nimmt die quälende Situation an. Als Phänotypus ist er moderner, ist er entschieden ‚härter‘ als sein romantischer Vorgänger. Raum- und Zeitverlust stellen sich ihm im Gefolge der Epoché ein.

In der Faktizität der Dinge, die ihm auf seinem Weg begegnen oder vielmehr irgendwie ‚unterkommen‘, ist der existenzielle Spaziergänger unmittelbar auf seine Existenz zurückgeworfen, nämlich darauf zurückgeworfen, daß nichts in der Welt jenes Faktum hinweginterpretieren kann, daß er sich zunächst in einer Welt ‚unliebsam‘ *vorfindet*. Die Dinge aber, die ihm auf seinem Wege unterkommen, werden ihm so zu einer essentiellen *Offenbarung*, fernab jeder romantisch-lyrischen Umkleidung.[1]

Es ist, als antworteten die Dinge nicht mehr; die Welt schweigt (Albert Camus). Der Spaziergang, der die Befreiung von der Krisis im Hinausgehen aus der inneren Unentwirrbarkeit hervorbringen sollte, wird zunächst zum Aufbruch in die Fremde, zum Gang ins Leere, in die Unbehaustheit. Angst vor dem leeren Raum stellt sich ein.

Dieser Raum- und Zeitverlust bzw. die Entfremdung des Spaziergängers gegenüber seiner Außenwelt kann in extreme Formen der Ausgesetztheit hinübergleiten, wie dies etwa Rilkes Malte Laurids Brigge auf seinem Gang durch die Großstadt widerfährt:

„Es war Abend, und ich verirrte mich in der fremden Gegend und ging Boulevards mit endlosen Mauern in einer Richtung hinauf und, wenn dann kein Ende da war, in der entgegengesetzten Richtung zurück bis an *irgendeinen* Platz. Dort begann ich eine Straße zu gehen, und es kamen andere Straßen, die ich nie gesehen hatte, und wieder andere. Elektrische Bahnen rasten manchmal überhell und mit hartem, klopfendem Geläute heran und vorbei. Aber auf ihren Tafeln standen Namen, die ich nicht kannte. *Ich wußte nicht, in welcher Stadt ich war* und ob

---

[1] Vergleiche hierzu das Kastanienbaumbeispiel in Sartres Roman: Der Ekel (144 ff); dieser Typus des Spaziergängers findet seinen Vorläufer, wie betont werden muß, bereits in der Romantik und kündigt sich verstärkt um die Jahrhundertwende an.
So finden sich etwa bei Hofmannsthal solche Töne existenzieller ‚Geworfenheit‘: „Sehr große Depression. Abends Spaziergang im Wald, Birken, schwarzes Wasser, Sumpfgräser, alles tot, ich mir selbst so nichts, so unheimlich. Alles Leben von mir gefallen“... (Volke, Werner: Hofmannsthal, 51; Tagebucheintrag v. 8. 6. 1895).

ich hier irgendwo eine Wohnung hatte und was ich tun mußte, um nicht mehr gehen zu müssen"[1]...

Ist für Malte der Raum seines Erlebens immerhin noch der reale geschichtliche Raum – wenn ihm dieser Raum auch zunehmend leer und entfremdet erscheint –, so ist der Übergang hier vorbereitet in einen von der Geschichte losgelösten *existentiellen Innenraum*. Verstärkt wird dieser Zug etwa bei Franz Kafka, bei welchem der Raum, in dem der Spaziergänger sich bewegt, zum *disparaten* Raum wird: der Spaziergänger findet keine Bezugspunkte mehr in diesem Raum, der Vorgang als Bewegung spielt sich nunmehr ausschließlich im Subjekt selbst ab, nicht länger in dessen realem Lebens- und Erlebnisraum. Der Spaziergang ist hier zu deuten als ein Heraustreten aus dem gewohnten Raum der Behausung hinüber in den Raum „unerwarteter Freiheit."[2] Der Aufbruch signalisiert die beginnende Loslösung des Spaziergängers aus seiner ‚intentio recta‘, aus dem unmittelbaren Bezug zu den Dingen:

„Wenn man sich am Abend *endgültig entschlossen zu haben scheint* […], wenn man jetzt auch schon so lange bei Tisch stillgehalten hat, daß das Weggehen allgemeines Erstaunen hervorrufen müßte, […] und wenn man nun trotz alledem in einem plötzlichen Unbehagen aufsteht, […] wenn man sich auf der Gasse wiederfindet […], dann ist man für diesen Abend gänzlich aus seiner Familie ausgetreten, die ins Wesenlose abschwenkt, während man selbst, ganz fest, schwarz vor Umrissenheit, […] sich zu seiner wahren Gestalt erhebt."[3]

So wird im fiktiven Aufbruch ganz beiläufig der Weg ins Offene des Daseins darin angedeutet, daß der Spaziergänger ‚*für diesen Abend*‘ gänz-

---

[1] Rilke, Rainer Maria: Die Aufzeichnungen des Malte Laurids Brigge, in: Sämtliche Werke, 6. Bd. München 1956, 765 (Hervorhebung von mir); wesentlich für den vorliegenden Zusammenhang sind auch die Abschnitte auf 766, wo der Verlust der Zeitempfindung angesprochen wird („… mein Tag, den nichts unterbricht, ist wie ein Zifferblatt ohne Zeiger …"), sowie die Schilderung des Boulevards (768) und das Moment der Angst (769).
[2] Kafka, Franz: Der plötzliche Spaziergang, in: Sämtliche Erzählungen, 11 (Vergleiche hierzu besonders Wölfel, Kurt: Andeutende Materialien zu einer Poetik des Spaziergangs, 71 ff.).
[3] Kafka, Franz, a.a.O., 11f. Auffallend ist die Redeweise Kafkas im ersten Abschnitt, der in ganz eigener Weise die Balance hält zwischen einem voluntativen, einem hypothetischen und schließlich einem finalen ‚Conjunctivus‘: „Wenn man sich am Abend *endgültig entschlossen zu haben scheint* "…

lich aus seiner Familie ‚ausgetreten' ist, ‚die ins Wesenlose abschwenkt, während … [er] selbst … sich zu seiner wahren Gestalt erhebt'… Die Unumstößlichkeit der geschichtlichen und sozialen Bindungen wird vorderhand nur ‚für diesen Abend' gänzlich aufgelöst. Die Unumstößlichkeit ist aber dabei längst keine mehr. Was meint denn: ‚für diesen Abend'? Das macht stutzig. *Nur* für diesen Abend? Nur für dieses eine Mal? Ist in diesem einen Mal nicht *alles* mit aufgehoben? Ist in der einmaligen Tat nicht *der prinzipielle Schritt* getan? ‚Einmal ist keinmal' beschwichtigt sich augenzwinkernd der Bonvivant, doch läßt der Weg in die Existenz solches ‚Augenzwinkern' nicht zu, so daß das Hinausgehen nicht nur ‚für diesen Abend' geschieht, sondern darin *grundsätzlich* ein wesentlicher Schritt getan ist. Warum aber erhebt sich der Spaziergänger erst auf dem Spaziergang ‚zu seiner wahren Gestalt'? Dies deshalb, weil der Spaziergang zur *Vorahnung einer absoluten Freiheit zu sich selbst hin* wird. Die Offenheit von Existenz wird auf diesem Spaziergang, ja, schon in der *Möglichkeit* seiner ‚Entschlußfassung', vehement und auch grausam, doch letztlich ‚reinigend' wirksam.

Hier wäre auch Rimbauds Entschluß anzusetzen, nach Afrika zu gehen und sich für immer des Schreibens zu enthalten. Freilich ist die Grenze zum Abenteurer dabei schwerlich zu ziehen. Der Entschluß, den Schritt in die Freiheit der Existenz zu gehen, kann nicht ‚halb' gefaßt werden. Ist er getan, so ist er unwiderruflich.

Die Mauern oder die Unauslotbarkeit des Weges

An einer Stelle bei Kafka heißt es: „Es gibt ein Ziel, aber keinen Weg; was wir Weg nennen, ist Zögern."[1] Dieser Gedanke nimmt wunder, macht ratlos und bietet keinen Schutz. Wie? Die Freiheit, seiner Wege zu ziehen, sie sollte es also nicht geben? Freiheit nämlich – ein bloßes Zögern? Umgekehrt wäre der Gedanke ja noch eher einzusehen: einen Weg zu ziehen und kein Ziel zu haben, es sei denn ein fernes, ungewisses Zuhause; immerhin eine Grundidee der Romantik. Nunmehr aber: ein Ziel zu haben, aber keinen Weg? Die Freiheit zu gehen – ein bloßes Zögern, vielleicht ein bloßes Hinhalten? Wie soll das offenbar doch gegebene Ziel dann überhaupt erreicht werden? Was geschieht auch, wenn das

---

[1] Kafka, Franz: Hochzeitsvorbereitungen auf dem Lande, 42

Ziel und der Weg nicht länger auf einander bezogen sind? Man denke nur an Hegels Dialektik, in welcher Methode und Sache, Weg und Ziel untrennbar ineinander verwoben sind! Ist der Weg, sofern er nur ein Zögern, ein bloß hinhaltendes Ziehen betrifft, nicht eine Abirrung vom Ziel? Sind doch die beiden Begriffe im Grunde etymologisch verwandt: ,dahinziehen' und ,zögern'! Kommt aber einem solchen Ziel, das auf unseren Wegen nicht mehr erreichbar ist, noch irgendeine Bedeutung zu?

Noch schwieriger wird der Sachverhalt durch einen neuen Gedanken, der hinzukommt. Ein wenig weiter heißt es bei Kafka: „Der Weg ist unendlich, da ist nichts abzuziehen, nichts zuzugeben und doch hält jeder noch seine eigene kindliche Elle daran. ,Gewiß, auch diese Elle Wegs mußt du noch gehen, es wird dir nicht vergessen werden'"[1]...

Der Weg ist also nicht mehr von der ,Gegend' her bestimmt, ja er ist gar nicht mehr bestimmbar. Der Weg ist unendlich; das heißt paradoxerweise: er ist *nicht* mehr offen bis in die Unendlichkeit hinein, deutlicher noch: diese ist nicht der Raum, der die Wege umgreift; der Weg ist vielmehr *unbestimmbar* geworden; zwischen dem Ziel und den Wegen, die ,mit kindlicher Elle' gemessen werden, erheben sich unsichtbare Mauern... Nimmt man den vorangegangenen Gedanken hinzu, so zeigt sich, daß der Spaziergänger nicht bloß als auf sich ,zurückgeworfen' erscheint, in sich geht und darin sich selbst findet, vielmehr ist er dermaßen auf sein Ich *reduziert*, daß er die Landschaft nicht mehr als ,Topos', als *bestimmten* bzw. bestimmbaren Ort wahrzunehmen imstande ist.[2] Derjenige, der seinen Weg in dieser Weise suchte, fände so nur sich selbst im Gehen vor, mit einem Ziel vor Augen, zu dem sein Weg niemals hinführt.

Die Folge davon wäre eine völlige Zurückgeworfenheit des Spaziergängers auf sein ,wegloses', auf sein unwegsames Ziel.
    Landschaft in all ihren Facetten zu schauen, ihre Einzelheiten in der Art des ruhigen Spaziergängers genauest wahrzunehmen, wäre dann nicht mehr möglich. Was *jenen* Spaziergänger betrifft: so ist er längst nicht mehr der in sich ruhende, im Schauen reiche Spaziergänger, der

---

[1] Kafka, Franz, a.a.O., 43
[2] Von einem solchen ausgesprochen unbestimmten Ziel her ist auch der eigene Standort als einem ,bestimmten' Punkt auf dem Weg nicht mehr ausmachen.

hier seiner Wege zieht: im Schauen sich weitende Innerlichkeit ist in solcher Reduktion nicht mehr zu entfalten. „Kafka [...] macht zum eigentlichen Thema die Bewegung und den Selbstbezug dessen, der sich bewegt; und analog dazu thematisiert er dann auch nicht die Landschaft als das Angeschaute, sondern das Anschauen und den Selbstbezug dessen, der anschaut."[1]

So ist es nicht weiters erstaunlich, daß die Landschaft schwindet bzw. in das Belieben des Spaziergängers selbst hineingestellt bleibt:

„Unbesorgt gieng ich weiter. Weil ich aber als Fussgänger die Anstrengung der bergigen Straße fürchtete, *liess ich den Weg immer flacher werden* und sich in der Entfernung endlich zu einem Tale senken. Die Steine verschwanden nach meinem Willen und der Wind verlor sich.

Ich gieng in gutem Marsch und da ich bergab gieng, hatte ich den Kopf erhoben, den Körper gesteift und hinter dem Kopf die Arme verschränkt. *Da ich Fichtenwälder liebe, gieng ich durch solche Wälder und da ich gerne stumm zu den Sternen schaue, so giengen mir auf dem Himmel die Sterne langsam auf, wie es ihre Art ist"*[2]...

Es rührt an wie Andersens Märchen von den Schwefelhölzern: Der Spaziergänger, der sich ortlos ins Leere gestoßen sieht, schafft sich seinen Traum, ohne die Welt zu berühren. Der Raum, in dem er sich eigentlich bewegt, ist nicht nur weit und unendlich, wie dies beim ironisch-romantischen Spaziergänger, der auf paradoxe Weise ins Unendliche strebt, der Fall sein mag: der Weg durch den Raum wird vielmehr *unauslotbar*, da der Spaziergänger auch in seinem Innern keinen Grund mehr findet für seinen Weg; der Spaziergang bleibt nur noch ein Zögern, ein bloßes ‚Ziehen', ein Dahinziehen ohne jede Orientierung in der ‚Gegend', in welcher der Spaziergänger sich bewegt.

Die Folgen aber sind schrecklich. Das Ziel, das dem Spaziergänger scheinbar eben noch klar vor Augen stand, wird zur *Chimäre*, zur bloßen Bürde auf einem sinnlos gewordenen Weg, einem Weg, der gleichwohl als menschliches Los auf traurige Weise fasziniert. Baudelaire hat diesem Gedanken auf unheimliche Weise Ausdruck gegeben:

---

[1] Wölfel, Kurt: Andeutende Materialien zu einer Poetik des Spaziergangs, 71
[2] Kafka, Franz: Beschreibung eines Kampfes, 47 ff., Fassung B (Hervorhebung von mir)

„Unter einem weiten Himmel, in einer weiten staubigen Ebene, ohne Weg, ohne Gras, ohne eine Distel, ohne eine Nessel, begegnete ich einigen Männern, die gebückt dahingingen.

Jeder von ihnen trug auf seinem Rücken eine ungeheure Chimäre, die so schwer war wie ein Sack Mehl oder Kohlen oder das Gepäck eines römischen Fußsoldaten.

Aber das scheußliche Tier war nicht eine leblose Last; im Gegenteil, es umklammerte und drückte den Mann mit seinen biegsamen und mächtigen Muskeln zu Boden; es krallte sich mit seinen beiden gewaltigen Klauen in die Brust seines Tragtiers ein, und sein fabelhafter Kopf ragte über die Stirn des Mannes hinaus, wie einer jener fürchterlichen Helme, mit denen die Krieger der Vorzeit den Schrecken des Feindes noch zu vermehren hofften.

Ich machte mich an einen der Männer heran und fragte ihn, *wohin sie gingen*. Er antwortete mir, daß er nichts darüber wüßte, weder er noch die anderen; daß sie aber ganz offenbar *irgendwohin* gingen, da sie von einem unbezwinglichen Bedürfnis getrieben würden vorwärts zu gehen. Eine merkwürdige Feststellung: Auf dem Gesicht keines dieser Wanderer zeigte sich Empörung über dieses an seinem Halse hängende und auf seinem Rücken klebende gräßliche Tier; es war, als ob er es für ein Stück von sich selbst hielt. Alle diese ermüdeten und ernsten Gesichter zeigten keinerlei Verzweiflung; unter der griesgrämigen Wölbung des Himmels, die Füße schleppend im Staub eines Bodens, der ebenso trostlos war wie dieser Himmel, zogen sie dahin mit dem entsagenden Ausdruck von Menschen, die dazu verurteilt sind, immerwährend zu hoffen.

Und der Zug ging an mir vorüber und versank im Dunst des Horizonts, da, wo die Rundung des Planeten sich der Neugier des Menschenauges entzieht. Und ein paar Augenblicke lang mühte mein Wille sich hartnäckig ab, das Geheimnis zu begreifen; aber bald senkte sich die *unwiderstehliche Gleichgültigkeit* auf mich nieder, und ich wurde von ihr mit schwererer Last beladen, als sie von ihren drückenden Chimären."[1]

Kein Zweifel: dies ist ein Gleichnis, eine Parabel: der weite, leere Horizont; die Fahlheit der Landschaft; das bestürzende Hinnehmen der scheußlichen Traglast durch die Wanderer selbst; die belanglose, zur All-

---

[1] Baudelaire, Charles: Jeder seine Chimäre, in: Der Spleen von Paris, 77 f. (Hervorhebungen von mir)

täglichkeit gewordene Last der Chimären[1]... Dies alles steht gleichnishaft, aber gleichnishaft wofür? Für die Unaufhebbarkeit der Mauern auf einem Weg ohne Ziel? Dafür, daß der Horizont nicht überschritten werden kann und innerhalb des Horizonts keine Geborgenheit mehr ist? Für das fatalistische Sichabfinden mit dem Häßlichen, dem Bösen, wissend, daß auch dies nur Chimären sind?

Oder aber Gleichnis für die tiefe Gleichgültigkeit der Wege des Daseins ...

Beckett geht diesen Gedanken in seinem letzten Stück ,Quadrat I' und ,Quadrat II' bis zum Ende: eine völlige Reduktion des Vorankommens wird vorgeführt. Vier vermummte Gestalten, welche die Linien eines Quadrats und seiner Diagonalen abschreiten: das Geometrisch-Klare als Zuflucht: auch dies eine Chimäre; das Gehen im Kreis. Und dabei eine In-sich-Gekehrtheit ohne Innerlichkeit; Kommunikation, gar Begegnung hat nicht statt; die Mauern sind unsichtbar – der Spuk des Daseins im irrational-rationalen Gefängnis geometrischer Isolierung ...

Der Waldgänger

Der Waldgänger ist einer, der *für sich* seiner Wege geht. Er ist einer, der sich nicht scheut, sich auf seinem Gang durch die Wälder auch der Unwegsamkeit auszusetzen. In jedem Fall aber zieht er die Unwegsamkeit nie begangener Steige und Pfade den ausgetretenen Wegen, den festgeschriebenen Marschrouten, dem diktierten Ziel vor. Auf Begleitung verzichtet er gerne. Er bedarf ihrer nicht oder nicht mehr.

[1] Vergleiche hierzu auch ganz ähnlich wie bei Baudelaire in ihrer Unheimlichkeit die Schilderung eines Spaziergangs im Traum bei Bunyan: „As I walked through the wilderness of this world, I lighted on a certain place where was a Den, and I laid me down in that place to sleep; and, as I slept, I dreamed a dream. I dreamed, and behold I saw a man clothed with rags, standing in a certain place, with his face from his own house, a book in his hand, and *a great burden upon his back*. I looked, and saw him open the book and read therein; and, as he read, he wept, and trembled; and not being able longer to contain, he brake out with a lamentable cry, saying, ,What shall I do?'"... (Aus: The English Novel, hrsg. v. Dorothy van Ghent, 31; Hervorhebung von mir).

Dieser Typus des ‚Spaziergängers‘, von dem hier die Rede sein soll, geht auf alte Ursprünge der germanischen Saga zurück, und davon wollen wir zu allererst berichten:

Der Waldgänger ist ein ursprünglich freier Mann. Aufgrund des Urteils eines Thing-Gerichts – ganz gleich, wie es dazu kam – ist er der Acht aussetzt und dadurch genötigt, sich in die Tiefe der Wälder zurückzuziehen, um dort ganz auf sich selbst gestellt wenigstens den Versuch zu wagen, in der Wildnis zu überleben: „Die strenge Acht verweist den Mann in die Friedlosigkeit; er wird zum Waldmann. So heißt er in Norwegen, wo er in die Wälder geht, und auch die Isländer nennen ihn so, obwohl die Insel nur Gestrüpp von niedrigen Birken, Ebereschen und Weiden hochbringt. Der Waldmann ist, wie die Formel lautet, unnährbar, unführbar, unschirmbar mit jedem Schirm. [...] Jeder kann den Waldmann erschlagen, ohne daß eine Klage wegen des Totschlags möglich ist. [...] Die strenge Acht dauert zwanzig Jahre. Zwanzig Jahre muß der Waldmann den Waldgang überstehen. Das ist keinem der Ächter in der Sagazeit gelungen. [...] Die *unbeugbare Eigenmächtigkeit des vom Unheil verfolgten Mannes*, sein mächtiger Eigensinn zeigen sich in den Jahren des Waldgangs. Er ist eins mit sich und seinem Geschick; das ist die Wurzel seiner Mannhaftigkeit."[1] In dieser ausgesetzten Situation gilt es für ihn zu bestehen. Er ist ein ‚homme en situation‘ par excellence, wie die französische Existenzphilosophie das existentielle ‚Hineingestelltsein‘ des Menschen in die jeweilige Situation gekennzeichnet hat, in eine Situation, welche gleichermaßen als geschichtlich bedingt wie als unbedingt und unübersteigbar sich zeigt. Die Unwegsamkeit des Geländes ist darin Ausdruck der Unausweichlichkeit des Geschicks des Waldgängers.

In diesem Sinne aber weist der Waldgänger über sich hinaus. Ihm kommt *Symbolkraft* zu. Er wird zum schwerwiegenden Symbol dessen, der unbeirrt seiner Wege geht, unbeirrt von einer ihm zufallenden Äußerlichkeit, die ihn zu vernichten droht, unbeirrt also von dem Geschick, welches ihm schwer auferlegt wurde. In verschiedener Weise wird so die Gestalt des Waldgängers aufgezeigt und dargestellt:

Als romantisierte Gestalt taucht er im letzten Jahrhundert in den Wäldern Nordamerikas unvermittelt auf, tief im Westen, vor der Welle der

---

[1] Jünger, F. G.: Die Sagas der Isländer, a.a.O., 206 ff. (Hervorhebung von mir)

‚Heimstätter' und ihrer Landnahme fliehend, die Zivilisation meidend, allein vertrauend der ihm innewohnenden Kraft. Die Welt der in sich ‚verhakten' Zivilisationsgesellschaft meidet er. Lediglich den Umgang mit den zu diesem Zeitpunkt noch freien ‚Wilden' duldet, ja sucht er; in ihnen sieht er seinesgleichen, von ihnen auch wird er respektiert. Der Sicherheit der bürgerlichen Enge, des bürgerlichen Schielens nach Absicherung und wohlfeiler Tröstung bedarf er nicht, so wie dies der Psalmensänger David Gamut in Coopers ‚Lederstrumpf' zu spüren bekommt, als er das Gewicht seines Psalmenbüchleins dem Waldgänger gegenüber in die Waagschale werfen möchte:

,,,Was soll ich, ein Mann der Wälder, mit eurem Buch zu schaffen haben! Ich kenne nur ein Buch. Ein gutes Buch, in dem ich seit vierzig Jahren ständig gelesen habe.'

‚Und was für ein Buch wäre das?' fragte David, der den wackeren Jäger offenbar mißverstanden hatte.

‚Es liegt aufgeschlagen vor Euren Augen. Es ist die Wildnis, es ist der Wald, es sind die Flüsse, die Seen, die Tiere.'

Nun merkte David, daß es keinen Sinn hatte, mit einem Mann zu streiten, der seine Kraft aus der Verbundenheit mit der Natur schöpfte und sich nicht auf fromme Spitzfindigkeiten einließ"[1]...

Die unwegsame Wildnis also beherbergt den Waldgänger in eben dem Maße, wie sie ihn fordert. Der Waldgänger verläßt auf seinen weiten Wegen durch die Unwegsamkeit im Grunde sein Zuhause nicht. Die Unwegsamkeit *ist* sein Zuhause. Gewiß auch ist der Wald diesem Wanderer mitunter unheimlich, doch gilt ihm ebenso von Grund auf: „der Wald ist heimlich."[2] So weiß sich der Waldgänger gleichermaßen ausgesetzt wie geborgen in jenem Raum, der ihn umgibt, in der Unwirtlichkeit des Geländes, in dem er frei sich bewegt, einzig den Gesetzen der Natur gehorchend. Ihr, der Natur auch, ist er allein verbunden – will man der älteren Ausdeutung dieses Typus des Wandgängers folgen, wie er etwa bei Thoreau aufscheint:

[1] Cooper, James Fenimore: Lederstrumpf, 145; von Interesse ist die Wirkungsgeschichte des Lederstrumpf, der schon Goethe faszinierte und Stifter als Anregung für seinen ‚Hochwald' diente. Das Waldmotiv ist jedoch in der deutschen Literatur schon älter. So nennt Lenz sein Romanfragment in der Werther-Nachfolge von 1776 den ‚Waldbruder'.

[2] Jünger, Ernst: Der Waldgang, 50

„Ich habe mich nie einsam oder durch das Gefühl der Einsamkeit bedrückt gefühlt, nur einmal, ein paar Wochen, nachdem ich in den Wald gezogen war, war ich im Zweifel, ob nicht die Nähe eines Mitmenschen zu einem heitern, gesunden Leben notwendig sei. Da war mir das Alleinsein etwas Unangenehmes. Doch war ich mir zu gleicher Zeit einer leichten Störung meines seelischen Gleichgewichts bewußt und schien meine Genesung vorauszufühlen. Als mich während eines feinen Regens diese Gedanken noch beherrschten, kam auf einmal das Gefühl einer so süßen, wohltuenden Geselligkeit in der Natur über mich: im Rauschen des Regens, in jedem Laut und Blick um mein Haus herum. Diese unendliche, unerklärliche Freundschaft, die mich plötzlich gleich einer Atmosphäre umfing, ließ mir die eingebildeten Vorteile der menschlichen Nähe unbedeutend erscheinen"[1]...

Freilich, je weiter die Domestizierung der Wildnis in der Vereinnahmung durch die Zivilisation fortschreitet, desto mehr wird der Gang in die Offenheit der Wildnis zur Illusion, sieht man von jenem Selbstbetrug ab, der darin bestünde, unberührte, freie Natur mit einer leicht ‚begehbaren' Idylle gleichzusetzen als einer im gefälligen Zuschnitt genormten Landschaft. Dies aber betrifft den Waldgänger nicht.

In keiner Weise hat der Waldgänger je in der äußeren Natur schwärmerisch die Garantie für seine Freiheit oder die Überwindung seiner Einsamkeit gesucht. Auch und gerade, wenn es – wie bei Hamsun – heißt:
„Nun bin ich in die Wälder gegangen.
Nicht daß mich etwas gekränkt oder die Bosheit der Menschen mich besonders verletzt hätte; aber wenn die Wälder nicht zu mir kommen, muß ich zu ihnen kommen. So ist es. Diesmal bin ich nicht als Knecht und Vagabund ausgezogen. Ich bin reich an Geld und überernährt, schlaff von Erfolg, von Glück, verstehst du? Ich verließ die Welt, wie ein Sultan üppiges Essen, Harem und Blumen verläßt und das härene Gewandt umtut.
Ich könnte vielleicht auch etwas mehr Wesens davon machen. Denn ich werde hier umherwandern und denken und große Eisen zum Glühen bringen. Nietzsche hätte sicher so gesprochen: Das letzte Wort, das ich zu den Menschen sagte, fand ihre Zustimmung, die Menschen nickten. Das aber war mein letztes Wort, ich ging in die Wälder. Denn da be-

[1] Thoreau, Walden oder Leben in den Wäldern, 136

griff ich, daß ich entweder etwas Unehrliches oder etwas Dummes gesagt hatte ... Ich sprach mich nicht in diesem Sinne aus, sondern ging nur in die Wälder"[1]...

In die Wälder gehen –, es meint dies, bedenkt man es recht, nichts weniger als unreflektierte Romantik.

Die einsamen Wege in den Wäldern sind es ja nicht, welche die Integrität des Waldgängers verbürgen. In der Offenheit der äußeren Natur, in der gewordenen Natur der ‚natura naturata' schafft der Waldgänger nur deshalb sich einen freien Raum, da er seiner *inneren Natur* folgt und darin seinen inneren Raum frei entfaltet. In diesem Sinne kann dann Ernst Jünger sagen: „Der Wald ist überall."[2] Und solchermaßen bleibt der Waldgänger auch inmitten einer völlig verfügbar gemachten durchfunktionalisierten Welt dennoch in seinen ‚Wäldern' und nimmt den Kampf auf mit jener undurchdringlich scheinenden Wildnis der modernen Lebenswelt und geht dabei unerschütterlich seinen Weg. „Waldgänger aber nennen wir jenen, der, durch den großen Prozeß vereinzelt und heimatlos geworden, sich endlich der Vernichtung ausgeliefert sieht. Das könnte das Schicksal vieler, ja aller sein – es muß also noch eine Bestimmung hinzukommen. Diese liegt darin, daß der Waldgänger Widerstand zu leisten entschlossen ist und den, vielleicht aussichtslosen, Kampf zu führen gedenkt. Waldgänger ist also jener, der ein ursprüngliches Verhältnis zur Freiheit besitzt, das sich, zeitlich gesehen, darin äußert, daß er dem Automatismus sich zu widersetzen und dessen ethische Konsequenz, den Fatalismus *nicht* zu ziehen gedenkt."[3]

Der Waldgänger wird so zum Gegenspieler jenes modernen Typus von Planer, der als ein nihilistischer ‚Zweckdenker'[4] den Wegen ihre Offenheit nimmt. Dieser zementiert Denkwege ebenso wie er *willkürlich* durch die Landschaft Wege zieht, damit wir vermeintlich schneller ans Ziel kommen sollen. Er setzt den Massen, die er manipuliert, eine hohle, leere Ordnung und zerstört im Grunde die Gegend. Und er rechtfertigt dies alles mit dem Hinweis auf die Notwendigkeit eines besseren *Funk-*

[1] Hamsun, Knut: Die letzte Freude, a.a.O., Bd. 4, 641
[2] Jünger, Ernst: Der Waldgang, 75; Ernst Jünger hat dieses entscheidende Büchlein unter dem Eindruck der Diktatur des Nationalsozialismus verfaßt.
[3] Jünger, Ernst: Der Waldgang, 28. An dieser Stelle wäre auf die Gestalt des ‚Wilden' in Huxleys ‚Schöner neuen Welt' zu verweisen.
[4] Vergleiche hierzu von der Weppen, Wolfgang: Das verlorene Individuum, 25ff.

tionierens der Dinge, welche er aus ihnen selbst heraus *nicht* begreift. Die Wege aber werden dadurch für den Menschen ort- und geschichtslos. Ihre Linienführung nämlich ist beständiger Änderung und neuer Trassenführung ausgesetzt.

„An diesem Punkt erhebt sich, und zwar nicht nur theoretisch, sondern in jeder Existenz von heute, die Frage, ob nicht doch ein anderer Weg noch gangbar ist. Es gibt ja Pässe, Saumpfade, die man erst nach langen Anstiegen entdeckt"[1]...

Der Zweckdenker als Gegentypus zum freien Waldgänger aber findet keinen Grund für sein Tun, doch ist er so mächtig, wie sein Wesen schal ist. Dieser hohle, aktivistische Typus aber wird durch die Zeitumstände zunehmend in den Vordergrund gespielt:

„Zur Eigenart unserer Zeit gehört die Verknüpfung bedeutender Auftritte mit unbedeutenden Darstellern. Das wird vor allem an ihren großen Männern sichtbar; man hat den Eindruck, daß es sich um Gestalten handelt, wie man sie in beliebiger Menge in Genfer oder Wiener Kaffehäusern, in provinziellen Offiziersmessen oder obskuren Karawansereien finden kann. […] Das Ärgerliche an diesem Schauspiel ist die Verbindung von so geringer Höhe mit ungeheurer funktionaler Macht"[2]... Wenngleich Ernst Jünger, der dies sagt, das Publikum zumindest der Wiener Kaffehäuser etwas unterschätzt, so trifft er doch das Mediokre eines gängigen Typus in Verwaltung, Politik und Medienwelt in geeigneter Weise.

Der Waldgänger aber ist ein Spaziergänger eigenen Ranges und trüge am besten den Namen, den ihm Ernst Jünger selbst gegeben hat: ‚Anarch‘: „Er paßt sich im Äußeren an, und trotzdem führt er eine absolut selbständige Existenz". Ernst Jünger wendet sich diesem Waldgänger vorbehaltlos zu und grenzt ihn gegen den Anarchisten ab: „Ich bin für den Anarchen, aber gegen den Anarchismus. Da müßte man ja Kollegen haben, Programme, Apparate"[3]...

Der Anarch freilich, der Waldgänger strebt nicht nach der Gunst der Gruppe, wie dies so häufig dazu führt, seinen Stolz und seine innere Na-

[1] Jünger, Ernst: Der Waldgang, 26
[2] Jünger, Ernst: Der Waldgang, 22
[3] Jünger, Ernst: Interview mit der ‚Welt am Sonntag‘ v. 31. 12. 1978

tur aufzugeben, um im Gebarme der Gruppe, in ihrer billig und vorbehaltlich gegebenen Wärme vermeintliche Obhut zu finden, Obhut in einer ‚Gemeinschaft‘, die ja jederzeit bereit ist, den auszustoßen und preiszugeben, der dem Gruppengeist, dem heimlichen Konsensus der Gruppe widerspricht. Auf jenes Wohlbehagen auch, das sich einstellt in der Normung auf die ‚Normalität‘ eines scheinbar gesicherten, im Grunde aber dumpfen Umfeldes hin, – darauf verzichtet der Waldgänger auf seinen Wegen gerne.

Ihm ist einzig und allein daran gelegen, sein Schicksal zu sich selbst zu bringen und sich auf seinem Gang durch die Einsamkeit sich selbst nicht zu entfremden. Er ist ein Spaziergänger, der die Einsamkeit annimmt, die er sich selbst gewählt hat:

„Im Waldgang betrachten wir die Freiheit des Einzelnen in dieser Welt. Dazu ist auch die Schwierigkeit, ja das Verdienst zu schildern, das darin liegt, in dieser Welt ein Einzelner zu sein"[1]... Ist er ein Einzelner, so ist er kein narzistischer Genießer oder Eigenbrötler, sondern er stellt durchaus das Ganze sich vor Augen, dem auch er lebt. Und so geschieht es auch, daß der Waldgänger sich dem Automatismus des bloßen Funktionierens entgegenstellt, welcher ja unsichtbar das Ganze, das über den Einzelnen, die Gruppe, die Gesellschaft hinausweist, zerstört. Auf die ihm eigene Art stellt sich der Waldgänger gegen jede Vereinnahmung, sei es eine ideologisch verbrähmte oder eine rein funktionalistische.[2] Allerdings führt dies zu einer Entfremdung gegenüber jenen, deren Freiheit er *stellvertretend* wahrt. Ähnlich wie in der altgermanischen Acht wird der Waldgänger leicht ein Verfemter, ungeachtet der heimlichen Hochachtung, die man ihm entgegenbringt.

Verständlich, daß die Massen in ihrer Angepaßtheit im Waldgänger eine erhebliche Provokation wittern. Und dies muß deutlich herausgehoben werden: Der Waldgänger ist nicht einfach das, was man heute einen ‚Aussteiger‘ zu nennen beliebt, der innerhalb des Systems im Grunde eine recht bequeme ‚Nische‘ gefunden hat, um der Scheinfreiheit und der Bequemlichkeit seines Schmoll-Protestes zu frönen; der Waldgänger lebt demgegenüber meist unauffällig und äußerlich dem Scheine nach angepaßt, um darin umso entschlossener seine Freiheit zu weiten. Auch verschmäht er aufmerksamkeitsheischende Demonstratio-

---

[1] Jünger, Ernst: Der Waldgang, 19
[2] Obgleich hier grundverschiedene ‚Typen‘ des Spaziergängers vorliegen, so berühren sich doch der Waldgänger und der Flaneur an diesem Punkte intensiv.

nen und Veranstaltungen. Die Kraft wächst ihm aus der Stille zu. Diese Haltung ist jedoch nicht so zu verstehen, daß er seine Freiheit ‚aufteilt‘ in eine äußere Anpassung als Mitläufer – um bequemen Freiraum für seine Privatbeschäftigungen zu bekommen – und eine erschlichene innere Welt der ‚Selbstverwirklichung‘. Dies meint nur, daß er nicht provoziert, abgesehen davon, daß seine Gestalt als solche als Provokation empfunden werden kann. Er bleibt ohne Gefälligkeit, sei es anderen oder sich selbst gegenüber, und somit ohne Kompromisse im Innern.

Ähnlich wie in der Acht altgermanischer Weltsicht wird der Waldgänger, sofern er zufällig nach außen in Erscheinung tritt und sichtbar wird, von den vielen zwar heimlich bewundert, von den vielen, die sich aus Feigheit oder Bequemlichkeit längst ausgeliefert haben an den funktionierenden Apparat und an das Zweckdenken der ‚Macher‘, doch ist er, der Waldgänger, für vogelfrei erklärt und dem Zugriff selbstherrlicher Kräfte faktischer Macht ständig ausgesetzt. So eben begegnet man ihm mit bewundernder Ablehnung:
„Es ist begreiflich, daß der Mensch in dieser Lage lieber die schwersten Lasten tragen als zu den ‚Anderen‘ gerechnet werden will.“[1] Die Anderen – das sind die Waldgänger. „Das eigentliche Problem liegt eher darin, daß eine große Mehrzahl die Freiheit nicht will, ja daß sie Furcht vor ihr hat.“[2]

Der Waldgänger aber wird solchermaßen zum unerschütterlichen Symbol für die Unaufhebbarkeit des Individuums, das gerade im Bestehen auf seiner Autarkie der Gemeinschaft mehr von Nutzen ist und sein kann, als der rasch und billig Angepaßte, der jeden Trend sofort aufgreift. Er spiegelt so die Hoffnung auf die freiheitsstiftende Kraft des Einzelnen, der dem Gruppeninstinkt ebensowenig folgt, wie er sich vor der Macht der Apparate innerlich beugt:
„Der Einzelne hat immer noch Organe, in denen mehr Weisheit lebt als in der gesamten Organisation. Das zeigt sich selbst in seiner Verwirrung, in seiner Furcht.“[3] Diese Weisheit zu wahren, kommt vor allem dem Dichter zu, der – wie dies Schiller in dem Gedicht ‚Die Teilung der Erde‘ idealistisch zum Ausdruck brachte – bei der Aufteilung der Zu-

---

[1] Jünger, Ernst: Der Waldgang, 26
[2] Jünger, Ernst: Der Waldgang, 85
[3] Jünger, Ernst: Der Waldgang, 38 f.

ständigkeiten in der Welt zu kurz gekommen, den ,Göttern' nahe blieb. Man könnte auch sagen: er liebt die Offenheit des Raums und sucht stets erneut die Öffnung der Welt: „der Dichter *ist* Waldgänger."[1]

[1] Jünger, Ernst: Der Waldgang, 42

Der urbane Spaziergänger

Die Aura der Großstadt

Der romantische Spaziergänger sucht die Unendlichkeit der Natur in ihrer beredten Schweigsamkeit, der er sich zuinnerst zuwendet, gleich ob in der harmonischen Beschaulichkeit einer arkadischen Bach- und Wiesenlandschaft oder in der wilden Großartigkeit sturmzerklüfteter Gebirge. Er nimmt die Natur in seine Innerlichkeit auf und spiegelt sein Innerstes in ihr.

So haftet ihm, dem romantischen Spaziergänger, ein zivilisationsferner Zug an. Keinesfalls aber möchte man den urbanen Spaziergänger, den Flaneur, der auf die Konvulsionen der modernen Welt bewußt und intensiv eingeht, für seinen Weggefährten halten. Ist nach einer gängigen Vorstellung der romantische Spaziergänger eher der offenen, menschenfernen Naturlandschaft verbunden, so sucht ganz gegensätzlich dazu der urbane Spaziergänger gezielt den unentwirrbaren Lärm der Großstadt, das bedrängende Geschiebe der Menge, die Hektik des Großmarktes, der Plätze und Bahnhöfe, der Börse; er sucht und findet das Exzessive einer vitalen, hedonistischen, überbordenden, einer besinnungslosen und sich besinnungslos beschleunigenden, einer vielfach kranken, morbiden und darin dennoch vitalen Welt, in der ein ziellos scheinendes Werden und Vergehen, ein babylonisches Drängen unaufhaltsam jeden hohen Gedanken eines wohlgeordneten werthaltigen Strebens der Lächerlichkeit preisgibt.

Findet der romantische Spaziergänger in der Natur jene Unendlichkeit wieder, die sich als eine letztlich in ihm selbst ständig *vermittelte* Unmittelbarkeit seiner Sehnsucht und so als ‚Ausstrahlung‘ seiner subjektivsten Empfindungen erweist, so gibt sich der urbane Flaneur unter dem scheinbaren Verzicht auf jegliche Art von sinn- und einheitsstiftender Transzendenz entschieden dem ‚Labyrinthischen‘[1] der Großstadt hin, ohne ein ersichtliches Gefühl irgendwelcher Betroffenheiten angesichts der fühllosen Gleichgültigkeit und der ungeborgenen Schnoddrigkeit des urbanen Élan Vital erkennen zu lassen. Der urbane Flaneur genießt die ‚Ungeborgenheit‘, das Apokalyptische der Asphaltwelt ohne Hoffnung auf irgendwelche ‚Erlösungen‘. Die Großstadt, das von kalt-

---

[1] Riha, Karl: Deutsche Großstadtlyrik, 10

rationalen Strukturen durchzogene Chaos, der hedonistische, zügellose
Baal wird zum Gotte deklariert, wie dies in den expressionistischen Gedichten von Heym[1] ebenso aufscheint wie bei vielen anderen Angehörigen des ‚expressionistischen Jahrzehnts‘, so etwa bei Alfred Kihn in
‚Stadtbahnfahrt durch Berlin‘[2], einem Berlin, das um die Jahrhundertwende ein größeres und wilderes Wachstum aufwies als selbst Chicago:

Hoch über donnernden Brücken rollt der Zug.
Längst hastet grauer Straßen Einerlei.
Lang schrillt ein Pfiff. Der Rauchgestalten Flug
in weißen Fetzenschleiern weht vorbei.

Fern bäumt sich eines Bauwerks Sandsteinknaul,
Das seine Zinnen in den Himmel sägt.
Die Zwischenstraße klafft ihr Pflastermaul
Ganz flüchtig auf und ist vorbeigefegt.

Die Dinge verselbständigen sich, sie werden belebt, scheinbar nur werden sie personalisiert: sie hasten, sie schrillen, sie wehen vorbei oder
bäumen sich auf. Doch bleibt dies ex-zentrisch, ohne Wesensmitte, ohne
wirklich personales Sein. Der ‚Gott‘, dem sie huldigen, ist nur in seinen
sinneraubenden Zufälligkeiten faßlich, er ist letztlich ‚Unperson‘.
   Was sich in diesen Zeilen spiegelt, sind Überschneidungen, offene
Strukturen, ohne irgendein metaphysisches Zentrum. Eindrücke und
Assoziation auf den begrenzten Augenblick hin herrschen vor; die Im-
pressionen werden aufgereiht[3] und in sich verdichtet.
   Aus solcher Perspektive muß eine Weltinterpretation, die idealisierender, in sich verfugter Ganzheitlichkeit verpflichtet ist, den Verwerfungen
des Marktgefüges ebenso weichen, wie das in Jahrhunderten gewachsene
Stadtbild einer zufällig-hektischen Architektur weichen muß, die sich
aus raschen utilitaristischen Entwürfen rücksichtslos zusammensetzt.
Ganzheitlich gedachte Wirklichkeit löst sich solchermaßen in Facetten
auf. Zart romantisierende Empfindung scheint darüber hinaus einer

---

[1] So etwa in ‚Der Gott der Stadt‘ oder in ‚Dämonen der Städte‘.
[2] Kihn, Alfred: Stadtbahnfahrt durch Berlin, in: Um uns die Stadt. Eine Anthologie neuer Großstadtdichtung, hrsg. v. Robert Seitz und Heinrich Zucker, 19
[3] Vergleiche Vietta, Silvio: Großstadtwahrnehmung und ihre literarische Darstellung, a.a.O., 357 über den expressionistischen Reihungsstil.

„Schockhaftigkeit des Bewußtseins"[1] Platz machen zu müssen in einer Diesseitigkeit, die nur dem Augenblick lebt und in welcher der Gedanke, daß das Unendliche in seiner Größe sich hier und jetzt in der Endlichkeit schneidet, keinen Platz mehr hat. Hier und jetzt: das meint nunmehr das bevorstehende Geschäft, die selbstbewußte merkantile Betriebsamkeit, den gerissenen Betrug, den hemmungslosen Genuß, den Abfall, den Untergang, nichts sonst, – es sei denn die *Reflexion* von all diesem im Bewußtsein des flanierenden Spaziergängers, der den Augenblick, der die Wahrnehmung der labyrinthischen Vielfalt leidenschaftlich und kühl zugleich registriert! „Die psychologische Grundlage, auf der der Typus großstädtischer Individualitäten sich erhebt, ist die Steigerung des Nervenlebens, die aus dem raschen und ununterbrochenen Wechsel äußerer und innerer Eindrücke hervorgeht."[2]

Musil ist es, der in scharfer Analyse die grundsätzliche Veränderung im Mikrokosmos des modernen Menschen kennzeichnet: „Die meisten Menschen […] fühlen sich durch den Eindruck, daß ihr Leben einen ‚Lauf' habe, irgendwie im Chaos geborgen. Und Ulrich bemerkte nun, daß ihm dies *primitiv Epische* abhanden gekommen sei, woran das private Leben noch festhält, obgleich öffentlich alles schon unerzählerisch geworden ist und nicht einem ‚Faden' mehr folgt, sondern sich *in einer unendlich verwobenen Fläche* ausbreitet."[3] Welt wird zum Labyrinth, ja sie droht sogar gänzlich zu schwinden: „‚Welche Welt?', dachte er. ‚Es gibt gar keine!'"[4]...

Die Hoffnung des poetischen Realismus des 19. Jahrhunderts, daß auch noch das bescheidenste Leben den Sinn in sich trage, sofern es redlich geführt werde, scheint in der heraufbrechenden Moderne zunichte gemacht zu werden. Das Individuum, der Einzelne ist nicht länger mehr aufgehoben und geborgen in der All-Einheit und schon gar nicht in der scheinbaren Gesichertheit bürgerlicher Moral. Der Einzelne sieht sich zurückgeworfen auf sein Selbst. In einer verzweifelten oder kühl faszinierten Umkehrung, in einem Salto mortale wird das Fehlen eines metaphysischen Sinnhorizontes akzeptiert und der gleißende *Schein* eines

[1] Riha, Karl: Deutsche Großstadtlyrik, 11
[2] Georg Simmel, zitiert nach Silvio Vietta: Großstadtwahrnehmung und ihre literarische Darstellung, 359
[3] Musil, Robert: Der Mann ohne Eigenschaften, 650 (Hervorhebung von mir)
[4] Musil, Robert, a.a.O., 664

unüberschaubaren, vielschichtigen Chaos ästhetisiert und dies zu einer rauschhaften neuen ‚Metaphysik' erhoben.

So steht *das Labyrinthische der Großtstadt*[1] überraschenderweise in einer Entsprechung zu jenem romantischen Bewußtsein, dessen Subjektivität sich ganz in die Aura des Subjektes einspinnt. Und ähnlich wie Novalis die *Natur als verzauberten Geist*[2] kennzeichnen konnte, wird umgekehrt der urbane Gegenpol der Naturlandschaft zum ‚romantisch' erfahrbaren Labyrinth des Flaneurs stilisiert. Beide Möglichkeiten der Erfahrung sind gleichermaßen im Inneren des Spaziergängers angelegt. Und so wie Benjamin den Flaneur als Geschöpf von Paris begreifen konnte, so ist umgekehrt Paris, die Metropole schlechthin, eine Schöpfung des Flaneurs, des modernen Poeten und Literaten:

Natur als ‚verzauberter Geist', als „versteinerte Zauberstadt"[3], dies meint hier umgekehrt: die Metropole in ihrer *magischen* Undurchdringlichkeit wird selbst zu Natur! Der „Sinn für Mystizismus" bleibt dem Romantiker als einer „Anschauung des Unendlichen im Endlichen"[4] auch und gerade in diesem harmoniefernen, vielschichtig strukturierten, chaotischen Medium der Metropole wach.

So gesehen läßt sich die Empfindung des Flaneurs auch von der Unüberschaubarkeit der modernen Großstadt ins Unendliche leiten, freilich nicht im Sinne wohlfeiler Harmonisierung, sondern vielmehr exzessiver, moderner, hybrider, als sich dies selbst die frühen Romantiker vorzustellen vermochten.

Im Gewoge der Menge, im unaufhörlichen Fluten der Passanten findet das Auge des Flaneurs jene Poesie wieder, deren es in der Einerleiheit des alltäglichen, geregelten Lebensablaufes verlustig ging. In diesem Sinne konnte schon E. T. A. Hoffmann ansetzen, daß Poesie immer Stadtpoesie sei.[5] Der poetische Geist des Spaziergängers erschafft sich

---

[1] Vergleiche Benjamin, Passagen-Werk, 541: Benjamin hebt hervor, daß die Darstellung der *Stadt als Labyrinth* eine romantische Idee ist!
[2] Dies wurde schon oben im Kapitel ‚Der romantischen Spaziergänger' angesprochen.
[3] Novalis, zitiert nach Volkmann-Schluck, Karl Heinz: Novalis' magischer Idealismus, in: Die deutsche Romantik, 46
[4] Novalis, a.a.O., 49
[5] Vergleiche Riha, Karl: Deutsche Großstadtlyrik, 10

aus der unendlichen Überlagerung der Strukturen, aus ihrer Vielfalt, aus dem „scheinbar widerläufigen Ineinander von Abstand und Umgriffenheit, von Feststellung und Evokation"[1] den eigenen Kosmos selbst.

Die *Einsamkeit* in der Hektik des Getriebes ist allerdings die dem urbanen Flaneur entsprechende Lebensform. Die Einsamkeit ist ihm gemäß: er akzeptiert bewußt jene aus seiner kühn-perspektivischen Weise des Sehens zwangsläufig resultierende Kontaktlosigkeit, und er liebt es, sich im ‚Jazz der Zeit' (G. Benn) ‚polytonal' und chromatisch und in rhythmischen Überlagerungen zu bewegen. Bewegung, Fluktuation wird ihm zum Wert an sich, sofern es ihm gelingt, die strukturierende Einfärbung einer zunächst amorphen, chaotisch scheinenden Undurchschaubarkeit und Undurchdringlichkeit der modernen Stadt für sich vorzunehmen. Die Stadt korrespondiert auf diese Weise seiner solipsistischen Attitude. „Die Menge, die ihn durchdringt, dynamisiert ihn, befreit ihn aus seiner starren Ruhelage, indem sie ihn in einen erregten und erregenden Zustand versetzt. Betroffen und beteiligt wird er in die menschliche Fluktuation einbezogen. Er fängt zu leben an, wenn er in seiner Jeweiligkeit der Jeweiligkeit seiner Bewohner, so und nicht anders antwortend, entgegenkommt."[2]

Jene Fluktuation aber gewinnt für sich neue, höchst subjektiv eingefärbte Strukturen und Felder, weit entfernt von einer Überschattung der Vielfalt der Dinge durch fixierende Monokausalität und weltanschauliche Einengung. Impressive Felder lösen einander ab:
„Autos schossen aus schmalen, tiefen Straßen in die Seichtigkeit heller Plätze. Fußgängerdunkelheit bildete wolkige Schnüre. Wo kräftigere Striche der Geschwindigkeit quer durch ihre lockere Eile fuhren, verdickten sie sich, rieselten nachher rascher und hatten nach wenigen Schwingungen wieder ihren gleichmäßigen Puls. Hunderte Töne waren zu einem drahtigen Geräusch ineinander verwunden, aus dem einzelne Spitzen vorstanden, längst dessen schneidige Kanten liefen und sich wieder einebneten, von dem klare Töne absplitterten und verflogen. [...] Es soll auf den Namen der Stadt kein besonderer Wert gelegt werden. Wie

---

[1] Klotz, Volker: Die erzählte Stadt. 92 f.
[2] Volker Klotz (Die erzählte Stadt, 99) bezieht dies auf die Auffassung Victor Hugos von der Stadt; doch darf dies für Paris allgemein als exemplarisch genommen werden.

alle großen Städte bestand sie aus Unregelmäßigkeit, Wechsel, Vorglei-
ten, Nichtschritthalten, Zusammenstößen von Dingen und Angelegenheiten, bodenlosen Punkten der Stille dazwischen, aus Bahnen und Un-
gebahntem, aus einem großen rhythmischen Schlag und der ewigen
rhythmischen Verstimmung und Verschiebung aller Rhythmen gegen-
einander, und glich im ganzen einer kochenden Blase, die in einem Ge-
fäß ruht, das aus dem dauerhaften Stoff von Häusern, Gesetzen, Verord-
nungen, und geschichtlichen Überlieferungen besteht"[1]...

Paris besonders ist es, das jenen Anstoß zu moderner Entfaltung gibt zu
subjektivster, individuellster Entfaltung gerade auch in der anonymsten
quantitativen Bewegung der Masse, in der völligen Unüberschaubarkeit
der Lebensströme und in der Vielschichtigkeit einer scheinbar ‚gleichge-
färbten‘, grauen Architektur:
    „Paris ist ein ungeheures Grau, ein Grau der Fassaden, des Pflasters,
des Dunstes, des Himmels und der Weite. Aber es ist auch das farbigste
Grau der Welt, das sowohl an Rosa, wie auch an Samtschwarz grenzt, es
ist eine neue Grundfarbe, die aus unzähligen Tönen gemischt ist. Wer in
Paris lebt, dem fällt neben vielen anderen Gaben mit der Zeit ein Blick
für das Farbige von selbst zu, ihm löst sich das Grau in den zartesten
und gewaltigsten Reichtum, und mit dem wachsenden Sinn für die unendliche Reihe der Zwischentöne erfaßt er die Stadt als den tiefsten
Quell der wahren Farbenpracht, nämlich jener, die nicht aus der Anhäu-
fung der organischen Stoffe quillt, sondern durch den *geistigen Akt der
Unterscheidung* erfaßt wird."[2] Gerade darin wird die schöpferische Offenheit des Flaneurs deutlich. *Er* ist es, der – dem Künstler verwandt –
die ‚Farbe‘ erschafft, jenseits der bloßen Gegebenheit eines undefinier-
baren Grau. Von ihm soll nunmehr die Rede sein.

Der Flaneur

Gerade diese Überlagerungen der Strukturen sind es, die das Interesse
des Flaneurs bestimmen, die er seziert und entschlüsselt. Er ist solchermaßen von der inneren Gestimmtheit her gesehen ebenso ein intuitiv, ein

[1] Musil, Robert: Mann ohne Eigenschaften, 9 f.
[2] Sieburg, Friedrich: Gott in Frankreich, 122 (Hervorhebung von mir)

,mystisch' Schauender wie er in seinem sezierenden Intellekt ein kühl
Analysierender ist: aus den architektonischen, geschichtlichen, ethni-
schen, ökonomischen und sozialen Schichtungen der Großstadt zieht
der Flaneur das erregende Bewußtsein der ständigen und unvermittelten
Gleichzeitigkeit des Ungleichzeitigkeiten:

„Flanieren ist eine Art Lektüre der Straße, wobei Menschengesichter,
Auslagen, Schaufenster, Café-Terrassen, Bahnen, Autos, Bäume zu lauter gleichberechtigten Buchstaben werden, die zusammen Worte, Sätze
und Seiten eines immer neuen Buches ergeben"[1]...

Der Flaneur verfolgt tausend Spuren, deren Andeutungen er wahrnimmt, er ist der Jäger der Großstadt, der weite Reviere durchstreift. Er
ist ein Ruheloser, der sich keiner Sache endgültig zuzuwenden vermag,
da dies für ihn bedeutete, ,seßhaft' zu werden, sich selbst und seine Freiheit der bürgerlichen Welt und ihrer Arbeitsteilung zu opfern: „Der Müßiggang des Flaneurs ist eine Demonstration gegen die Arbeitsteilung."[2]
Der Arbeitsteilung als Grundprinzip des hereinbrechenden Hochkapitalismus, des Taylorismus als Grundtechnik des mit dem Utilitarismus
aufkommenden Nützlichkeitsprinzips, dem sich alles und jedes unter-
zuordnen hat, stellt sich der Flaneur jenseits aller Martyrerpose entgegen, er stellt sich fraglos und kommentarlos außerhalb der eingefahrenen
Bahnen bürgerlich-kapitalistischer Präpotenz. So versieht Benjamin zu-
recht seine Überlegung mit einem Fragezeichen, wenn er eine Wertung
des Flaneurs vornimmt: „Der flânerie liegt neben anderem die Vorstellung zu Grunde, daß der Ertrag des Müßigganges wertvoller (?) sei als
die Arbeit"[3]...

Unter solchem Vorzeichen aber konnte der Flaneur in Deutschland
wenig Spielraum bekommen, wie dies Franz Hessel, der Berliner Flaneur der Zwanziger Jahre ironisch feststellt: „Hierzulande muß man
müssen, sonst darf man nicht. Hier geht man nicht wo, sondern wohin.
Es ist nicht leicht für unsereinen."[4] Selbst in Berlin also – und das heißt
dann: erst recht anderswo in Deutschland – ist der Flaneur undenkbar.
Deutschland: ein durch und durch verbürgerlichtes, zweckorientiertes

[1] Hessel, Franz: Ein Flaneur in Berlin, 145
[2] Benjamin, Walter: Das Passagen-Werk, 538; vergleiche hierzu die prägnanten
Gedankensplitter zum Thema Müßiggang von Dischner, Gisela: Spaziergänge in
Sprachlandschaften, in: Nichts Besseres zu tun – Über Muße und Müßiggang,
98ff.
[3] Benjamin, Walter, a.a.O.
[4] Hessel, Franz: Ein Flaneur in Berlin, 9

Land, das keine Freiräume für *produktives Nichtstun* läßt? Man ‚betreibt' zwar Freizeit (und dies ernsthaft, wie man die Arbeit betreibt),
man fährt termingerecht zum Sportverein, zum Kegelklub oder sonst-
wohin, um pünktlich da zu sein, man pflegt mit Hingabe jede Art von
Gymnastik, wenn es sein muß, auch im Stile des Gliederpuppenturnens
des alten Turnvater Jahn, ein wenig modisch drapiert, doch *man flaniert
nicht ziellos*[1]...

Ist der Flaneur tatsächlich so untätig, wie es scheint?[2] Arbeitet er nicht
wie ein Besessener, freilich wohl in artistischer Weise wie etwa ein Seil-
tänzer? Wird vielleicht eine so geartete Tätigkeit mit Untätigkeit gleichgesetzt? Ist alles, was auch nur den Anschein der Leichtigkeit hat, hierzulande schon verdächtig? Gilt nur der ‚Lastenträger' als einer, der
Arbeit betreibt? Beobachtet der Flaneur nicht mit höchster Genauigkeit,
im Umblick gleichermaßen den Horizont auslotend wie das ihm nächst-
liegende Genre? Verfolgt er nicht hunderte von Spuren? Erfaßt er nicht
jede einzelne Spur ebenso, wie er das Ganze in seiner ungeheuren Vielfalt zu umspannen sucht? Umreißt er nicht wie kein anderer die Aura einer Landschaft?
　Spur und Aura: „Die Spur ist Erscheinung einer Nähe, so fern das sein
mag, was sie hinterließ. Die Aura ist Erscheinung einer Ferne, so nah das
sein mag, was sie hervorruft. In der Spur werden wir der Sache habhaft;
in der Aura bemächtigt sie sich unser."[3] Ist für den Flaneur nicht beides
virulent? Ist der Flaneur nicht – überwältigt vom genius loci – der Aura
des von ihm ‚entdeckten' Raumes ausgeliefert, weit davon entfernt, ein
billig klischiertes, ‚gängiges' Bild von ‚seiner' Landschaft anzufertigen?
Der Spuren aber sind viele in der Großstadt: der leere Markt mit seinen
Hallen und Ständen im ersten Lichte, die Schilder der Firmen und Kanz-
leien an den Portalen der Geschäftshäuser, der flüchtige Eindruck von
eilenden Passanten, die Straßencafes mit ihrem vielfältigen Publikum an
den runden Tischen, der vorbeischwingende Vamp mit Begleitung, die

---

[1] Kennzeichnend ist hierfür die ‚humorvolle' Erzählung mit dem Titel ‚Zum
Vergnügen', welche in den ‚Fliegenden Blättern' von 1885 (Bd. 83, 74 f.), jener in
München herausgegebenen weitverbreiteten bürgerlichen Zeitschrift erschienen
ist, in welcher ein Reisender von der Obrigkeit beschattet wird, da er in der
betreffenden Industriestadt als Zweck seines Aufenthalts ‚zum Vergnügen' eingetragen hat.
[2] Vergleiche Wellmann 233 zur Unterscheidung von Müßiggänger und Flaneur
[3] Benjamin, Walter: Das Passagen-Werk, 560

spielenden Kinder auf dem müllgespickten, öden Zwischengrundstück, der Arbeitsrhythmus der Lieferanten, rush hour: stop and go, die Gestrandeten unter der Brücke – Auswurf und Abstieg, die Angestellten in der Mittagspause auf den Parkbänken, die Zeitungen, ihre Anreize und flüchtigen Informationen überfliegend, das Liebespaar, umschlungen, sich kaum noch verbergend, die hellen Bäume im Park und die samtenen Wiesen, der Kehrricht der Straßen, die Massen in ihrer Anonymität ... Der Flaneur nimmt dies alles in kühler, einsamer Distanz wahr und weiß sich doch als Element dieser Menge, er ‚badet‘ in ihr:

„Es ist nicht jedem gegeben, im Meer der großen Masse ein Bad zu nehmen: Sich der Menge genießend zu erfreuen, ist eine Kunst; und der allein kann, auf Kosten der Menschheit, in Lebenskraft schwelgen, dem eine Fee, in seiner Wiege, die Lust zur Verkleidung und zur Maske, den Haß des Zuhause und die Leidenschaft des Reisens eingeblasen hat.

Masse, Einsamkeit: gleichwertige Ausdrücke, die der tätige und fruchtbare Dichter miteinander vertauschen kann. Wer seine Einsamkeit nicht zu bevölkern versteht, versteht auch nicht allein zu sein in einer geschäftigen Menge ...

Der einsame und nachdenkliche Wanderer schöpft einen einzigartigen Rausch aus solcher Verbundenheit mit dem Allgemeinen. Der Mensch, der leicht in der Menge aufgeht, kennt Fieberschauer von Genüssen, um die der selbstsüchtige Ichmensch, verschlossen wie ein Schrein, und der Träge, eingekapselt wie ein Muscheltier, ewig betrogen sind. Er macht sich alle Berufe, als wären es die seinigen, zu eigen, alle Freuden und alles Elend; wie die Umstände es ihm bieten.

Das, was die Menschen Liebe nennen, ist sehr gering, sehr beschränkt und sehr schwach, verglichen mit jenem unsagbaren Rausch, jener heiligen Preisgabe der Seele, die sich ganz und ungeteilt, als Dichtung und barmherzige Liebe, dem Unverhofften, das sich darbietet, dem Unbekannten, das vorübergeht, verschenkt.“[1]

Der Flaneur setzt keine Werte moralisierend jener Skrupellosigkeit der kapitalistischen Welt entgegen, er stemmt sich nicht gegen die hereinbrechende Barbarisierung der Großstädte, womöglich im Zeichen überkommener Werte, die es zu retten gälte. Er ist offenbar fasziniert vom Dschungel der Großstadt, von der Ungeordnetheit der naturhaft und wuchernd sich überlagernden Strukturen. Er prangert nicht die Rolle

[1] Baudelaire, Charles: Die Menge, a.a.O., 91 f.

des Außenseiters, des Asozialen an. Er ist selbst ein Asozialer. Er ist ein Süchtiger nach Neuigkeiten, nach neuen Eindrücken, ein Wurzelloser, von der unauslotbaren Aura der Großstadt, von ihrer Vielfalt, ihrer Vielschichtigkeit, die nicht auf den Begriff zu bringen ist, gefangengenommen. In dieser Weise verfolgt er viele Spuren auf seinen Streifzügen, mit kriminalistischer Intelligenz ebenso wie mit krimineller Unbekümmertheit.

Der Raum aber, den der Flaneur durchstreift, hat kein Zentrum mehr. Ihm auch entspricht längst keinerlei Wertgefüge mehr: „Das ‚Kolportagephänomen des Raumes‘ ist die grundlegende Erfahrung des Flaneurs.“[1] Allerdings: so sehr die Dinge kolportiert werden, so sehr bleiben sie offen, bleiben sie in ihrer Vielgestaltigkeit für sich bestehen, sind sie nicht zu vereinnahmen: „Der Sinn aber des Mysteriums, des Geheimnisses, so schrieb Odilon Redon, ... ist es, zu jeder Zeit (?) zweideutig zu sein, zwei, drei Ansichten, Perspektiven zu haben oder auch nur die Andeutung, die Ahnung davon“[2]...

Dies eben begründet die Unbürgerlichkeit des Flaneurs: Welt, die ihn umgibt, nicht ‚dingfest‘, nicht handhabbar machen zu wollen, ganz im Gegensatz zu einem bürgerlichen Utilitarismus, der lediglich das für ihn Verwertbare an den Dingen wahrzunehmen imstande ist. Dies eben betrifft auch die skeptische Unentschiedenheit des Flaneurs, von der Walter Benjamin sagt:
„Die eigentümliche Unschlüssigkeit des Flanierenden. Wie das Warten der eigentliche Zustand des unbeweglich Kontemplativen so scheint das Zweifeln der des Flanierenden zu sein. In einer schillerschen Elegie heißt es: ‚Des Schmetter(l)ings zweifelnder Flügel.‘ Das deutet auf denselben Zusammenhang von Beschwingtheit mit dem Gefühl des Zweifels, der so charakteristisch für den Haschischrausch ist.“[3]
So erweist sich die Lebensform des Flaneurs in gewisser Weise als paradox: der Spaziergang wird ihm zur Berauschung in der Nüchternheit,

---

[1] Benjamin, Walter: Das Passagenwerk, 527
[2] Raymond Escholier, zitiert nach Benjamin, Walter: Das Passagenwerk, 540: „Le sens du mystère, a écrit Odilon Redon, [...] est d´être tout le temps dans l´ équivoque , dans le doubles, triples aspects, des soupçons d´ aspect (images dans images), formes qui vont être, ou qui seront, selon l´ état d´ esprit du regardeur.“
[3] Benjamin, Walter: Das Passagenwerk, 535 f.

zur unmittelbaren Einbezogenheit bei skeptischer Distanz, zur romantischen Attitude in urbaner Gleichgültigkeit. In seiner beständigen Unruhe aber, in seinem ruhelosen Umherschweifen bleibt er sich selbst treu
im Schauen, im Warten. Er läßt das Mysterium bestehen.

Das Gehen des Flaneurs wird zum abwartenden Schauen, wird zur
Poesie! So gerät sein ausschweifendes Gehen in die äußerste Spannung
von existentieller Ausgesetztheit und ruhender Kontemplation: Wesentliches tritt ein, freilich ohne Verschleierungen einer beschwichtigenden
Absteckung des Horizonts. In dieser Weise führt der Flaneur eine ‚ästhetische Existenz'.

Der Streuner

Babylon, Chikago, Conurbia, Moloch oder wie immer wir die Erscheinung der blind wuchernden Großstadt nennen wollen, bringt einen
neuen Typus hervor; er taucht auf, ist einfach da, ohne Ankündigung
und ohne Pathos: der Streuner.

Er bricht von nirgendwo her auf und geht nirgendwo hin: sein Zuhause ist die Masse, die Menge, seine Wohnung ist die Avenue, der
Hauptbahnhof, der Luftschacht der U-Bahn. Die Orte, denen er mit
großer Wichtigkeit zustrebt, sind austauschbar, beliebig. Beckett stellt
diesen Typus in der Gestalt seines Protagonisten ‚Murphy' vor:

Murphy machte „sich schon zeitig auf den Rückweg, daß er Stunden
zu früh in der Brewery Road ankam. Vom praktischen Gesichtspunkt
aus vermochte er keinen Unterschied zwischen dem Herumlungern in
der Brewery Road und dem Herumlungern in der, sagen wir, Lombard
Street zu erkennen. Seine Aussichten auf eine Beschäftigung waren hier
wie dort, ja überall die gleichen. Aber vom sentimentalen Gesichtspunkt
aus war der Unterschied erheblich. [...] Er schlug die Zeit tot, indem er
immer wieder rund um das Pentonville-Gefängnis lief. So wie er abends
immer wieder rund um die Kathedrale gelaufen war, da man so spät
nicht mehr hineingehen konnte"[1]...

Gehen, lungern und irgendwo liegen werden identisch: „Er mußte sich
hinsetzen, bevor er sich hinlegen konnte. Geh, bevor du läufst, setz dich,

---

[1] Beckett, Samuel: Murphy, 60 f.

bevor du dich hinlegst"[1]... Das Gehen als Bewußtseinsakt löst sich aus
dem Zusammenhang der Persönlichkeit und wird zur schrecklichen
Phantasmagorie einer ‚ewigen Wiederkehr' eines sinnlosen Weges: „So
fühlte Murphy sich selbst in zwei gespalten, in einen Körper und einen
Geist. Sie hatten anscheinend Verkehr, sonst hätte er nicht wissen können, daß sie irgend etwas gemeinsam hatten. Aber er fühlte seinen Geist
als etwas Körperdichtes und begriff weder, durch welchen Kanal der
Verkehr stattfand, noch wie die beiden Erfahrungen sich überlagern
konnten. Er war davon überzeugt, daß eine Erfahrung nicht aus der anderen zu folgern war. Er dachte nicht an einen Fußtritt, weil er ihn
fühlte, und er fühlte auch keinen Fußtritt, weil er daran dachte. Vielleicht verhielt sich die Kenntnis des Fußtritts zu dem wirklichen Fußtritt wie zwei Größen, die sich zu einer dritten verhalten. *Vielleicht gab
es außerhalb von Raum und Zeit einen nicht-geistigen nicht-physischen
Fußtritt seit aller Ewigkeit.* Murphy war noch bereit anzunehmen, daß
diese teilweise Kongruenz seiner geistigen und körperlichen Welt auf irgendeinen […] Prozeß einer übernatürlichen Determination zurückzu-
führen war."[2] Dies scheint noch ein metaphysischer Nachklang zu sein:
Die Hoffnung auf einen wirklichen Gang der Dinge außerhalb des rein
physischen ‚Fußtritts', die Hoffnung nämlich auf eine ‚prästabilisierte'
Harmonie.

Meist bezieht sich die Illusion einer solchen Kongruenz auf Konkretes: auf den nächsten Deal, auf das Absahnen, auf das Treffen mit ‚bedeutenden' Leuten oder auf die Hoffnung auf den Durchbruch, auf den
großen Erfolg.

So etwa führt Dustin Hoffman in John Schlesinger Film ‚Asphalt-
Cowboy' in der Gestalt des restlos ausgepumpten, hustenden und hin-
kenden Bronx-Typ Rizzo Ratso, genannt die Ratte, den Zuschauer
durch den Underdog-Dschungel der Großstadt, immer hoffend, Geld
für eine Reise ins gelobte Land, in den Süden, in die Wärme Floridas zu-
sammenzubekommen, um wieder zu genesen. Der Gang durch die
Großstadt wird zur Vision vom Paradies und gleichzeitig zum Dante-
schen Inferno: der Weg führt durch billige und häßliche Notdurft hindurch, an Trug- und Prospektbildern vorbei, in den Sexus hinein, der
schwer drängt, ohne auch nur die geringste Erhebung in den Eros zu erwirken, sektiererische Religion ohne Pietas streifend, welche lediglich

---

[1] Beckett, Samuel, a.a.O., 67
[2] Beckett, Samuel, a.a.O., 90 (Hervorhebung von mir)

ein Klischee von Erlösung anpreist und kaum unterscheidbar ist von der
Gewalt als dem alltäglichen Substrat kapitalistischen Vorwärtskommens,
alles in allem: ein illusionsloser Illusionismus …

Der Streuner kennt so seine Ecken, er weiß, wen er wo und zu welcher
Zeit antreffen kann; er kennt die Schnittpunkte der Großstadt; er ist aufs
bloße Überleben bezogen bzw. seinem verkommenen, anspruchslosen
Hedonismus verpflichtet; der Außenraum ist für ihn in Orientierungs-
marken eingeteilt, mehr nicht.

In gewisser Weise aber hat er dennoch Heimat – in der ‚Gegend‘, in der
er wohnt, in der Routine der Wege, im Wiedererkennen der abgelebten
Gesichter, in den naßkalten Straßen, zwischen Bergen von Müll … Sein
Gang durch die Stadt führt ihn, keuchend und durchhängend, bis zur
Aufgabe der eigenen Existenz. Dann ist der Punkt erreicht, an welchem
er nur noch vegetiert. Beckett ist reich an solchen Gestalten.
    So führt der Streuner eine illusionslose, antiintellektuelle Existenz, de-
ren Boden die vage Orientierung in einem Dschungel von verworrenen
Strukturen ist, welche für ihn im Grunde nicht aufarbeitbar sind. Es genügt, die ‚Markierungen‘ zu kennen, die das Überleben garantieren. So
reichen selbst in der Überhöhung der Funktionen innerhalb der subso-
zialen Gesellschaft, in der er sich bewegt, rudimentäre Klassifizierungen
aus: der Cop, der Dealer, die Prostituierte, das Asyl, der mitleidslose
Leidensgefährte, der Spießer …

Der Streuner geht. Seine Ziele sind kurzfristig. Sein Dasein ist ohne jede
Erbaulichkeit und Schonung. Rasch vorübergehendes physisches Behagen dominiert. Und obgleich die Weite der Großstadt sein Revier ist, bewegt er sich im Grunde in einem engen, einem beengten Raum: er
schlägt sich durch; sein Innenraum setzt ihm ebenso enge Grenzen wie
sein gesellschaftlicher Kontext; er bemerkt dies nicht oder will dies gar
nicht mehr wahrhaben; er ist kein Schauender, kein Wissender; er
schleppt seine Existenz hinter sich her …
    Dieses Sich-Durchschlagen kann aus der betriebsamen Verfolgung
scheinbar wichtiger Ziele, so etwa dem einmaligen, vorgeblich ‚letzten‘
großen Coup in völlige Apathie, in völlige Gleichgültigkeit hinüber-
wechseln, welche die eigene Existenz denunziert; es gibt dann kein War-

ten mehr auf etwas, das Hoffnung machte – doch die Füße gehen von selbst, unbeirrt und ziellos.

Dieser Typus, den Baudelaire[1] schon längst vor der Jahrhundertwende in den Parks von Paris ausfindig gemacht hatte, weitet sich über die Metropolen aus.

Der erste, der ihn in seiner Struktur bewußt wahrgenommen hat, war wohl Edgar Allan Poe: „Den Fall, in dem der Flaneur sich ganz vom Typ des philosophischen Spaziergängers entfernt und die Züge des unstet in einer sozialen Wildnis schweifenden Werwolfs annimmt, hat Poe zuerst in seinem ,Mann der Menge' auf immer fixiert."[2]

Poe läßt seinen namenlosen Erzähler als einen subtilen Flaneur auf den ,Mann der Menge' mehr und mehr aufmerksam werden und dessen Spur schließlich atemlos verfolgen: „Je tiefer die Nacht herniedersank, desto mehr vertiefte sich meine Teilnahme für dies Schauspiel; denn nicht nur wandelte sich der allgemeine Charakter der Menge wesentlich derweil (die sanfteren Züge schwanden daraus, schrittweis´, je mehr die ordentlichen, gesitteten Leute verschwanden, und schärfer trat das Abstoßende hervor, als nun die späte Stunde jede Art von Laster aus seiner Höhle kriechen ließ), sondern die Strahlen der Gaslaternen hatten, zu Anfang schwach noch im Ringen mit dem sterbenden Tag, jetzt schließlich die Übermacht gewonnen. [...] Die Stirn ans Glas gepreßt, war ich mithin beschäftigt, die flutenden Massen zu mustern, als mir plötzlich ein Gesicht in den Blick kam (das eines abgelebten Mannes von wohl fünfundsechzig oder siebzig Jahren) – ein Gesicht, welches aufgrund der absoluten Idiosynkrasie seines Ausdrucks sogleich meine ganze Aufmerksamkeit fesselte und in sich hineinsog. [...] Er war von kurzer Statur, sehr dünn und anscheinend ziemlich schwach. Seine Kleider waren, ganz allgemein gesehen, schmutzig und zerlumpt. [...] Es war etwas Ärgeres noch denn Verzweiflung, was ich nun auf den Zügen des sonderlichen Wesens wahrnahm, dem ich so standhaft nachgegangen war. [...] Keinen Augenblick zögerte er in seinem Lauf, sondern lenkte seine Schritte alsbald in irrer Unermüdlichkeit dem Herzen Londons [...] zu. [...] Doch wie zuvor schon wanderte er auf und nieder und wich während des ganzen Tages nicht aus dem Getümmel jener Straße"[3]...

---

[1] Siehe das Kapitel ,Park und Landschaftsgarten'
[2] Benjamin, Walter: Das Passagenwerk, 526
[3] Poe, Edgar Allan: Der Massenmensch, a.a.O., 712 ff.

Der Streuner kehrt so die Verhältnisse eines Spaziergangs um: Er kehrt
von seinem Spaziergang nicht in ein festes Zuhause zurück; er ist unbehaust; die Menge, das anonyme Leben in ihr – dies ist sein Zuhause. Der
Spaziergang wird reduziert auf ‚Wegmarken‘, die der einzige Halt des
Streuners sind[1]; die vermeintliche Offenheit des Weges signalisiert
Abenteuer und die geglaubte Unabhängigkeit des Outlaws. Diese Unabhängigkeit aber erweist sich letztlich als ein Trugbild, und angesichts der
hart greifenden Strukturen der kapitalistischen ‚Conurbia‘ als ein ziemlich lächerliches Unterfangen. Die Freiheit des Clochards: eine Chimäre
– es sei denn, der Typus besäße die philosophische Innerlichkeit eines
Diogenes[2]: ‚Geh mir aus der Sonne‘ ...

[1] Ein spezieller Typus dieses Spaziergängers findet sich bei Dostojewski: Er
flieht die Enge seiner Wohnung, um seine inneren Leiden und Qualen, aber auch
seine Träume auf seinem Gang durch die Straßen von Petersburg auszutragen.
Seine Spaziergänger sind innerlicher und beseelter als die Gestalten der Autoren
der westlichen Hemisphäre. ‚Schuld und Sühne‘, bietet hierfür ebenso ein Beispiel wie etwa die erste der ‚Hellen Nächte‘: „Vom frühen Morgen an quälte
mich eine eigentümliche Art von Schwermut [...] nirgends auch nur eine einzige
von den Personen, die ich das ganze Jahr über an ein und derselben Stelle zu
bestimmter Stunde zu treffen gewohnt gewesen bin. Sie kennen mich natürlich
nicht; aber ich meinerseits kenne sie, ich kenne sie genau“... (Dostojewski, Fjodor: Helle Nächte, 9 f.)
[2] Vergleiche hierzu ‚Volkmanns historisch-kritische Nachrichten von Italien‘
über die *Lazaroni* (‚Tagediebe‘) im Italien des 18. Jahrhunderts: „Es gibt in
Neapel zwischen dreißig- und vierzigtausend müßige Leute, welche keine
bestimmte Geschäfte haben und auch nicht verlangen. Sie brauchen einige Ellen
Leinwand zu ihrer Kleidung und etwa sechs Pfennige zu ihrem Unterhalte. In
Ermangelung der Betten liegen sie des Nachts auf Bänken und heißen daher
spottweise *Banchieri* oder *Lazaroni*. Sie verachten alle Bequemlichkeiten des
Lebens mit stoischer Gleichgültigkeit“... (Zitiert nach Goethe, J.W.: Saemtliche
Werke. Bd. XII. Leipzig o.J. = Schriften zur Literatur. Bd. I, 119).

Der gesellige Spaziergang

Der Charme der Äußerlichkeit

Will man die Dinge mit Scharfsinn geschieden und getrennt und mit jener Prise Humor gewürzt haben, welche der dürren Darstellung Charakter und Farbe verleiht, dann betrachte man sie mit den Augen Jean Pauls; so, wenn er den Spaziergänger in vier Klassen, vielmehr in vier ‚Kasten' ironisch einteilt, welche ihre Hierarchie gleich selbst mit vorweisen:

„Ein Mann von Verstand und Logik würde meines Bedünkens alle Spazierer, wie die Ostindier, in *vier* Kasten zerwerfen.

In der I. Kaste laufen die jämmerlichsten, die es aus Eitelkeit und Mode tun und entweder ihr Gefühl oder ihre Kleidung oder ihren Gang zeigen wollen. In der II. Kaste laufen die Gelehrten und Fetten, um sich eine Motion zu machen, und weniger, um zu genießen, als um zu verdauen, was sie schon genossen haben [...] Die III. Kaste nehmen diejenigen ein, in deren Kopfe die Augen des Landschaftsmalers stehen"... Die letzte und damit höchste Kaste kommt nur wenigen Menschen zu: „Es gibt Menschen, die nicht bloß ein artistisches, sondern ein heiliges Auge auf die Schöpfung fallen lassen [...], kurz, die nicht nur mit dem Auge, sondern auch mit dem Herzen spazieren gehen"[1]... Über einige Vertreter der letzten beiden ‚Kasten' haben wir uns auf unserem gemeinsamen Spaziergang schon unterhalten. Zu den Angehörigen der III. Kaste, den Gesundheitsspaziergängern sei später noch einiges gesagt. Die erste Kaste haben wir jedoch bis jetzt geflissentlich durch alle möglichen wichtigen und unwichtigen Gedanken vergessen machen wollen, da es in unseren Gebreiten zugegebenermaßen ausgesprochen schwerfällt, der Eitelkeit das Wort zu reden oder – noch schlimmer – gar das Geständnis abzulegen, vielleicht auch gelegentlich dieser Kaste der Spaziergänger angehört zu haben.

Das beste wäre also, einfach über diesen Typus des Spaziergängers hinwegzusehen, allein wir müssen in einem Buche, das sich da oder dort

---

[1] Jean Paul: Die unsichtbare Loge, in: Werke, Bd. I, 304 f.; wertvolle Hinweise zu dieser Textstelle bei Wölfel: Kosmopolitische Einsamkeit, 37 f.

ein wenig wissenschaftlicher Wahrhaftigkeit verpflichtet weiß, nunmehr
doch der Wahrheit die Ehre geben.

Es bedarf allerdings für den, dem diese Welt nicht fremd ist, kaum einer breiteren Darlegung, welche Verlockung ein solch ,eitler' und tän-
delnder Spaziergang mit sich zu bringen vermag, und für einen anderen
bedeutet dies ohnehin nichts: ein Spaziergang, vielleicht in angenehmer
Begleitung zugebracht, angefüllt mit gut gemischten und vorzüglich ge-
würzten Gesprächen, vielleicht voller Witz, Charme und frivolem Über-
mut, vielleicht auch mit gewagten Anspielungen und Andeutungen, welche sogleich mit gespieltem Entsetzen blauäugig zu widerrufen wären, –
um sie im Widerspruch um so mehr zu bestätigen. Um einen solchen
schönen Sonnenspaziergang angemessen zu umschlingen, bedarf es allerdings noch des Rahmens eines wohlgewählten Äußeren, welches Be-
deutsamkeit verleiht und Abenteuer verheißt: etwa des lässig nach der
Mode aufgeschlagene Kragens, der Kleidung Ton in Ton, versteht sich,
und der Jahreszeit gemäß, die markanten Schuhe oder Stiefel nicht zu
vergessen. Kurz, die eitlen Nichtigkeiten und Torheiten sind es, die auf
diesem Spaziergang ihr Recht einfordern. Wie sonst sollte man die
Dinge in Szene setzen, all die flüchtigen Begegnungen voller Neugierde
und Interesse: die frei zugeworfenen Blicke (die schickliche ,Augen-
sperre' von nur wenigen Sekunden schamlos durchbrechend), das Gewoge des Boulevards genießend, vorbei an den Cafes, an den vielen Ge-
sichtern, bemüht, den Schein des Äußeren zu durchdringen, um stets
aufs Neue an der äußeren Fassade der Gestalten und Dinge und Menschen abzuprallen und genarrt zu werden. Nur zu verständlich ist es
also, wenn wahrhaft ernsthafte Reife diesem Spiel mit dem äußeren
Schein wenig abzugewinnen vermag.

Und so müssen wir es schleunigst wenigstens versuchen, durch ein
Lob der Eitelkeit den eitlen Spaziergänger ein wenig in Schutz zu nehmen:

Eitelkeit – dies hat im Deutschen einen schlechten Klang: ,Es ist alles eitel', so apostrophiert Gryphius in seinem bekannten Sonett die Welt als
nichtswürdige Verführerin[1], von der tunlichst abzulassen sei, ganz dem
mittelalterlichen Bild der ,Frau Welt' entsprechend, welche auf der Vor-

---

[1] An mancher gotischen Kirche kann man die Gestalt der ,Frau Welt' bewundern, so in Nürnberg am nördlichen Seitenportal von St. Sebaldus: in wunder-
schöner, eitler Tracht und im Rücken von Ungetier und Geschwüren zerfressen.

derseite hübsch und ansehnlich, auf der Rückseite jedoch recht elend aussieht: Wie Angelus Silesius weiß er als empfindsamer Mensch des Barock, daß die Welt nur *leerer Schein* ist, welchem man am besten schnellstens entsagte. Eitelkeit also nichts als Leere, Nichtigkeit, Wahn?

Nun, der wahrhaft ‚wissende' Eitle weiß sehr wohl um jene Äußerlichkeit, um jenen leeren Schein der Welt. Ja, noch mehr: seine Attitude geht von dieser Annahme aus, um das Spiel mit dem Schein überhaupt aufnehmen zu können! Die Empfindung der Vanitas, der Leere selbst ist es, welche das Gefühl der Eitelkeit allererst aus sich hervortreibt und welches den eitlen Spaziergänger nach Inszenierung drängt.

Die ‚Leere' selbst drängt nach Auffüllung, freilich nicht in der Scheinerfüllung selbstgewisser Zweckbestimmtheiten! Das eitle Spiel des Parvenues, des selbstgefälligen Spaziergängers ist ein Spiel um ‚nichts' gerade darin, daß er *nicht* versucht, seinen Weg mit ‚Wesentlichem' anzufüllen. Der schöne Schein wird zum Wesen, da die Welt in sich zerfällt wie Hüllen, die nichts bergen.[1] So ist der eitle Spaziergänger einer, der wie ein Künstler seine Welt als einen schönen Schein und ‚für nichts' sich schafft, ähnlich dem armen Schneider in Gottfried Kellers Novelle ‚Kleider machen Leute', der in seinem Radmantel, „blaß und schön und schwermütig […] wenigstens ein geheimnisvoller Prinz oder Grafensohn zu sein" schien.[2] Eben dieser Attitude, jenem Spiel mit dem Schein setzt der eitle Spaziergänger sich aus.

Dies scheint kein allzu seriöser Spaziergänger zu sein. Ist aber denn – so fragen wir – nicht umgekehrt der letztlich puritanische Versuch, Wesen und Schein gänzlich zur Übereinstimmung bringen zu wollen, nicht selbst verdächtig? Läßt denn der perspektivische Charakter des Daseins, wie Nietzsche dies konstatierte, solch plump-moralisierende Unternehmung überhaupt zu? Den Gedanken der ‚Wahrheit' hier zu bemühen wäre wohl ohnehin vergeblich. Wollte man eine ‚Wahrheit' eines solchen Spaziergängers bemühen, so stieße man in ihm wohl auf jene kaum benennbare Mitte, die sich zwischen einem selbstvergessenen, meditativen Schauen der Vielfalt der auf dem Corso wahrgenommenen Figuren und der Schönheit der Gestalten und einem ironisch-paradoxen Selbstgenuß

---

[1] Die deutsche Romantik greift hier gelegentlich das Bild der Zwiebel auf: Die Welt hat wie sie nur Schalen, nimmt man diese auseinander, ist darin – nichts.
[2] Keller, Gottfried: Kleider machen Leute, 3 ff.

bewegte, der sich hineinfallen läßt in das Gewoge der vielen extravagan-
ten Spaziergänger.[1]

Was sollte denn die ‚Wahrheit' jenes ‚vitellone' sein , der vier bis fünf
Stunden lang an der Ecke einer Seitengasse zum ‚Campo' in Siena an der
Mauer lehnte und nichts tat: der jugendliche Beau, lässig aufgestützt, ab
und zu träge die im Corso vorbeiflanierenden Freunde grüßend, Scherzworte wechselnd, die Zigarette im Mundwinkel, den Platz überschauend
und intensiv musternd, dann wieder ernst und abwesend, scheinbar
gleichgültig, um gegen Mitternacht ebenso lautlos zu verschwinden, wie
er gekommen war, ohne Anzeichen einer Absicht, einer Zwecksetzung,
während wir am Tisch eines der Cafes am Platze saßen und die ‚ernsten
Probleme' der deutschen Arbeitswelt durchgingen. Nein, jene narzißti-
sche Selbstgefälligkeit des müßiggehenden Adonis kannte keine ‚Wahrheit' über sich und den Abend hinaus.[2]

In der Beiläufigkeit des genießenden Schauens oder des ‚Geschautwer-
dens' ist dem koketten Spaziergänger nur allzu bewußt, daß die Andeutung, der Gestus meist mehr wiegt als die Erfüllung: die Andeutung, die
das letzte meint und doch um die Flüchtigkeit der Dinge weiß. So wird
das ‚Tändeln', das Spiel mit dem ‚Möglichen' zur Vorahnung dessen, was
nie eingeholt werden kann. So weiß sich der eitle Spaziergänger der
Nichterfüllung der Erwartung ebenso verpflichtet wie ihrer scheinbaren
Erfüllung im ‚wirklichen Erlebnis', in welcher die Scheinhaftigkeit des
Daseins unaussetzbar wirksam bleibt.[3] „Damit das Leben gut anzu-

---

[1] Ein schönes Beispiel für diesen Zustand gibt Max Frisch im zweiten Teil des
‚Homo faber': „*El Prado:* Die alte Straße mit den alten Platanen, wie die Rambla
in Barcelona, Corso am Abend, die Allee der schönen Menschen, unglaublich,
ich gehe und gehe, ich habe nichts anderes zu tun – [...] Wenn ich wieder auf den
Prado gehe, so ist es wieder wie eine Halluzination: – lauter schöne Mädchen,
auch die Männer sehr schön, lauter wunderbare Menschen, die Mischung von
Neger und Spanier" ... (Frisch, Max: Homo faber, 172 f.)
[2] Ein ganz anderes ist es, daß jeder, aber auch jeder im Vorgriff von Wahrheit
steht; diese darf nur nicht als verdinglicht gedacht werden bzw. existentielle
Erfahrung nicht für ‚geoffenbarte' Wahrheit genommen werden! Insofern kann
die intuitive Einsicht in Existenz, wie sie in Sartres ‚Ekel' vorgeführt wird, nur
metaphorisch genommen werden und nicht gegenständlich.
[3] So gesehen, ist der äußerlich genießende, der bewußt Eitle dem faustisch
Suchenden nicht gar so fremd: dies betrifft die Thematik von ‚Don Juan' und
‚Faust'.

schaun sei, muss sein Spiel gut gespielt werden: dazu aber bedarf es guter Schauspieler.

Gute Schauspieler fand ich alle Eitlen", urteilt Nietzsche. „Darum schone ich die Eitlen, weil sie mir Ärzte sind meiner Schwermuth"[1]...

In dieser Weise flaniert der ‚eitle', der kokette Spaziergänger und zieht seine Straße und ist ganz das, was er ist, dadurch daß er etwas vortäuscht zu sein, was er nicht ist. Dieses Paradoxon gilt es zu ertragen.

In Muße zu promenieren

„Man schämt sich jetzt schon der Ruhe; das lange Nachsinnen macht beinahe Gewissensbisse. Man denkt mit der Uhr in der Hand, wie man zu Mittag ißt, das Auge auf das Börsenblatt gerichtet, – man lebt wie einer, der fortwährend etwas ‚versäumen könnte'. ‚Lieber irgend etwas tun als nichts' – auch dieser Grundsatz ist eine Schnur, um aller Bildung und allem höheren Geschmack den Garaus zu machen. Und so wie sichtlich alle Formen an dieser Hast der Arbeitenden zugrundegehn: so geht auch das Gefühl für die Form selber, das Ohr und das Auge für die Melodie der Bewegungen zugrunde. [...] Die *Arbeit* bekommt immer mehr alles gute Gewissen auf ihre Seite: der Hang zur Freude nennt sich bereits ‚Bedürfnis zur Erholung' und fängt an sich vor sich selbst zu schämen. ‚Man ist es seiner Gesundheit schuldig' – so redet man, wenn man auf einer Landpartie ertappt wird. Ja es könnte bald so weit kommen, daß man einem Hange zur *vita contemplativa* (das heißt zum Spazierengehen mit Gedanken und Freunden) nicht ohne Selbstverachtung und schlechtes Gewissen nachgäbe. Nun! Ehedem war es umgekehrt: die Arbeit hatte das schlechte Gewissen auf sich. Ein Mensch von guter Abkunft *verbarg* seine Arbeit, wenn die Not ihn zum Arbeiten zwang. Der Sklave arbeitete unter dem Druck des Gefühls, daß er etwas Verächtliches tue – das ‚Tun' selber war etwas Verächtliches"[2]...

---

[1] Nietzsche, Friedrich: Also sprach Zarathustra: Von der Menschen-Klugheit, in: Sämtliche Werke, hrsg. v. Giorgio Colli und Mazzino Montinari. München 1980, 6. Abteilung, Bd. 1, 180

[2] Nietzsche, Friedrich: Die fröhliche Wissenschaft, 4. Buch, in: Werke in drei Bänden, Bd. 2, 191

Nietzsche, der dies schon vor über hundert Jahren bestechend klarsichtig und voraussehend formulierte, fügt an anderer Stelle hinzu, daß der ein Sklave sei, der nicht zwei Drittel des Tages für sich habe. Solches Vorrecht kam ursprünglich wohl nur dem Adel zu und dann – in gewandelter Form – jenen Großbürgern, die es sich leisten konnten, Muße zu haben und etwa auch spazieren zu gehen. Mit dem Untergang jener Schichten wurde auch die Muße denunziert und mit dem *Müßiggang* gleichgesetzt, den Joseph Tewes kennzeichnet als „keß, lax und jugendlich, eher unbeschwert, von unnachahmlichem Schlendrian, eine charmante Verantwortungslosigkeit am Leibe."[1] Obgleich auch in mancher Ausprägung des Spaziergängers liebenswerter Müßiggang die Schritte führt, sei hier ein Blick auf jenen Spaziergang geworfen, den Nietzsche als Spaziergang ‚mit Gedanken und Freunden‘ flüchtig anspricht: das Epikureische an dieser hohen Form des Genießens ist nicht zu verkennen. Kein Zweifel: Nietzsches Intention zielt auf die verdienstlose, rein ästhetische Existenz von schwereloser Anmut! Muße und höhere, feinere Bildung ist ihm darin untrennbar verbunden, ja „das Gefühl für die Form selber" gerät nur in der Aura der Muße in Schwingungen, das Ohr und das Auge werden „für die Melodie der Bewegungen" nur in ihrem Medium empfänglich. Die Heiterkeit Mozartscher Losgelöstheit von der Schwere alltäglicher Verstrickungen ist es dann auch, welche solche müßiggehenden Spaziergänger umgibt. Sie sind weit entfernt vom Gedränge des Alltags förmlich der hohen, gestalteten Gegenwart hingegeben. Der Spaziergang ist solchermaßen kein bloß kurzes Abstreifen der Schwere der Lebenslast, er ist vielmehr eingebettet in den geselligen Ablauf des heiteren Geschehens, wie dies Mörike in der Erzählung ‚Mozart auf der Reise nach Prag‘ dem musikalischen Genius selbst widerfahren läßt:

„Der Abend war herbeigekommen, die Sonne nah am Untergehen; es wurde nun erst angenehm im Freien, daher die Gräfin den Damen vorschlug, sich im Garten noch ein wenig zu erholen. Der Graf dagegen lud die Herren auf das Billardzimmer, da Mozart bekanntlich dies Spiel sehr liebte. So teilte man sich denn in zwei Partien, und wir unsererseits folgten den Damen.

Nachdem sie den Hauptweg einigemal gemächlich auf und ab gegangen, erstiegen sie einen runden, von einem hohen Rebengeländer zur Hälfte umgebenen Hügel, von wo man in das offene Feld, auf das Dorf

---

[1] Tewes, Joseph: Nichts Besseres zu tun – Über Muße und Müßiggang, 16

und die Landstraße sah. Die letzten Strahlen der herbstlichen Sonne fun-
kelten rötlich durch das Weinlaub herein.

‚Wäre hier nicht vertraulich zu sitzen‘, sagte die Gräfin, ‚wenn Ma-
dame Mozart uns etwas von sich und dem Gemahl erzählen wollte?‘

Sie war gerne bereit, und alle nahmen höchst behaglich auf den im
Kreis herbeigerückten Stühlen Platz"[1]…

Kein Zweifel: das Promenieren im Park, in gefälliger Landschaft muß
als Vorrecht aristokratischer, patrizischer Denk- und Lebensweise gelten, in welcher Natur, Kunst und heiteres Spiel ineinandergreifen und jeweils mehr als bloße Staffage sind, und all dies als Ganzes dem verfeinerten gesellschaftlichen Bezug zum Zwecke der höchsten inneren Bildung
wie der äußeren Formung des ‚Gentilhomme‘, des Edelmannes oder der
edlen Dame dient. Das Promenieren selbst ist in den Tagesablauf eingebettet und nur eine der vielen Melodien, welche die vielgestaltige Bewegung von ‚edler Bildung‘ und ‚höherem Geschmack‘ zum Klingen
bringt. Muße im Sinne der vita contemplativa, im Sinne des Zeithabens
verbündet sich in solcher Auffassung mit dem Müßiggang einer ‚Roko-
kokultur‘, der jede Schwere genommen ist. Das Gehen wird leicht, die
Ziele sind immer in Sicht und mühelos erreichbar. Der Weg ist im heiteren, vielleicht scherzhaft-koketten Geplauder wer weiß wie kurzweilig
und voller heiterer Ablenkungen. Freilich bedarf der Zustand solchen
Müßiggangs, solchen ‚tätigen Nichtstuns‘ höchster Anstrengung und
Formung, sonst will dies nicht gelingen, den Tag, die Stunde zu einem
Kunstwerk zu machen.

Der Hyperaktive aber, der moderne Arbeitssklave ist geistig im
Grunde zu träge, zu ‚bequem‘, um sich der Mühe innerer Entfaltung zu
unterziehen und in äußerer Harmonie zur Wirkung zu bringen. Es fehlt
ihm zutiefst „die Fähigkeit, nicht nur synästhetisch zu empfinden, sondern dies gleichsam mit den inneren Organen zu tun."[2] Was sich ihm auf
raschem Wege, durch zeitlich abgrenzbare, fixierbare Arbeit nicht sofort
ergibt, ist ihm paradoxerweise zu viel Aufwand. Umgekehrt nun denunziert er jenen Müßiggang als bloße Faulheit und setzt ihn mit seiner eigenen philisterhaften Trägheit gleich, welche er für sich selbst ja über-
wunden zu haben glaubt. Den Müßiggänger, ja selbst den, der die Muße

---

[1] Mörike, Eduard: Mozart auf der Reise nach Prag, 51
[2] Dischner, Gisela: Spaziergänge in Sprachlandschaften, in: Nichts Besseres zu
tun – Über Muße und Müßiggang, 105; Dischner gibt eine leidenschaftliche und
vielschichtige Begriffsklärung zum ‚Müßiggang‘ ab.

pflegt, deklariert er, der Zweckdenker, für parasitär. Von Muße versteht er, der hohle Aktivist, rein gar nichts, und damit auch nichts von geistiger Arbeit, welche nach Nietzsche ja stets eines epikureischen Einschlags bedarf. So aktiv und rasch in seinen organisatorischen Maßnahmen dieser Typus auch sein mag – er bringt nur Leere hervor.

Jene Muße aber birgt die Möglichkeit in sich, in stets neuen, vielleicht spielerischen, jedenfalls durchaus ernsthaften Schwingungen einen Gedanken zu formen, ein inneres Bild zu weben und so jene Synästhesie zu erwirken, welche die Idee ganz als Gegenwart erscheinen läßt. Diese Gegenwart wird in solcher Entfaltung zum *kairotischen Moment*, zur erfüllten Zeit. In Muße zu promenieren heißt, die profane, zweckgerichtet quantifizierte Zeit zu verlassen und in die ‚heilige Zeit‘ einzutreten. Eine breit wirksame, tiefsitzende protestantisch-puritanische Tradition der Moderne, welche in einer spezifischen katholischen Ausprägung durchaus ihre Entsprechung hat, läßt jene Muße oft als unsittlich, ja als sündhaft erscheinen. Die befürchtete allzu große Nähe der Muße zum Eros ist solch puritanischer Strenge offensichtlich, – und sie hat recht damit!

Andererseits: die Kraft zur Muße, die Kunst des Müßiggangs, die Form des heiter-geselligen Spaziergangs müßte wiedergefunden werden, sollte die Bestimmung der Zeit, ihre ‚Definition‘, ihre ‚Begrenzung‘ nicht gänzlich an das Mechanische der modernen Arbeitswelt und an die Hektik medialer Weltvermittlung abgetreten werden.

Pascal rügte schon die Unfähigkeit des Menschen, ganz Gegenwart zu sein: „Wir halten uns nie an die Gegenwart. Wir greifen dem Kommenden vor, wie um einen Lauf zu beschleunigen. […] Das Gegenwärtige ist niemals unser Ziel: Vergangenes und Gegenwart sind unsere Werkzeuge; ausschliesslich die Zukunft ist unser Ziel. So leben wir nie, aber wir hoffen zu leben, und da wir uns nur immer vorbereiten, glücklich zu sein, ist unvermeidlich, dass wir es niemals werden"[2]…

Über den Kultfilm von Alain Resnais ‚L´ Année dernière à Marienbad‘ (Letztes Jahr in Marienbad), in welchem ein weltverlorenes Publikum sich im Schloße ergeht, im Schloßpark promeniert, heißt es, er beschreibe „eine allen konkreten Bestimmungen entrückte Welt, in der die Personen wie im leeren Raum schweben und von ihrer Zukunft abge-

---

[1] Siehe hierzu Bauer, Karl-Oswald: Eros und Musse, a.a.O., 188
[2] Pascal, Blaise: Größe und Nichtigkeit des Menschen, 48 f.

Im Prinzessinen-Garten zu Jena. Zeitgenössischer Stich (Abb. 4)

schnitten sind; das hat dem Film den Vorwurf der Hermetik eingetragen und des l´art pour l´art eingebracht"[1]...

Wir kehren den Vorwurf in sich um und lassen ihn zum Adel gereichen: Von der Zukunft abgeschnitten sein, auch von der Zeit, dies ist es ja, was Muße zu bedeuten hätte: Gegenwart sein, und sei es im weltverlorenen Labyrinth des Parks, aufgehoben sein im Eros der Muße! Der promenierende Spaziergänger führt in die Gegenwart zurück als einem synästhetisch geschauten, ‚unmittelbaren‘, in sich ruhenden Dasein. Die Zeit scheint darin aufgehoben. Freilich mag solches Promenieren eher demjenigen möglich gewesen sein, der über die nötigen Mittel verfügte, ‚ein Drittel‘ des Tages für sich beanspruchen zu können. Allerdings sind die Mittel nicht der entscheidende Faktor, auch wenn diese Form des Promenierens seine aristokratischen Ursprünge hat und selbst nach der Übernahme der Gepflogenheit durch das Großbürgertum und auch durch breitere Schichten – so etwa im Corso der romanischen Länder – eine patrizische Angelegenheit geblieben ist. Was das Verfügen über die Zeit angeht, die der in Muße Promenierende hat, so akzentuiert Walter Benjamin dies in einem Umstand des Flanierens um die Mitte des 19. Jahrhunderts: „1839 war es elegant, beim Promenieren eine Schildkröte mit sich zu führen. Das gibt einen Begriff vom Tempo des Flanierens in den Passagen."[2]

Der Corso

Jeder, der zum ersten Male südliche Länder bereist, ist überrascht über ein Vorkommnis, das so geheimnisvoll schwindet wie es auftaucht und erscheint.[3] Regelmäßig in den kleineren und mittleren Städten Italiens, in der Provence, in Katalonien, kurz, in der ganzen Romania füllen sich

---

[1] Gregor, Ulrich und Patalas, Enno: Geschichte des Films. Reinbek 1976. Bd. 2, 499

[2] Benjamin, Walter: Das Passagen-Werk, 532

[3] Der Brauch des Corsos greift weit über die südeuropäischen Länder hinaus und findet sich ebenso in den islamischen Ländern des Mittelmeers wie in Mittel- und Südamerika. Daß dieses Sich-Begegnen eine eminent gesellschaftliche Funktion hat, zeigt sich schon im gegenwärtig gebräuchlichen italienischen Ausdruck für den Corso: ‚lo struscio‘ (sozusagen das ‚Sich-Reiben‘, im flanierenden Aneinander-Vorbeigehen).

wie auf Abruf die von der glühenden Hitze des Tages entleerten Piazzas, Promenades oder Rues, gleich ob in Ascoli Piceno, in Siena, Marseille oder Aix en Provence ... Ja selbst in Loreto, dem großen Wahlfahrtsort zum Hause von Betlehem, brandet der Corso um die späte Nachmittagsstunde an: die Jugend, flirtend, kokettierend, Scherzworte sich zurufend, Heiterkeit, Fröhlichkeit, Müßiggang und die Lässigkeit der vitelloni ausstrahlend; ich entsinne mich der adrett gekleideten Kinder, des Monsignore mit dem breitrandigen, schwarzen Hut und der verhaltenen südlichen Schönheit, forschend-heitere Blicke werfend ... dies eine völlig dem Schauen, dem Genuß des ‚Parlando‘ hingegebene wogende, doch gleichwohl in sich differenzierte Menge, die wie durch ein geheimes Zeichen plötzlich und unvermittelt verschwindet.

Bassani schildert die Belebung der Menschen durch den Corso in einer seiner Ferrareser Geschichten: „Der Teil des Tages hatte begonnen, welcher der Stunde des Abendessens vorangeht. Es war jener köstliche Augenblick, in dem die Luft Abkühlung bringt und die Nerven sich entspannen, jener Augenblick, in dem es die Bürger der Stadt, Angehörige der verschiedensten Stände, seit undenklichen Zeiten gewohnt sind, ihr Haus oder ihre Arbeitsstätte zu verlassen und auf den breiten Bürgersteigen des Corso Giovecca zu flanieren, bis die Straßenlaternen angezündet werden"[1] ...

Schon Goethe beschreibt dieses Phänomen, und zwar im Zusammenhang mit Beobachtungen und Reflexionen, die er auf seiner ersten Italienreise im Frühsommer 1787 in Neapel bezüglich der scharfen Grenze von Tag und Nacht unter dem gesegneten italienischen Himmel machte. Das geheimnisvolle, zwanglose Einverständnis im Zustandekommen und im Ablauf des Corsos erfüllte schon ihn mit einigem Erstaunen:

„So wird der große Zusammenfluß von Fahrenden und Fußgängern, welcher in allen großen Städten Italiens, besonders an Sonn- und Feiertägen, sich gegen Abend in der Hauptstraße, auf dem Hauptplatze sehen läßt, so wird der Römische Korso gleichsam wie an einem Faden gelenkt"[2] ...

---

[1] Bassani, Giorgio: Der Spaziergang vor dem Abendessen, in: Ferrareser Geschichten, 57
[2] Zitat aus *Goethe*, J.W. : Stundenmaß der Italiener, in: Saemtliche Werke. Bd. XII. Leipzig o.J. = Schriften zur Literatur. Bd. I, 113

Der Corso, das bedeutet: vielschichtiges, sich selbst organisierendes Leben; das bedeutet: südliches Treiben in bestimmten, ausgewählten Straßen der Stadt, so wie dies in Brancatis Roman ‚Der schöne Antonio' am Beispiel des Zentrums von Catania geschildert wird:

„Die eine Seite der Terrasse ging auf den Corso, die drei Kilometer lange Via Etnea hinaus, die vom Lärm der Straßenbahnen, vom Knallen der Peitschen auf dem Rücken magerer Pferde, von Gesprächen, Gelächter und den Rufen der Zeitungsverkäufer widerhallte und wo die Leute in tollem Wirbel die Hüte zogen, sich die Hände schüttelten, gestikulierten, einander anrempelten und sich verbeugten"[1]... Solchermaßen vermag der Corso mehr zu sein als die Bezeichnung eines bestimmten Typus von zentraler, frequentierter Straße oder das Treiben, der allabendliche ‚Umzug' auf ihr. Er vermag Weltanschauung und Lebensphilosophie zu werden, so etwa, wenn der melancholische Gittarist Pablo im Turin des Cesare Pavese sich seinem Freund Amelio, der bei einem Motorradunfall schwer zu Schaden gekommen ist, unterlegen fühlt und von Linda, der gemeinsamen Freundin, gefragt wird: „Warum hast du eigentlich kein Motorrad?", und dieser dagegenhält: „Ich behauptete, jeder tue, was er könne, Amelio sei eben tüchtiger gewesen als ich, *für mich sei der Korso das Leben*"[2]... Der Corso ist das Leben, er ist eigentlich das Mitleben im Schauen, das eher passive Teilnehmen am Leben als das aktive Handeln gemäß dem männlichen Animus.[3]

[1] Brancati: Der schöne Antonio, 32

[2] Pavese, Cesare: Der Genosse, 13; Hervorhebung von mir. Ähnlich wird in Paveses Roman ‚Der schöne Sommer' (14. f, 18 f., 28 u.a.) das ‚Flanieren' der Mädchen nahezu zur Weltanschauung.

[3] Ein weiteres schönes Beispiel hierzu findet sich etwa bei Saverio Strati: „Das Wetter ist großartig; ich spüre große Ruhe in mir [...] Ich komme an den See. Er ist eine Pracht, der See [...] Im Park entlang des Sees ist ein ständiges und unausgesetztes Gewoge von Leuten aus aller Welt. Die Italiener sind in der Mehrheit. Sie spazieren in Gruppen. Sie scherzen, sie drängen sich, sie reden mit lauter Stimme. Es genügt mir, ein Wort aufzuschnappen und ich weiß, ob der Sprechende aus Puglia oder Luca ist. Es ist nicht nötig, sich mit ihm zu unterhalten, um seine Geschichte zu kennen. Seine Geschichte ist die gleiche wie die meine"... (Strati, Saverio: Noi Lazzaroni, 9 f.: „Il tempo è magnifico; sento tanta pace dentro di me. [...] Arrivo sul lago. È una magnificenza, il lago. [...] Nel parco lungo il lago il viavai di gente di tutto il mondo è fitto e continuo. Gli italiani sono in maggioranza. Camminano a gruppi. Scherzano, si spingono, parlano ad alta voce. Mi basta cogliere una parola e so se chi parla è pugliese o lucano. Non ho bisogno di conversare con lui, per cognoscere la sua storia. La sua storia è uguale alla mia").

Auch in den Zentren des Nordens war dieser Ableger der höfischen Kultur nicht unbekannt, so in der alten Kaiserstadt, im Wien des ‚Fin de siecle‘: „Der Kärnter Ring zwischen der Kärnter Straße und dem Schwarzenbergplatz war seit eh und je der Empfangssalon der Ringstraßenwelt. Hier flutete von 1864 bis 1914, also genau ein halbes Jahrhundert lang, der ‚Korso‘ auf und nieder. Hier, an der berühmten ‚Sirk-Ecke‘, schlug die elegante Welt, von der Kärntner Straße kommend, ihren Haken, um dem Schwarzenbergplatz zuzustreben. Der Ringstraßenkorso leitete sich – wie schon das Wort Korso, das soviel wie Schaufahrt bedeutet, beweist – vom alttraditionellen Praterkorso ab. Er ist dessen ‚infanteristische‘ Ausgabe. Der Ringstraßenkorso war nicht nur zum Flanieren da, sondern hatte auch eine gesellschaftliche Funktion. In einer Zeit, da es für junge Leute aus gutem Haus einfach unmöglich war, einander in einem öffentlichen Lokal zu treffen, sondern nur im Rahmen einer häuslichen Einladung, bot der Ringstraßenkorso eine willkommene Gelegenheit, Bekanntschaften anzubahnen, Anschluß zu finden und eingeladen zu werden."[1]

Die ursprüngliche, die ‚chavalleristische‘ Ausgabe des Corso im Prater wird noch um 1900 von Raoul Auernheimer, dem Schnitzler-Verehrer und Feuilletonredakteur der bedeutenden ‚Neuen Freien Presse‘, eindringlich geschildert: „Die Tausende von Fiakern, Unnumerierten und Equipagen mit ihrer beweglichen Menschenfracht; die Kabriolette, Phaetone und der von herrschaftlicher Hand wie von einem Thron herab regierte Viererzug; [...] das lautlos wie auf Filzsohlen vorüberschleichende Elektromobil mit dem Zittergreis hinter der geschliffenen Scheibe; die schneehaarige Fürstin mit dem violett gefärbten Mund und der violetten Livree auf dem Kutschbock; die Kinder mit den hübschen Luftballonen; die Lebedame mit dem trunkenen Lächeln und den über den Rand der Equipage zurückwallenden Federn ihres Riesenhutes; die drei geschmeidigen Ulanenoffiziere, die en bouquet in einem federleichten Wagen sitzen, der wie ein abgeschnellter Pfeil mitten durch das Gedränge schießt; die beiden eleganten Frauen, die in dem dunkelblauen

---

[1] Hennings, Fred: Ringstraßensymphonie, Bd. I, 48; die militärische Spielart dieser Zurschaustellung war die Militärrevue, wie sie etwa Fontane im ‚Schach von Wuthenow‘ schildert (Fontane, Theodor: Schach von Wuthenow, 68). Dies alles gehört einer Epoche an, die immer mehr von ihrer Äußerlichkeit zum Ersten Weltkrieg hin eingeholt wurde.

Kupee wie in einer Loge lehnen, plaudern, grüßen und im Vorbeigleiten eine Duftfahne in die Luft zurücklassend"[1]...

Der Corso hat heute gewiß seine soziale Funktion selbst in den mittelmeerischen Ländern eingebüßt (sieht man von der islamischen Welt Nordafrikas einmal ab), doch ist das Spiel der Koketterie gleichwohl zeitlos und lebt in anderen Formen wieder auf.

Besonders in südlich-katholischen Ländern ist die Schaulust, das Sehen und Gesehen-Werden noch immer lebendig, ja geradezu Lebenselixier!

Auch die lässige Zurschaustellung der Gefährte und ihrer ‚snobistischen' Besitzer hat sich vom Prinzip her nicht geändert, wenn auch der gesellschaftliche Hintergrund fehlt, in den der Corso der Fahrzeuge in der ‚Belle Époque' eingebettet war. So kann man etwa auf den Strandpromenaden der Urlaubsorte Italiens zahlreiche ‚Lazzaroni' mit ihren Lancias, Alfas, Lamborghinis oder gar Ferraris an schönen Sommerabenden flanieren sehen, ganz der südlich-katholischen Tradition des Schauens und Gesehen-Werdens entsprechend. An manchen prädestinierten Orten der nördlicheren Hemisphäre – Schwabing in München dürfen wir dazuzählen – reicht dieser Brauch weit in die ernste, nördliche Arbeitswelt hinein. Allerdings: die morbide Eleganz und der lässige Snobismus jener verflossenen Epoche vermag auch mit den nun schnelleren Fahrzeugen nicht eingeholt zu werden. Freilich, die Gefahr, daß solche heitere Ästhetik in den ‚ästhetischen Nihilismus', in die ‚schöne Brutalität' eines rücksichtslosen Selbstgenusses einer im Grunde morbiden ‚Schickeria' umschlagen kann, ist nie ganz auszuschließen.

---

[1] Auernheimer, Raoul, zitiert nach Weyr, Siegfried: Wien. Zauber der Vorstadt, 81; eine besondere Ausprägung erhielt der Corso durch Pauline von Metternich, die ‚Fürstin Paulin', die in eifersüchtiger Konkurrenz mit dem Obersthofmeister Fürst Konstantin von Hohenlohe nicht nur Vergnügungsanlagen für das Volk einrichtete (so etwa die ‚Paulinenhöhe' im neugeschaffenen Volkspark), sondern die auch Frühlingsfeste mit *Blumencorsos* durchführte, so etwa am 29. Mai 1886 mit 2790 blumengeschmückten Wagen!

Stich um 1900: Der Ringstraßenkorso (Abb. 5)

Der bürgerlich-beschauliche Spaziergang

Wir wenden uns nunmehr einem Typus von Spaziergänger zu, dessen tiefere Absicht allein deshalb nicht auffindbar ist, da er gar keine hat. Er geht vor die Tür, um sich die Beine zu vertreten, er macht allein, meist aber mit seiner Familie einen kleinen Spaziergang am Sonntag oder zum Feierabend, um schließlich irgendwo einzukehren, irgendwo sich eine Erfrischung zu gönnen und sich wieder nach Hause zu begeben, entweder etwas gestärkt oder gelangweilt, so wie zuvor. Er sucht sich meist nahegelegene, nicht allzu kraftraubende Ziele aus, welche auch das Hündchen oder die kleineren der Kinder durchaus noch in Kauf nehmen. Er ist ein Spaziergänger, der auch heute noch selbst in den trostlosesten Trabantenstädten gedeiht, da er sehr anspruchslos ist.

Seine Anspruchslosigkeit aber ist seine Zierde. Er freut sich an Kleinigkeiten: an diesem oder an jenem Schaufenster des geschlossenen Geschäfts, an den erblühten Blumen in den Gärten des Viertels. Er wird vielleicht überraschend auf eine Sorte aufmerksam, die er längst schon gern in seinem eigenen Gärtchen hätte. Er entdeckt das Eigenwillige in der Architektur eines Hauses, was er gerne mitteilt, ohne die Beobachtung stilistisch einordnen zu können oder überhaupt zu wollen. Die Gruppierung der Gartenzwerge beim Nachbarn erfreut ihn ebenso wie die Zauneidechse, die sich am Wegrand sonnt. Er sieht einiges, ohne sich in eine mystische oder ganzheitliche Schau hineinzubegeben. Seine ‚biedermeierliche‘ Freude aber am bescheidenen Erlebnis ist zeitlos!

Seine Blütezeit hatte dieser Spaziergänger allerdings wohl in jenen Epochen, da kein Verkehrsmittel, ja kein Fahrrad ihn aus der Enge seines Dorfes oder Stadtviertels ins Weite führte und der ‚Bürger‘ sich auf seine ‚kleine‘ Welt zurückverwiesen sah.

Man stelle sich nur jene Freude vor, die noch im vergangenen Jahrhundert darin wohl allein schon dadurch hervorgerufen worden sein mag, aus den schlecht beheizbaren dumpfen Räumen nach des Winters Unbill vor die Mauern der Stadt hinauszuwandern und der aufblühenden Frühlingslandschaft entgegenzuatmen! Anastasius Grün gibt uns in seinen ‚Spaziergängen eines Wiener Poeten‘ ein rührend-unbeholfenes Bild von jener Selbstbescheidung in der tiefempfundenen Freude, die wärmende

Sonne des Frühlings wieder zu fühlen wie das frische Grün der Wiesen
wieder zu sehen:

Aus der dumpfen Siechenstube nach den frischen, grünen
*   Hainen*
Läßt der Kranke gern sich leiten von den liebevollen
*   Seinen,*
Daß er dort in's Gras sich lagre, Kraft und neuen Glanz
*   sein Auge,*
Seine Seele Muth und Hoffnung aus dem Grün der
*   Wiesen sauge.*
Aus dem Finstern an die Sonne wird geführt der
*   arme Blinde,*
Ach, daß nur ein Funke Lichtes Zugang in sein
*   Dunkel finde!*
Die versiegten Augenhöhlen glühen dann gleich
*   Flammenbronnen,*
Wie zwei runde Purpurrosen, wie zwei große rothe
*   Sonnen.*

Wenn der Wächter dem Gefangnen einen Festtag will
*   bereiten,*
Aus dem Kerker auf ein Stündchen läßt er an die Luft
*   ihn schreiten,*
Daß er seh', wie sie der Freiheit auf der Welt viel
*   Raum noch gönnen,*
Da die Wolken frei noch segeln, frei die Vögel singen
*   können!*

Und der mitfühlende Poet zieht aus all dem Elend und der zarten Befreiung davon im Spaziergang, im Hinausgeführtwerden in die Natur
für sich den Schluß:

Also bin auch ich gestiegen auf der Hügel sonn'ge
*   Rücken,*
Wenn's die Nacht der Blindheit unten dunkelte vor
*   meinen Blicken,*
Also sucht' ich freie Bergluft, wenn ich Kerkerluft gewittert,

Und das Grün, der Hoffnung Farbe, wenn mein Herz
krank und zersplittert.

Eine rührend-naive Selbstbescheidung biedermeierlicher Innerlichkeit
kommt hier zum Ausdruck, die dankbar den Spaziergang aufnimmt, um
die Sorgen des Alltags, die Schwere eines Gebrechens, die Einsamkeit eines Lebens vorübergehend vergessen zu machen und der Freude am Leben in anspruchsloser Weise wieder inne zu werden! Das gemeinsame
Gespräch, die flüchtige Begegnung, der Austausch von Neuigkeiten aus
den alltäglichen Geschehnissen, das Hervorbrechen der ersten kräftigen
Sonnenstrahlen, all dies genießt der Spaziergänger, und seine Rückkehr
nach Hause ist wie die Heimkehr nach einem Fest! Wo, wenn nicht hier,
ist das exklusive Wort Thomas Manns von den ‚Wonnen der Gewöhn-
lichkeit' am Platz? Dieser Spaziergänger ist ganz Gegenwart, der Raum,
den er auszufüllen gewillt ist, ist ein idyllischer Raum, der sich einem
bescheidenen ‚Glück in der Beschränkung' öffnet.

Das große Beispiel für diesen heiteren, bürgerlich-beschaulichen Spaziergang darf zum Schluße nicht fehlen: Goethes Osterspaziergang aus
dem ersten Teil des ‚Faust'. Das Lebensfrohe eines solchen Frühlings-
spaziergangs, die Unbekümmertheit des Hinausgehens, das Wegkom-
men von Grübelei und Schwersinn wird hier geschildert:

„ Vom Eise befreit sind Strom und Bäche
Durch des Frühlings holden, belebenden Blick;
Im Tale grünet Hoffnungsglück [...]

Kehre Dich um von diesen Höhen
Nach der Stadt zurückzusehen. Aus dem hohlen finstern Tor
Dringt ein buntes Gewimmel hervor.
Jeder sonnt sich heute so gern [...]

Der Gedanke findet sein Ziel:

Ich höre schon des Dorfs Getümmel,
Hier ist des Volkes wahrer Himmel,
Zufrieden jauchzet groß und klein:
Hier bin ich Mensch, hier darf ich´s sein!

Spaziergang auf dem Kurfürstendamm
Stich um 1900 (Abb. 6)

Der Spaziergänger dieser Art sucht nichts Großes, allein daß er – halbwegs gesund – sich der ,nichtssagenden' Freude des Daseins hingeben darf, das ist schon etwas! So läßt Paul Valery in *seinem* ,Faust' den Protagonisten diesbezüglich zum Ergebnis gelangen: „Sollte ich den Gipfel meiner Kunst erreicht haben? *Ich lebe, – sonst nichts. Das ist schon ein Werk*"[1]... Diese Einsicht stimmt merkwürdig und scheint reichlich trivial. Daß darin der Hochmut des faustischen Erkenntnisdrangs auf sich selbst zurückgeworfen ist, mag nicht viel besagen, vielmehr: es zeigt sich in diesem schlichten Gedanken jene Wechselverwiesenheit von bloßem Dasein, Fühlen und Denken, welche durch keine Reflexion je ganz eingeholt werden kann.

Die Parodierung des bürgerlichen Spaziergängers

Wird jene Dimension unmittelbarer Empfindung verlassen, ist sie nicht mehr gewärtig, so wird der Spaziergang zur bloßen Konvention, schlimmer noch: sobald es allgemeiner ,Usus' wird, sich einer ,modischen' Empfindung hinzugeben, die sich zu allem Überdruß nicht als Mode bekennt, sondern behauptet, *unmittelbare* menschliche Regung, menschliches Grundbedürfnis zu sein, dann stellt sich *Erbaulichkeit* ein, eine Form der Empfindung, welche die ursprüngliche, echte Empfindung letztlich zerstört. So etwa geschieht dies, wenn man in die Natur hinausspazieren *muß*, da es sich so ,gehört', naturnah zu sein.

Allerdings ist der erbauliche Spaziergänger alles andere als ein Heuchler. Er glaubt ja, das Richtige zu tun, ja er fühlt sich sogar moralisch im Recht, und die Moral ist es ja gerade, die ihm den Blick verstellt: Er liebt die Natur nicht, weil er sie liebt, sondern weil er weiß, *daß es gut ist*, sie zu lieben. So wird der erbauliche Spaziergänger ungewollt zum *moralisierenden Spaziergänger*, und zwar zu einem moralisierenden Spaziergänger, der – selbstgerecht – um die vermeintliche Richtigkeit seines Weges weiß.

Die Empfindung aber ist sich nunmehr selbst genug, sie gefällt sich selbst. Sie wird unecht und ist nicht mehr von der Sache her bestimmt, um die es geht.

[1] Valery, Paul: Mein Faust, 52 (Hervorhebung von mir)

Die unmittelbare Empfindung der betreffenden Sache wird dergestalt schwächer und schwächer und schließlich zur Gänze von der Reflexion dieser Beziehung des Ich auf eine Sache hin überlagert. Der erbauliche Mensch hält *diese* Reflexion anstelle der Unmittelbarkeit der Empfindung für das Entscheidende. So etwa wähnt ein Spaziergänger solcher Art – etwa in der Biedermeiergesellschaft des vergangenen Jahrhunderts, um beim genannten Beispiel zu bleiben – seinen Eifer, Naturgefühl zu zeigen, für wohlgelungen; er macht es ja wie die anderen und stellt seine ‚richtige‘ Art des Spaziergangs jedem zur Schau.

Allzu deutlich wird nur, daß er das Wagnis des ‚Hinausgehens‘, daß er die ‚Offenheit‘ der Dinge gar nicht kennt. Dies wäre ihm nicht nur lästig, sondern auch zu gefährlich. Er übernimmt nur die Form etwa des Spaziergangs hinaus in die Natur, weil es *alle* ja tun, weil ‚man‘ es tut, weil es als gut *gilt*, es zu tun. Er verzerrt die Sache, um die es geht, oft völlig, da er sie nur äußerlich übernimmt.

Solches überzeitliches, weit über die bürgerliche Ära des 19. Jahrhunderts[1] hinausgehendes, erbauliches ‚Mißverstehen‘ des Spaziergangs reicht weit in die Gegenwart. Dies erklärt wohl auch die Beliebtheit auch von Spitzwegs ‚Sonntagsspaziergang‘ von 1841, jenem liebevollironisch dargebotenen Gang der Familie durch die Kornfelder, allen voran der schwitzende Vater, den Jüngsten an der Hand, gefolgt von seiner Frau und den weiteren Kindern. „Der Bürger des 20. Jahrhundert findet vielleicht gerade deshalb Gefallen an diesem biedermeierlichen Sonntagsspaziergang, da hier der Umgang des Menschen mit Natur bei vordergründiger Betrachtung (das heißt bei eigentlicher Verkennung der Spitzwegschen Ironie) ganz ohne negative Assoziationen möglich ist"[2] oder sagen wir vielmehr: möglich scheint.

---

[1] In den ‚Fliegenden Blättern‘, einer der bekanntesten bürgerlichen Illustrierten des 19. Jahrhunderts – ihre erste Nummer erschien 1845 – werden entsprechend der Zeitmode typische Spaziergänger im Bild vorgeführt, so etwa in der Ausgabe von 1885: die Bourgeoise mit oder ohne Kind, im hochgeschlossenen Kleid mit Tornüre am Strand, der Mode entsprechend, der galante Herr beim amourösen Flirt auf dem Spaziergang im Park; eine soziale Stufe tiefer: der Rekrut mit Freundin, eventuell mit Kinderwagen, übermütige Soldaten beim Ausgang; Urlauber, Städter auf dem Lande, in ihrer gewohnten und hier unpassenden Stadtkleidung; nicht zuletzt der vielfach gezeichnete Internatsspaziergang.
[2] Krebber, Sabine: Der Spaziergang in der Kunst, 72

Die eigentliche Naturerfahrung bleibt unter solchen Umständen aus, wie dies vielfach ja auch in der Gegenwart ungeachtet ihrer mannigfaltigen Freizeit- und Naturbewegungen der Fall ist: „Ein harmloser Spaziergang am Sonntag, vermutlich nach dem Kirchgang, entpuppt sich für diese Biedermeierfamilie als Strapaze in der Mittagsglut. Was *Müßiggang* bedeuten soll, wird zur sonntäglichen *Pflicht*. [...] Der sich unmittelbar vor den Spaziergängern ausbreitenden Schönheit der Natur wird vom Familienoberhaupt keine Beachtung geschenkt. Natur ‚enttäuscht‘ und quält ihn durch Unwegsamkeiten. Was den Familienvater vorantreibt, ist ein in der Ferne liegendes, erholsames Ziel.“[1] Die Idylle ist so nur eine scheinbare, insofern ihr Raum nicht die Geborgenheit des Menschen, seine Behütetheit verbürgt, sondern umgekehrt: die Abschirmung der Freiheit des Menschen, die Abschottung des Menschlichen durch die Auflösung des offenen Horizontes freier Möglichkeiten, wie sie sich etwa allein in der losgelösten Betrachtung der Natur zeigen könnten, verbürgt nichts als Spießigkeit und Enge.

Versöhnlich wird diese eigentlich bedauerliche Haltung des ‚Spießers‘ nur durch die liebevolle Einbindung der Gestalten in den allumfassenden *Humor* des Malers, der diese Form der Beschränktheit zur allseits verständlichen Apotheose menschlicher Unzulänglichkeit werden läßt.

Freilich nicht jederman ist solcher Beschaffenheit des Menschen gegenüber so nachsichtig, wie Spitzweg dies so duldsam und liebevoll ausmalt; Spott, beißender Spott kann sich einstellen an jener Orientierung der allzu vielen am bequemen seelisch-geistigen Quietismus mehr noch als am physischen Wohlbehagen. Kein anderer als Wilhelm Busch hebt diesen Eindruck unterschwellig heraus.

Er gerade ist es immer wieder, der diese Erbaulichkeit des bürgerlichen Denkens dem Gelächter preisgibt und ätzend vorführt, so etwa in ‚Adelens Spaziergang‘:

„Ein Mädchen schön und mit Gemüt,
geht hier spazieren, wie man sieht.
Sie pflückt auf frühlingsgrüner Au
Vergißmeinnicht, das Blümlein blau.“[2]

---

[1] Krebber, Sabine, a.a.O., 73 (Hervorhebung von mir)
[2] Busch, Wilhelm: Sämtliche Bildergeschichten, 95 (Hervorhebung von mir)

Adelens Gemüthaftigkeit scheint Unmittelbarkeit der Empfindung zu verbürgen, entspricht jedoch in Wahrheit nur einem beschränkten Gesichtskreis: „Adelens Naturwahrnehmung ist auf einen Naturausschnitt fixiert, ein Vergißmeinnicht. Ein Muster an bürgerlicher Tugend, ist Adele selbst auf dem Müßiggang noch tätig, sie pflückt Blumen und erlebt Natur unter dem Nützlichkeitsprinzip."[1]

In der Ironisierung scheinromantischer Versunkenheit in die Natur, welche sich selbst schließlich preisgibt, erweist sich *Erbaulichkeit* somit als Anker, an dem sich die Kritik am bürgerlichen Spaziergang mit Leichtigkeit festhängt.

Nicht nur Natur aber kann zum benutzbaren Objekt des Selbstbezugs der Erbaulichkeit werden, sondern auch kulturelle Zielstrebungen wie etwa das Dichten, die Kunst, die Musen schlechthin.
So zeichnet Wilhelm Busch etwa die Gestalt des Balduin Bählamm[2], des erbaulichen Dichters, dem der Weg in die Natur, ins dörfliche Idyll als Stimulans äußerst dienlich erscheint, in dessen spießbürgerlichem Pathos es aber nicht einmal so recht zur Bohème reicht, geschweige denn zur Kunst selbst! Er ergeht sich in Erbaulichkeit, und wo Erbaulichkeit einzieht, schwindet jede tiefere Empfindung zugunsten eines gefälligen Selbstbezugs. So spaziert dann Balduin Bählamm auch aufs Land hinaus, um sich hier den Musen zu weihen:

Sofort im ländlichen Logis
Geht Bählamm an die Poesie.
Er schwelgt im Sonnenuntergang,
Er lauscht dem Herdenglockenklang,
Und ahnungsfroh empfindet er´s:
Glück auf! Jetzt kommt der erste Vers!

Bählamm, der brave Poet, liebt auf diese Weise kaum die Sprache und ihren Rhythmus, ihre Schwingungen, kaum das Bild, das Wort, den Gedanken, der bewegt. Nicht der ‚sachbezogene Eros', nicht eine bedeutsame Thematik treibt ihn leidenschaftlich zur Gestaltung, sondern die als *positiv gesetzten* emblematischen Versatzstücke von als romantisch

---

[1] Krebber, Sabine: Der Spaziergang in der Kunst, 54
[2] Busch, Wilhelm, a.a.O., 287 ff.

empfundener Natur. Diese aber verschleiern dabei den im Grunde schwachen Reflex und drapieren nur die Selbstbezüglichkeit der erbaulichen Empfindung dieses Stadtflüchtlings.[1] Er nähert sich den Dingen nicht behutsam an, sondern so, wie man an etwas ‚ranzugehen' hat, mit Schwung! Der Bergmannsgruß belegt dies ironisch: Glück auf! Mit Tüchtigkeit und frohem Mut wird die Handhabbarkeit der Dinge zum Maßstab und zum Erfolg bürgerlicher Lebensbewältigung. Natur aber wird nicht als Ganzes aufgenommen, vielmehr werden an ihrer Stelle einzelne verselbständigte, ‚emblematische' Versatzstücke genommen, ganz gleich, ob Wasserfall, Berggipfel oder Meeresstrand, – und Natur als mystische Einheit entzieht sich mehr und mehr dem Blick. An dessen Stelle tritt die erbauliche, selbstbezügliche Empfindung des Betrachters: er ‚lauscht' und er schwelgt: erschlichene Unmittelbarkeit …

Ganz ähnlich, wie Bählamms Ausflug in die Natur als ‚unecht' sich erweist, finden sich Formen des Spaziergangs, die der Karikaturist ihrer nur scheinbaren Geglücktheit entkleidet: so etwa der *Internatsspaziergang*, der eigentlich keine Offenheit des Gesprächs gewährt, allenfalls die Möglichkeit, ein wenig ‚Luft zu schnappen'. In der zweckhaften Geordnetheit des gemeinsamen Ausgangs wird der eigentliche Sinn des Spaziergangs widerlegt; er wird in der Zurschaustellung seiner Wohlgeordnetheit zum Alibi eines nicht endenwollenden strengen Regiments. Die Geordnetheit des Internatsspaziergangs, wie Spitzweg und Busch ihn treffend gezeichnet haben, läßt kaum Begegnung zu, ja diese wird eifrig gemieden, um die ‚störende' Außenwelt auf keinen Fall ‚hereinzulassen'.

Ähnlich wie beim *Spaziergang des Hagestolzes* wird die immanente Möglichkeit des Spaziergangs zum gelösten Gespräch nicht mehr aufgenommen. Begegnung der Menschen ist eigentlich unterbunden.

Ganz kraß zeichnet Daumier dieses Mißverhältnis im gemeinsamen Spaziergang: die Frau, die ständig ein paar Schritte ihrem Mann hinterherhastet, ohne daß Gemeinsamkeit sich einstellte! Der Spaziergang wird zum bürgerlichen Ritual. Wirkliche Begegnung ist darin aufgehoben!

---

[1] Ähnlich abgeleitete Empfindung kommt dem Maler Klecksel zu, der ebenso ‚nach der Natur' malt wie er andererseits etwas malt, was dem Künstler selbst nicht „klar …, was es war" (siehe Busch, Wilhelm, a.a.O., 448 ff.)

Honore Daumier: Moeurs conjugales (Abb. 7)

Doch auch der einsame, scheinbar romantische Spaziergänger, der sich seiner Innerlichkeit im Gang durch die Landschaft verschlossen zuwendet, ist dann nicht der, als welcher er erscheint, wenn er sich seiner Existenz in der Weise verschlossen hat, daß er im Trotz schließlich *nicht* mehr zu sich selbst findet.

Symbolgestalt für diesen Spaziergänger ist der Hagelstolz, wie er vielfach in der Malerei des 19. Jahrhunderts karikiert worden ist. Die Verschlossenheit seines Daseins projiziert er in die Abweisung nach außen und in die unbeirrbare Zielgerichtetheit seines Gehens. Zum Urbild des spazierenden Hagestolzes ist gewiß Schopenhauer geworden in der Darstellung, wie ihn Wilhelm Busch auf dem Spaziergang abweisend und gebeugt zusammen mit seinem Pudel skizziert hat. Über diesen einsamen Spaziergänger heißt es dann auch:

„Teilnehmende Fragen beschied er mit dem klassischen Junggesellenvers *Mihi est propositum in taberna mori.* Demgemäß gehörte zu seinem Tagesprogramm (wie der zweistündige Eilspaziergang) auch der Weg zur Table d' hôte im ‚Englischen Hof‘"[1] ...

In all diesen unterschiedlichen Ausprägungen bürgerlichen Spazierengehens wird die Möglichkeit der inneren Loslösung vom Gewohnten verfehlt und die Hingabe an ein anderes vertan, vertan und verfehlt im moralisierenden und demonstrativen Hinausgehen in die freie Landschaft, einem Gehen, welchem Erbaulichkeit als eigentliches Motiv oder Zweckausrichtung auf ein avisiertes Ziel nur allzuleicht nachzuweisen ist.

Der Spaziergang wird so zur bloßen Konvention, ohne eigentlich inneres Bedürfnis zu sein, und hebt sich darin selbst auf. Der Spaziergang wird in der bürgerlichen Attitude des 19. Jahrhunderts zum ‚gesunden‘ Gemeinschaftserlebnis, zum ‚Volkslauf‘: man erklärt ihn zum unabdingbaren ‚Muß‘, und man macht eben mit, weil man solchermaßen – selbst in der Distanz des wohlwollenden Zuschauers – ‚dazugehört‘.

---

[1] *Abendroth*, Walter: Schopenhauer, 120 (Mihi est propositum in taberna mori: Mir ist es beschieden, in der Taverne, in der Schenke zu sterben); auch Spitzweg nimmt sich dieses Typus des Hagestolzes an, der dann auf erschreckende Weise ganz fern jeder Idyllik ‚gotisch‘ streng wirkt, jeden Kontakt von vornherein verunmöglichend.

Die Aufhebung des Spaziergangs
im geschichtlichen Raum

Der Spaziergänger in seiner Landschaft

Der Spaziergänger ist in der jeweiligen Ausprägung seiner Gestalt, sei es als Promenierender, sei es als Wanderer oder als romantisch gestimmter Spaziergänger in den ihm ganz spezifischen Raum eingebunden, und nur dieser sein Raum verspricht, die ihm eigene Entfaltung zu gewährleisten. Ohne diesen ihm ganz zugehörigen Raum ist der jeweilige Spaziergänger in seiner Bewegung gehemmt und verliert seine innere Kraft. Geht er dieses Raums verlustig oder verändert sich dieser Raum gravierend, in dem er gewohnt ist, sich zu bewegen, so wird ihm die Möglichkeit der Transformation seiner inneren Bewegtheit in die äußere Bewegung genommen.

Der Raum des Spaziergängers ist so vielschichtig wie er selbst. Dieser sein Raum ist allerdings gleichermaßen *idealer* wie *geschichtlicher* Raum. So ist der Spaziergänger in den Raum der Geschichte gestellt in der Jeweiligkeit seiner Ausformung: etwa als galant Promenierender im Park mit seinen Blumengewogen, seinen Baumgefielden und seinen ‚Interieurs‘; als Bürger im offen gestalteten Landschaftsgarten, in den Vorstädten oder im Umland der sich erweiternden Metropolen, vielleicht auch auf einer Landpartie in die Dörfer nahe der Großstadt; als Flaneur sodann, als besinnlich Spazierender oder als Wanderer in der Weite der Landschaft …

Nicht abzulösen aber ist der Spaziergang oder die Wanderung von der inneren Suche nach der idealen Landschaft, nach dem Arkadien, nach der Heimat, nach dem irdischen oder himmlischen Paradies im Durchgang durch den geschichtlichen Raum auf ein anderes hin, auf ein anderes, das nicht zu benennen, vielleicht nur umschreibbar ist so, wie Baudelaire dies in ein Bild webt: „Es gibt ein herrliches Land, das Schlaraffenland, sagt man; ich träume davon, es mit einer alten Freundin zu besuchen. Ein seltsames Land, versunken in den dichten Nebel unseres Nordens, das man das Morgenland des Abendlandes, das China Europas nennen könnte, so sehr hat sich die heiße und launische Phantasie

dort freien Lauf gelassen. [...] Du kennst jene Fieberkrankeit, die uns in
den kalten Breiten des Elends überfällt, jenes Heimweh nach dem unbekannten Land, jene Angst des Wissenwollens. [...] Es gibt eine Gegend,
die dir gleicht, wo alles schön, still und gefällig ist, wo die Phantasie ein
abendländisches China erbaut und geschmückt hat, wo das Leben sanft
zu atmen ist, wo das Glück sich dem Schweigen vermählt hat. Dorthin
müssen wir gehen, um zu leben, dorthin müssen wir gehen, um zu sterben!"[1]

Die Sehnsucht nach dem *unbekannten Land* taucht hier wieder auf,
welche ja den Abenteurer bewegt, horizontsüchtig in die Ferne zu drängen. Allerdings: dies hier ist ein Land, in dem *Glück und Schweigen* zu-
sammentreten, ein Land, das dem *Arkadien* gleicht, welches sich die
Dichter unserer klassischen Epoche erträumten, – ein unerreichbares
Land. Eine Idylle ist es gewissermaßen, zeitlos und geschichtslos, welche sich der Spaziergänger ersehnt, eine liebliche Gegend als eine durch
die Einbildungskraft gebildete Landschaft, deren einzelne Züge schon
die reale, die empirische Landschaft an sich trägt; man brauchte „sie nur
auszuwählen und in ein Ganzes zu verbinden."[2] Schiller, der dies sagt,
möchte jenes Land jedoch nicht als erträumtes „Ziel *hinter* uns" wissen,
dessen vergangene Ferne „bloß das traurige Gefühl eines Verlustes" in
uns erzeugte, sondern vielmehr die entgegenführende Utopie einer
Idylle, vielmehr eines *Elysium* darin sehen, welches das „fröhliche Gefühl der Hoffnung" einzuflößen vermag.[3]

In diesem Sinne sucht der Spaziergänger ‚sein' Arkadien, sein ‚China',
seine Idylle, seine wilde, erhabene Landschaft in dem von ihm ‚entwor-
fenen' zukünftigen Raum. Dieser Raum aber, in dem er sich bewegt,
weist den Weg unmittelbar in seine eigene Existenz.[4]

Wie vielfältig dieser Raum für den Spaziergänger ist, führt Schiller selbst
in seinem Gedicht ‚der Spaziergang' vor Augen.

In einem ‚atemberaubenden' Spaziergang stellt Schiller nicht nur eine
ständig wechselnde Ideal-Landschaft des Spaziergängers vor, sondern
darüber hinaus eine diesen Landschaften innewohnende Typologie des

---

[1] Baudelaire, Charles: Prosadichtungen, 109 f.
[2] Schiller, Friedrich: Über naive und sentimentalische Dichtung, a.a.O., 193
[3] Schiller, Friedrich: Über naive und sentimentalische Dichtung, a.a.O., 194
[4] Vergleiche hierzu Lipps, Hans: Über den Raum, a.a.O., 172 f.

Spaziergangs: „Schrittweise, den Wahrnehmungen des Wanderers folgend, entsteht aus den Versen des *Spaziergangs* das ‚Gemälde‘ einer Landschaft, die man als Leser deutlich vor sich zu sehen meint. [...] Schiller will den Leser durch eine Landschaft führen, die dieser nicht vor sich hat, und muß also dessen Einbildungskraft durch eine anschauliche *loci descriptio* [Beschreibung des Ortes] zum Aufbau einer bildhaften Vorstellung veranlassen"[1]...

Nicht empirische, sondern ‚wahre‘ Natur wird hier vorgeführt[2], wobei sich die Wahrheit der Landschaft an der vom Spaziergänger geschauten Idee bemißt, welche freilich nicht gemäß einem schiefen Platonverständnis statisch sich zeigte, sondern in geschichtlicher Perspektivität, durch die ‚Gestimmtheit‘ des Spaziergängers selbst hindurchschimmernd. Jenes schiefe ‚statische‘, ungeschichtliche Denken dagegen beträfe eher wohl die plakatartige Darstellungsweise der Urlaubskulisse in der modernen Tourismuswerbung.

So zeigt sich Landschaft dem Spaziergänger höchst unterschiedlich, wobei allerdings die Sehnsucht nach Arkadien immer und immer den ‚lieblichen Ort‘, den locus amoenus hervortreibt, einen Ort, der ähnlich wie in Kleists Novelle ‚Erdbeben in Chili‘ als *harmonischer Raum* erscheint: „Indessen war die schönste Nacht herabgestiegen, voll wundermilden Duftes, so silberglänzend und still, wie nur ein Dichter davon träumen mag. Überall, längst der Talquelle, hatten sich im Schimmer des Mondscheins, Menschen niedergelassen, und breiteten sich sanfte Lager von Moos und Laub, um von einem so qualvollen Tage auszuruhen"[3]...

Wird Landschaft vom Spaziergänger so stets perspektivisch, das heißt, durch sein Bewußtsein hindurchgehend gesehen, so muß freilich im ‚äußeren Raum‘ Anlaß genug gegeben sein, um ‚seinen‘ inneren Gedanken- und Erlebnis-Raum durchmessen und erkunden zu können.

Man möchte meinen, daß die heutigen Gegebenheiten dem Spaziergänger diesbezüglich sehr günstig wären: vielfältige Überlagerungen von Räumen scheinen sich aus den technischen Möglichkeiten moderner Infrastruktur und Bautechnik zu ergeben, Überlagerungen, welche zunächst Vielschichtigkeit prospektiv erwarten lassen: sozusagen eine be-

---

[1] Riedel, Wolfgang: Der Spaziergang, 24 f.
[2] Vergleiche hierzu ganz entscheidend Riedel, Wolfgang, a.a.O., 34
[3] Kleist, Heinrich von: Das Erdbeben in Chili, in: Werke und Briefe, Bd. 2, 149

ständig zunehmende Landschaftsvielfalt für jeden nur denkbaren Typus von Spaziergänger, und darin scheint sich die Vollendung des Spaziergangs in dessen breiter Demokratisierung anzubahnen.

Bei genauerer Betrachtung aber zeigt sich eine demgegenüber völlig gegenteilige Entwicklung etwa darin, daß die Räume des Flaneurs, des Spaziergängers, des Wanderers mehr und mehr im Schwinden begriffen sind, beziehungsweise durch eine allumfassende Reglementierung des Raums für die Massen ersetzt wird: durch einen geregelten Fußgänger-Parcours, durch einen Fußgeher-Naturlehrpfad in ‚gehegter‘ Landschaft, durch ‚abgezäunte‘ umweltbewußte Wanderwege ebenso wie durch eigene Trassen für Mountainbiker, denen ‚Natur‘ ohnehin nur als Staffage dienen muß. Der Spaziergänger gerät in den Zoo. Die Wege sind genormt. Jeder Schritt vom Wege ab könnte geahndet werden. Abenteuer-Urlaub indes kann freilich gebucht und notfalls auch gerichtlich eingeklagt werden, sofern nicht alles so eintraf, wie der Prospekt es versprach.

Dies aber ist die Verlegenheit, in die der Spaziergänger zunehmend gerät, daß der äußere Raum für ihn zu schwinden droht und darin die Entfaltung des Innenraums zunehmend Hemmnisse erfährt.

So schwindet allmählich die Aura der Dinge …

Der Spaziergänger und die ihm zugehörige Landschaft aber sind unwiederruflich geschichtliche Wirklichkeit, auch wenn der Spaziergänger als eine aussterbende Spezies mehr und mehr gehandelt werden müßte. Von solchem Gedanken aber wollen wir vorerst absehen.

Wenden wir uns deshalb zunächst ein wenig den höchst unterschiedlichen Landschaftformen zu, in welchen sich der ‚bewegte‘ Mensch, der Spaziergänger aufhält.

Park und Landschaftsgarten

Ein Spaziergänger, der auf seinem Wege versuchte, die Unfaßlichkeit der Natur nicht zu leugnen, sie aber in die Obhut der Kultur herüberzunehmen, sie zu bewundern, ihrer Ungebärdigkeit aber nicht zu verfallen – und so gleichermaßen naturfern wie naturnah zu sein –, ein Spaziergänger, der die Gestimmtheit der Seele mit jener Nuance von Freiheit zu

würzen suchte, die den Wunsch nach Weitung und Offenheit wach-
hielte, und wiederum derselbe Spaziergänger, der geistreicher Geselligkeit ebenso zugetan wäre wie dem stillen Betrachten erlesener Dinge, –
ein solcher Spaziergänger bedürfte *eines künstlichen Raumes gestalteter
Natur*, dessen Grenzen förmlich unsichtbar blieben. Ein solcher innerlich sich weitender Raum aber gewinnt Gestalt im großen Entwurf des
Landschaftsgarten. Und so konnte Pückler-Muskau, der Grandseigneur
der Landschaftsgarten-Architektur, sagen:

*„Ein vollkommner Park [...]: eine durch Kunst idealisirte Gegend, soll
gleich einem guten Buche, wenigstens eben soviel neue Gedanken und
Gefühle erwecken, als es ausspricht."*[1]

Im Grundgedanken, Naturgegebenheit und Ideal anschaulich zu verei-
nen, wendet sich das 18. Jahrhundert ab von der ‚rationalen' Anlage der
fürstlichen Gärten, um in eigener Weise die Verbindung zu suchen von
Geschmack, Vernunft und *‚gebändigter'* Natur. Die *Einbildungskraft* ist
es, welche die Natur zu bändigen vermag und den Landschaftsgarten
gleichermaßen als Kunstobjekt wie als Naturgegebenheit erscheinen
läßt. Diese ‚Verwandlung' ins eine wie ins andere ist Werk eben jener
Einbildungskraft, von welcher Kant sagt: „Die Einbildungskraft (als
produktives Erkenntnisvermögen) ist nämlich sehr mächtig in Schaffung
gleichsam einer andern Natur, aus dem Stoffe, den ihr die wirkliche
gibt."[2] Und er fährt fort: „Zur schönen Kunst würden also Einbildungskraft, Verstand, Geist und Geschmack erforderlich sein."[3] Die innere
Verbundenheit jener sinnlichen wie auch intellektuellen Momente ist das
tragende Element im neu gewonnenen Konzept der Gartenarchitektur,
und sie bedarf eines Spaziergängers, welcher eben jene Eigenschaften in
sich lebendig vereint vorfindet oder zumindest freizulegen hofft, sofern
sie im wirren Getriebe des Alltags in bedrängender Weise verschüttet
worden sind.

Das neue Parkkonzept bezieht aber durchaus die alten Formen mit ein
und stilisiert sie in eben der angesprochenen Weise: Im Rückgriff auf die
„grandiose Weite französischer Parkanlagen (unter Ignorierung ihres

---

[1] Pückler-Muskau, zitiert nach Schusky a.a.O., 93
[2] Kant, Immanuel, Kritik der Urteilskraft, in: Werke 8, 414
[3] Kant, Imanuel, a.a.O., 421

geometrischen Formalismus)" und auf die „legere Unordnung architektonischer Gärten all´ italiana, die in der Tat 150 Jahre nach ihrer Blütezeit allmählich verwilderten (und eine naturhafte Patina annahmen, die von den Erbauern nie einkalkuliert war),"[1] wurde auf dem Hintergrund der Kantschen „Kritik der Urteilskraft" der neue *Stil* kreiert, der gleichermaßen Geschmack mit Nützlichkeit, Geometrie mit scheinbarer Ungeordnetheit und Künstlichkeit mit Natürlichkeit zu verbinden trachtete.

Dies wurde der Raum, der dem geistreichen Promenieren, dem gesellig-heiteren Spaziergang, dem Spaziergang zu zwein oder im kleinsten Kreise mit viel Charme und Esprit den rechten Rahmen zu geben vermochte.

Christian Cay Lorenz Hirschfeld war es, der mit seiner fünfbändigen „Theorie der Gartenkunst" die theoretischen Voraussetzungen für den deutschen Landschaftsgarten des 18. Jahrhunderts schuf. „Als anthropologische, quasi natürliche Konstante erscheint in Hirschfelds Augen die ‚ursprüngliche Stimmung der Seele‘ zu ‚Ausdehnung und Freiheit‘ (I, 162) [...] Obgleich der Garten bei der räumlichen Ausdehnung hinter der Landschaft zurücksteht, ist auch er in der Lage, mit Abstrichen eine derartige Empfindung auszulösen."[2]

Darauf gerade bleibt der Spaziergänger im Park, im Landschaftsgarten bezogen: jede innere Enge abzustreifen im Anblick der geschmackvoll und geistreich gebändigten, der harmonisierten Natur, ohne ihrer wilden Erhabenheit und Unwegsamkeit und der von ihrer Abgründigkeit ausgehenden Bedrohung ausgesetzt zu sein. Auf diese Weise wird für den neuen Garten das Zusammenspiel von *„Natur, Vernunft und Geschmack"*[3] wesentlich.

In diesem Sinne gibt Hirschfeld dann auch dem Gutsherrn den Ratschlag, Feldspazierwege mit Überlegung anzulegen und ihnen eine „Umpflanzung" zu geben „worinn *das Anmuthige* zugleich *das Nützli-*

[1] Sühnel, Rudolf: Der englische Landschaftsgarten, a.a.O., 11
[2] Schepers, Wolfgang: Hirschfelds Theorie der Gartenkunst, 27
[3] Schepers, Wolfgang: C. C. L. Hirschfelds *Theorie der Gartenkunst* (1779-85) und die Frage des ‚deutschen‘ Gartens, 85

che umarmt."[1] Die Empfindung des Spaziergängers ist hierbei auf „eine sanftere Bewegung der Seele, eine stille Zuneigung des Gemüths zu dem Gegenstande, ein gelassenes und verweilendes Behagen" ausgerichtet.[2]

Im Lustwandeln findet der Spaziergänger Gelegenheit zur Ausbildung von Empfindung, Galanterie, zu idealisierender Überhöhung und zur Pflege äußerer höfischer Formen; anakreontisches Gedankengut fließt wohl mit ein.

Dadurch aber hat der Landschaftsgarten stets eine hohe Wirkung auf das Gemüt des Spaziergängers und auf seine *Einbildungskraft,* sofern seine Anlage gelungen ist und sich nicht in operettenhafter Spielerei verliert, nämlich wenn der Gartengestalter beginnt, „den Park mit Spielwerk, mit Staffagebauten vollzustopfen."[3] Demgemäß hat der neue, der Öffentlichkeit zugängliche Landschaftgarten, der auch gemäß dem Konzept der Aufklärung der Volksbildung dienen sollte – Bildung im Sinne von Verfeinerung des Gemüts – seine *Würde* zu wahren: „In der That ist ein Garten nicht blos bestimmt, ein Aufenthalt des Vergnügens zu seyn, obgleich die Gartenkunst zuerst von diesem Vergnügen ausgeht. Er soll die Wohnung der Erquickung nach dem Kummer, der Ruhe aller Leidenschaften, der Erholung von der Mühe, der heitersten Beschäftigung des Menschen seyn. Er soll die Lieblingsscene der Betrachtung der Natur seyn, der Zufluchtsort der Philosophie, der Tempel der Anbetung der höchsten Weisheit."[4]

So ist auch das rechte *Maß* entscheidend für das Gelingen des Eindrucks und für die Wirkung auf den Spaziergänger. Die Kontraste sind sorgsam zu wählen, die Abwechslung von Ebene, Anhöhe, Vertiefung, Felsen und Hügel, wie dies Hirschfeld eingehend beschrieben hat. Die Ebene, die den „Begriff der Bequemlichkeit, der Freyheit und des Ungezwungenen" gibt und ein „ruhiges, verweilendes Überschauen" gestattet, die Anhöhe, die „mehr Freyheit, Heiterkeit und Anmuth" habe „als die

---

[1] Hirschfeld, Christian: Theorie der Gartenkunst, V. Bd., 126 (Hervorhebung von mir)
[2] Hirschfeld, Christian: Theorie der Gartenkunst, Bd. I, 174
[3] Lengelsen, Monika: Spaziergänge in Wörlitz, a.a.O., 121; dies ist eine Äußerung des Zeitgenossen von Hirschfeld, Carl August Boettiger.
[4] Hirschfeld, Christian: Theorie der Gartenkunst, Bd. I, 154

Ebene", die Vertiefung, welche „Wohnung der Einsamkeit und der Ruhe" ist, sind ebenso einzubeziehen wie die Hügelkette, die durch „die Schönheit der Linie" zu bestechen vermag, oder die Felsen, die als „Hauptgegenstände [...] den Eindruck von Stärke und Würde ausbreiten."[1]

Gerade im Abwechlungsreichtum des Landschaftsgartens, welche das Gefühl der Geborgenheit in der Idylle ebenso zu geben versucht wie die Empfindung von Erhabenheit und Größe der Natur, mag es dem Spaziergänger immer wieder gelingen, sein Inneres auf ein *Maß* einzustimmen und im heiteren Spiel der Vernunft mit dem ‚Zufälligen' wie mit dem Regelmäßigen in den Anordnungen der Parkanlage zu innerer Ausgeglichenheit und Ruhe zu gelangen. Das Auge entdeckt stets Neues, ohne zuinnerst erschüttert und beunruhigt zu sein, bei aller Empfindsamkeit sucht und findet der Spaziergänger im Außenraum seine innere Harmonie.

Diese Wirkung des Landschaftsgartens versuchten aufgeklärte Fürsten schon im 18. Jahrhundert einer breiteren Volksschicht im Sinne des Gedankens der Volkserziehung zugänglich zu machen. Aus dieser Absicht heraus kam es vielfach schon zur Öffnung der Parkanlagen für eine breitere Öffentlichkeit: so etwa in Wörlitz, wobei der Fürst Rückschläge hinnehmen mußte, wie August Boettiger berichtet, da etwa ein schöner Teilbereich des Gartens – ein Gehölz mit wertvollem fremdländischen Baumbestand – durch Einschnitzungen in die Rinden der Bäume und durch Verunreinigung ruiniert worden war. In Wien öffnete Josef II. die Praterauen, den Kaiserlichen Jagd- und Reitbereich, für die Bevölkerung schon 1776; der Volksgarten wurde dann nach der Sprengung der Burgbastei durch die französischen Truppen 1809 angelegt; der ebenfalls auf dem Areal der Hofburg gelegene Kaisergarten dagegen wurde erst spät, mit Ausrufung der Republik 1918 der Öffentlichkeit zugänglich gemacht; so entstanden allerorten hoffnungsfrohe Ansätze eines bürgerlichen, privaten Erlebens von Landschaft auf dem Spaziergang durch Park und Landschaftsgarten.

---

[1] Hirschfeld, Christian: Theorie der Gartenkunst, 5. Bde. in 2 Bde., Bd. I, 189 – 193

Der Park als weltverlorenes Labyrinth

Die in sich schwingende Harmonie des Parks, sein belebendes Maß und seine heiter-beruhigende Wirkung auf den subtilen Spaziergänger wurde nicht zu allen Zeiten auch gleichermaßen so empfunden, im Gegenteil. Eine starke Wandlung dieser Empfindung ist zu verzeichnen vom 18. Jahrhundert über die Romantik bis zu einer neuerlichen Renaissance des Parks um die Wende vom neunzehnten zum zwanzigsten Jahrhundert.

Das Fin de Siècle, insbesondere die Wiener Moderne, brachte förmlich eine Trunkenheit nach Verfeinerung und eine unstillbare Sehnsucht nach Schönheit mit sich, wie dies schon in Platens ‚Tristan' angeklungen war: „Wer die Schönheit angeschaut mit Augen, ist dem Tode schon anheimgegeben, wird für keinen Dienst auf Erden taugen"… Solch erotisierte Schönheitstrunkenheit suchte nach einem angemessenen Gegenstand ihrer Überhöhung, die aus dem Einerlei der heraufkommenden modernen Industriewelt sich wohltuend abheben sollte, und fand im *Park* eines der intensivsten Symbole, um jener Sehnsucht Nahrung zu geben. Er wohl schien von der Schäbigkeit der aufkommenden Konsumwelt unberührt bleiben zu können, wie George dies ersehnte: *„Die erträumte wirkung kann nur von einem ding ausgehen das jahrzehntelang ja vielleicht ein jahrhundert lang davor gesichert ist einen gegenstand fürs allgemeine warenhaus abzugeben."*[1]

Dort im Park, wo in voraufgegangener Zeit eine heitere Losgelöstheit von der Schwere des Daseins einen ewigen Frühling ankündigte in der Verlockung eines vielversprechenden ‚Interieurs' von Hainen, Lauben und Nischen, umgeben von heiteren Göttinnen und Göttern, welche von ihren Podesten aus Zuspruch zu geben schienen zum tändelnden Spiel einer heiteren und amourös-koketten Schar, dort zeigte sich nunmehr allmählich Verfall. Die verschwiegenen Promenaden und geschützten Wege drohten nunmehr zum inneren, solipsistischen Labyrinth des nach Schönheit Süchtigen zu werden. Es schien, als wären jene vergangenen Geister jetzt als Wiedergänger unterwegs, die den Spaziergänger hinüberzuziehen suchten in ein Reich des Dunklen. Das romantische Motiv des Labyrinths, das noch Stanley Kubrick in seinem Film

---

[1] George, Stefan, zitiert bei: Koebner, a.a.O., 145

‚Shining' zum zentralen Motiv machte[1], lebt in dämonischer Form wieder auf.[2]

Die Statuetten aber im Park, jene künstlich geschaffenen Götter, Putten und Zierate verlieren – zerfressen von der sie einholenden Natur – ihre Anmut, ihre Grazie und führen ein dämonisches Halbleben: „Nicht von ungefähr wird es beinahe als schauerlich und gespenstisch empfunden, wenn die Bildsäulen im alten Garten manchmal den Anschein von Leben, von Nachleben erwecken. Ihre toten [...] oder in die Ferne gerichteten Augen [...] ziehen wie magisch den fragenden Blick der Lebenden auf sich. Wie schon in Eichendorffs Garten der Venus (*Das Marmorbild*) erregt es in den literarischen Gärten der Jahrhundertwende zweideutige Gefühle, wenn Bildsäulen erotisch-verführerisch wirken – wenn sie weiß aus dem Chor dunkler Zypressen herausleuchten [...], im Schatten von Laubverstecken zu beben scheinen und den einsamen Betrachter heranlocken"[3]...

So etwa ergeht es Florio in eben dieser Erzählung ‚Das Marmorbild' von Eichendorff, wenn er in der unbekannten Schönen jenes Standbild wiedererkennt, welches er beim Spaziergang im Park erregt entdeckt hatte: „Ein heller Sonnenblick durch eine Öffnung des Bogenganges schweifte soeben scharfbeleuchtend über die blühende Gestalt. Florio fuhr innerlich zusammen – es waren unverkennbar die Züge, die Gestalt des schönen Venusbildes, das er heute nacht am Weiher gesehen"[4]... Die Einbildungskraft, nicht mehr gezügelt durch Verstand, Geist und Geschmack – wie etwa im Sinne Kants durch Urteilskraft –, schafft nicht länger eine andere Natur aus dem wirklichen Stoffe, sondern versucht wie Pygmalion etwas Wirkliches sich zu erschaffen aus einem Inkohärenten und

---

[1] Siehe hierzu Nelson, Thomas Allen: Stanley Kubrick. München 1984, 270 ff. und Hummel, Christoph u.a.: Stanley Kubrick. München 1984, 171 ff.

[2] Ein anderes Motiv wiederum als das ‚Labyrinth des Bösen' ist der Zaubergarten, der Glück verheißt. Friedrich Georg Jünger sagt von ihm: „Alle die Vorstellungen von Zaubergärten kommen aus dem Orient. Ein solcher ist auch der auf einer Meeresinsel liegende Zaubergarten Armidas, den Tassos ‚Befreites Jerusalem' schildert. Teils ist er Fruchtgarten mit Feigen, Äpfeln, Trauben, teils wild, weitet sich also zum Park aus. In Anbau und Wildnis ruft er den Eindruck hervor, als habe ihn die Natur geschaffen. Aber die Natur folgt in ihm den Träumen der Kunst (Gesang 16, Strophe 10)" (Jünger, Friedrich Georg: Italienischer, Französischer und Englischer Park, a.a.O., 37).

[3] Koebner, Thomas: Der Garten als literarisches Motiv, a.a.O., 156

[4] Eichendorff, Josef von: Das Marmorbild, 206

Karl Schwetz: Partie aus Schönbrunn (Abb. 8)

verfällt so mehr und mehr dem Bösen, das in seiner sinnlichen Vergänglichkeit keine Ruhe findet: „Florio hatte indes, im Schreck zurücktau-
melnd, eines von den steinernen Bildern, die an der Wand herumstan-
den, angestoßen. Im selben Augenblicke begann dasselbe sich zu rühren,
die Regung teilte sich schnell den andern mit, und bald erhoben sich alle
Bilder mit furchtbarem Schweigen von ihrem Gestelle. Florio zog seinen
Degen und warf einen ungewissen Blick auf die Dame. Als er aber bemerkte, daß dieselbe, bei den indes immer gewaltiger werdenen Tönen
des Gesanges im Garten, immer bleicher und bleicher wurde, gleich einer versinkenden Abendröte, worin endlich auch die lieblich spielenden
Augensterne unterzugehen schienen, da erfaßte ihn ein tödliches
Grauen. Denn auch die hohen Blumen in den Gefäßen fingen an, sich
wie buntgefleckte bäumende Schlangen gräßlich durcheinander zu win-
den [...] Das Grausen überwältigte alle seine Sinne, [...] er stürzte verworren [...] durch die öden, widerhallenden Gemächer und Säulengänge
hinab. Unten im Garten lag seitwärts der stille Weiher, den er in jener
Nacht gesehen, mit dem marmornen Venusbilde."[1]

Solche rauschhafte Empfindung übernahm das Fin de Siècle aus der Romantik und erhob sie, abgelöst von jedem Realitätsbezug, zum Selbstzweck:
    Was wollen die Décadents? „Sie wollen *modeler notre univers in-
térieur* [unser inneres Universum gestalten]. Darin sind sie wie neue Romantiker und auch in dem höhnischen Hochmut gegen den gemeinen
Geschmack der lauten Menge, in der ehrlichen Verachtung des ‚Geschäf-
tes‘, in dem zähen Trotze gegen alles *ce qui est demandé* ...[was gefragt
ist]." Die Décadence „sucht wieder den inneren Menschen, wie damals
die Romantik. Aber es ist nicht der Geist, nicht das Gefühl, es sind die
Nerven, welche sie ausdrücken will. [...] Ein anderes Merkmal ist der
Hang nach dem Künstlichen. In der Entfernung vom Natürlichen sehen
sie die eigentliche Würde des Menschen und um jeden Preis wollen sie
die Natur vermeiden"[2]...
    Beide von Hermann Bahr angesprochenen Momente aber spiegeln
sich in dieser Auffassung vom Promenieren wieder: der Park wird empfunden als ein künstlicher Raum voller Schönheit, der andererseits gerade darin den tiefen Reiz von Vergänglichkeit elegisch ausstrahlt, wie

---

[1] Eichendorff, Josef von: Das Marmorbild, a.a.O., 229
[2] Die Wiener Moderne, a.a.O., 225 – 227

dies in vielen Gedichten der Epoche sich vergegenständlicht, so auch in Georges Gedicht ‚Hochsommer':

Ton verklang auf den altanen.
Aus den gärten klänge tönen.
Unter prangenden platanen
Wiegen sich die stolzen Schönen.
Keck in eleganten zieren
Sie am arm den kavalieren
Milder lauschen und mit süssen
Winken grüssen.

und in der 4. Strophe findet sich ein Résumé:

Fröhliche galante leere
Feindlich trübem tatenmeere.
Weise schlaffheit nur im bade
Wahre gnade.[1]

‚Feindlich trübem tatenmeere' – dies wird zum Tenor des Spaziergängers des Fin de Siècle, der ‚seine' Landschaft ätherisch nachempfand, die Reizung der Sinne suchte, diese ausspielend gegen die Krudität des Gewöhnlichen. Dieser Spaziergänger ging und geht, wehrlos dem Genusse hingegeben – er hilft dem allerdings ein wenig nach –, durch den ‚Traum' hindurch, nicht um dem Leben zu entsagen, sondern um es sinnlich zu übersteigern. Dem eigentlichen Verlust an innerer Sinnhaftigkeit hält er darin stand, und nur darin.

Noch stärker zeigt sich die erotisch-narzistische Verdichtung von Schönheitssehnsucht und Naturempfinden in einer kleinen Erzählung Altenburgs, in welcher der Park als Raum des Spaziergängers auf einen elegischen Grundton eingestimmt ist:
„Noch ist es Nacht im Prater. Nun wird es grau. Eindringlich duften die Weiden und Birken, sanft-ölig.
Der Vogel Pirol beginnt Reveille (Erwachen) zu blasen, Reveille der Natur! In kurzen Absätzen bläst er Reveille. Gleichsam die Wirkung abwartend auf Schläfer. Alles, alles ist noch still und grau, Birken und Wei-

---

[1] George, Stefan: Hochsommer, a.a.O., 36 f.

den duften eindringlich, und der Vogel Pirol bläst in kurzen Zwischen-
räumen Reveille. Unablässig.

Die Dame sagte einmal: ‚Oh, ich möchte das Leben kennenlernen. Ich
kann ihm nicht nahekommen, es nicht ergründen – – –‘

Da sagte der Herr: ‚Haben Sie schon den Vogel Pirol in den Praterauen
Reveille blasen gehört im Morgendämmern?!?‘

‚Muß man das tun, um das Leben ergründen zu können?!?‘

‚Ja, das, das muß man. Von solchen versteckten Winkeln aus, gleichsam aus dem Hinterhalte, kann man dem Leben beikommen! Da, da beginnt die mysteriöse Schönheit und der Wert der Welt!‘

‚Wie sieht er denn aus, der Vogel Pirol?!‘

‚Niemand sieht ihn. Irgendwo in alten, alten Birken hockt er und bläst
Reveille und weckt zum Tage. Immer lichter und lichter wird es, und die
weiten Augen werden ganz sichtbar. Am Ufer sind schwarze riesige
Schleppschiffe, Tagestätigkeit erwartend mit ihren geräumigen Kräften.‘

‚Gehen wir zum Vogel Pirol – – –‘, sagte die Dame.“[1]

Doch nicht nur erotische Schwüle umgibt die Aura des Parks, oft schlägt
die rauschhafte Empfindung um in tiefe, fremde Betroffenheit, die sich
in der Parklandschaft spiegelt: der Park wird dann zur Endstation existentieller Ausgesetztheit, wie etwa in Sartres umschlingender Verbindung von Park und existentieller Innenwelt:

„Habe ich sie geträumt, diese ungeheure Gegenwart? Sie war da, lag
auf diesem Park, war in diese Bäume gepurzelt ganz wabbelig, alles ver-
schmierend, ganz dickflüssig, eine Konfitüre. Und ich war darin, ich,
mit dem ganzen Park? […] Und dann, mit einem Schlag, leerte sich der
Park wie durch ein großes Loch, die Welt verschwand auf die gleiche
Weise, wie sie gekommen war, oder aber ich wachte auf – jedenfalls sah
ich sie nicht mehr; zurück blieb gelbe Erde um mich herum, aus der ab-
gestorbene, in die Luft ragende Äste herauskamen.

Ich stand auf, ich ging. Am Tor angekommen, habe ich mich umge-
dreht. Da hat der Park mir zugelächelt. Ich habe mich an das Tor gelehnt
und habe lange geschaut. Das Lächeln der Bäume, der Lorbeerbaum-
gruppe, *das wollte etwas sagen; das* war das wirkliche Geheimnis der
Existenz“[2]…

[1] Altenberg, Peter: Der Vogel Pirol, in: Die Wiener Moderne, a.a.O. , 422 – 424
[2] Sartre, Jean-Paul: Ekel, 152 f.

Noch in der Destruktion des Parks in seiner empfindsamen Integrität wie in seiner spätromantischen Umdunkelung wird seine meditative, mystische Aura zum Medium der Erfahrung von Existenz.

Ein kleiner Schritt nur ist es dann, den Park als Stätte existentieller Ausgesetztheit geschildert zu sehen, als einen Ort, an dem der existentielle Untergang sich ankündigt, als Sammelplatz der von der Gesellschaft Enttäuschten oder Vernachlässigten.[1] Allerdings: die Aufenthaltsorte für die aus der Gesellschaft ausgestoßenen ‚Wanderer' haben sich verlagert in andere Kommunikationsbereiche der expandierenden Konsumwelt. Und andererseits wiederum hat sich das erholungssuchende Bürgertum den Park schon längst als seinen Raum erobert. Der Park wird zum Erholungsraum des bildungsbewußten Bürgers wie des erholungssuchenden Sonntagsspaziergängers, der der Arbeitswelt für einige Momente zu entfliehen sucht. Hinzu kommen die Touristen, die in Millionenzahl Schlösser und Parkanlagen im ‚Sightseeing' durchziehen und vielfach die Aura jener historischen Landschaften im Sinne massendemokratischen ‚Anrechtsbewußtseins' zum Konsumartikel degradieren. Auch für unbekümmerte Jogger sind Park und Landschaftsgarten beliebte Laufstrecke geworden.

So diagnostiziert Adorno am Beispiel des Wiener Praters nachdenklich das Einbrechen einer neuen Fühllosigkeit in den Park, welche die Aura der Dinge durch direkten Zugriff utilitaristisch meint handhaben zu müssen:

„Wiener Melancholie 1967: daß es keine Wiener Melancholie mehr gibt. Das spürt man am deutlichsten im Prater. Er wahrhaft hat seinen Duft verloren, und es ist nicht leicht zu sagen, warum. Vielleicht, weil, was ihm im Krieg wiederfuhr, so wenig verheilte wie im Berliner Tier-

---

[1] So etwa in Roman Polanskis Film ‚Der Mieter', in welchem der Park kein Ort der Erholung mehr ist, sondern bloße Zwischenstation des Untergangs des Protagonisten; ähnlich bei Baudelaire, a.a.O., 93 ff. in der Erzählung ‚Witwen', wo der Park als Refugium der Gescheiterten gezeichnet wird: „Vauvenargues sagt einmal, daß es in den öffentlichen Gärten Laubgänge gibt, die hauptsächlich von dem enttäuschten Ehrgeiz aufgesucht werden, von den unglücklichen Erfindern, vom gescheiterten Ruhm, von den gebrochenen Herzen, von all jenen stürmischen und in sich verschlossenen Seelen, in denen noch die letzten Seufzer eines Gewitters grollen und die weit zurückweichen vor den unverschämten Blicken der fröhlichen und müßigen Menschen. In diesen schattigen Winkeln geben sich die Krüppel des Lebens ihr Stelldichein"... Heute haben sich diese Orte wohl eher verlagert in die Umgebung der großen Bahnhöfe und öffentlichen Plätze.

garten – ein Gefühl des Abgeholzten bleibt, obwohl die Bäume nachwachsen. Schuld mag auch haben, daß man die Wege asphaltierte wie im New Yorker Central Park, während doch nach wie vor selbst die Hauptallee für Autos gesperrt ist. [...] Einleuchtend wurde mir erklärt, die Asphaltierung diene der Ersparnis; sonst sei das Personal nicht zu bezahlen, das die Wege in Ordnung halte. [...] Erst die Rückfahrt im altmodischen Autobus stellte das Gefühl der vertrauten Stadt wieder her."[1]

Die Romantisierung der Natur

Wir haben schon von der merkwürdigen Dialektik[2], welcher der romantische Spaziergänger ausgesetzt ist, andeutungsweise gehandelt: dieser will der Enge entfliehen in unbestimmte Weiten und sucht doch gleichzeitig nichts anderes als den Urgrund und darin das, was man Heimat nennt. Romano Guardini bestimmt diese Grundhaltung folgendermassen: „Wollten wir das Wesen des Romantikers [...] definieren, dann entstünde das Bild eines Menschen, der ganz von Zentrifugalkräften bestimmt ist, immer unterwegs in die Endlosigkeit der Welt und Geschichte, auf das Unerreichbare der Metaphysik und des Mythos zu. Das würde aber wieder nur zur Hälfte zutreffen, denn niemand hat so viel Heimweh gehabt, wie der Romantiker. [...] Freilich, kaum ist er nach Hause gekommen, schlägt der Affekt um. Alles beengt ihn, er wird sich selbst und den anderen unerträglich und geht fort"[3]...

Welchen Weg und welche Landschaft aber bevorzugt der romantische Spaziergänger auf seinem Spaziergang? Er sucht eine bestimmte Landschaft auf, oder sagen wir besser: er bevorzugt *bestimmte Landschaftsformen*, um seinen inneren Weg aufzufinden. Wenn ihn nämlich die Enge seiner Lebenswelt, seiner Verhältnisse, seines Daseins bedrückt, dann dies deshalb, da seine Seele weit und sein Blick zum Horizont gewendet ist; der romantische Spaziergänger ist in gewissem Sinne ein

---

[1] Adorno, Th.W.: Ohne Leitbild. Parva Aesthetica, 158
[2] Vergleiche hierzu das Kapitel ‚Der romantische Spaziergänger' und ‚Die Aura der Großstadt'
[3] Guardini, Romano: Erscheinung und Wesen der Romantik, in: Begriffsbestimmung der Romantik, hrsg. v. Helmut Prang, 342

‚Mahatma', eine große Seele. ‚Stürzt' er sich nun aber voller Begierde
etwa in die pathetische Wildheit einer Landschaft, dann empfindet er sogleich allzu stark die einsame Verlorenheit des Ichs in der Weite des Kosmos in eben dem Maße, wie er es sich wünscht, sich in jene Verlorenheit
hineinfallen zu lassen, um auf diese Weise aus der ‚natura naturata', aus
der ‚gewordenen', ‚geschaffenen' Natur den Weg zurückzufinden in die
„natura naturans', in die alles hervorbringende Natur, in den Ursprung
selbst.

Diesen Ursprung aber findet er nicht dort oder hier, nicht irgendwo in
der Natur; er findet ihn in seiner Seele selbst. Und so kann Rousseau
zum Beginn seiner ‚Träumereien eines einsamen Spaziergängers' den
eingangs genannten Gedanken einflechten: „Ich will mich ganz dem süssen Gespräch mit meiner Seele überlassen, da sie das einzige ist, was mir
die Menschen nicht nehmen konnten"… Und er fügt hinzu: „Die Muße
meiner täglichen Spaziergänge war oft erfüllt von reizenden Betrachtungen, die ich bedaure vergessen zu haben"[1]… Um dieses Gespräch mit
sich selbst aber führen und seine Betrachtungen anstellen zu können, bedarf der romantische Spaziergänger einer Landschaft, welche ihm hilft,
die Seele zu öffnen. „Der Natur kommt […] nur eine Auslöserfunktion
zu. Sie ist nicht Ziel, sondern Ausgangspunkt des Erlebnisses."[2]

Was aber kann für den romantischen Spaziergänger als eine Landschaft
gelten, die ihm entspricht? Wann stellt sie sich ihm als ‚romantisch' dar?
„Im primären Zustand der Naturbegegnung, ihrer Bewunderung, ruht
der Blick beobachtend auf den einzelnen Gegenständen, die sie vor dem
Betrachter ausbreitet. Dieses Stadium ist die Art unserer heutigen Naturbegegnung – ist für Rousseau aber nur ein transitorischer Augenblick, der einem Zustand der Träume weicht, […] bis er im Augenblick
der abstrakten, der eigentlichen Naturerfahrung, nur noch das Gesamt
der Landschaft, die Natur an sich erblickt"[3]… Wie wir schon versuchten
anzudeuten, entsteht in der Weise einer ‚magischen' Versenkung die Einheit der Natur allererst im Gemüt des Spaziergängers; freilich, nicht jede
Landschaft ist geeignet, die Einbildungskraft des Bewußtseins so weit zu

---

[1] Rousseau, Jean Jaques: Die Träumereien des einsamen Spaziergängers, 653
[2] Bogumil, Sieghild: Die Parkkonzeption bei Rousseau oder die Natur als Lenkung und Ablenkung, a.a.O., 101
[3] Bogumil, Sieghild, a.a.O., 101 f.

bringen, daß Natur nicht wieder in die äußerlich sichtbaren Gegenstände ‚zerfällt': „Nur *die* Landschaft ist repräsentativ für das Wesen der
Natur, deren lebendige Mannigfaltigkeit das Interesse des Betrachters
erregt und seine Sinne anspricht, denn Interesse und Rührung sind die
Federn für seinen Absprung in die Träumerei und des sich daraus ent-
wickelnden Existenzerlebnisses."[1]

Der romantische Spaziergänger schafft sich seine Landschaft selbst: er
schaut sie dort, wo ein anderer nur irgendetwas, nur dieses oder jenes als
Vereinzeltes sieht!

Was für eine Landschaft ist es, welche der romantische Spaziergänger
sich er-*schaut*, sich er-*schafft* ? Es müßte wohl eine Landschaft sein, welche in zweifacher Weise ursprünglich ist, nämlich als unberührte Natur
ebenso wie als der Idee des Schönen unmittelbar entsprechend. So sucht
der romantische Spaziergänger einerseits die Einfalt der Empfindung in
der Eindeutigkeit des ‚Bildes' einer Landschaft und andererseits paradoxerweise eine Landschaft, welche so vielgestaltig ist, wie nur denkbar
sein mag, so vielgestaltig, wie die Spiegelungen der Seele des romantischen Spaziergängers sind. Vielgestaltigkeit und Ursprünglichkeit sind
solchermaßen leitmotivisch: der romantische Spaziergänger vermag sich
so in gleicher Weise dem Landschaftspark und dessen vielschichtiger
Imaginationskraft oder der lieblichen Idylle am Bach ebenso zuzuwenden wie dem Hochgebirge in seiner Unberührbarkeit und Erhabenheit![2]
Jegliche Landschaft, die der romantische Spaziergänger für ursprünglich
hält, wird ihm darin wesentlich, da sie seiner Sehnsucht nach dem Ursprung gemäß ist.

So wird deutlich, daß der romantische Spaziergänger sich seine Landschaft letztlich selbst entwirft in der Weise, wie dies der Erhebung seiner
Seele dienlich ist.

Ein beredtes Beispiel dafür, wie sich der romantische Spaziergänger
seine Landschaft selbst schafft, bietet eine Jugenderinnerung Kierke-
gaards, wie Geismar sie schildert: „ Wenn Johannes zuweilen um die Er-
laubnis ausgehen zu dürfen bat, wurde es ihm meistens abgeschlagen;

---

[1] Bogumil, a.a.O., 102
[2] Wir sprechen hier in erster Linie vom romantischen Spaziergänger des 19.
Jahrhunderts; heute freilich ist selbst das Hochgebirge nicht mehr unberührbar;
die Götter, die dort wohnten, sind längst entthront; das Gebirge ist zur Ware
geworden wie nahezu alles, was uns umgibt.

hingegen schlug ihm sein Vater als Ersatz zuweilen vor, an seiner Hand auf dem Fußboden auf und ab zu spazieren. Beim ersten Hinsehen war dies ein ärmlicher Ersatz, und doch ... etwas ganz anderes war darin verborgen. Der Vorschlag wurde angenommen, und es wurde Johannes ganz überlassen zu bestimmen, wo sie hingehen wollten. Dann gingen sie aus der Einfahrt, zu einem naheliegenden Lustschloß oder hinaus zum Strande, oder auf und ab in den Straßen, ganz wie Johannes es wollte; denn der Vater vermochte alles. Während sie nun auf dem Fußboden auf und ab gingen, erzählte der Vater alles, was sie sahen; sie grüßten die Vorübergehenden, Wagen lärmten an ihnen vorbei und übertönten des Vaters Stimme; die Früchte der Kuchenfrau waren einladender denn je"[1]...

Es zeigt sich in diesem auf die Spitze getriebenen Beispiel: der Weg des romantischen Spaziergängers führt letztlich nach innen, allein, er vermag oft der Versuchung nicht zu widerstehen, sich Unterstützung ‚von außen‘ zu sichern. So sucht er die innere Vielgestaltigkeit bestätigt zu finden in der Mannigfaltigkeit der äußeren Natur, die ihm stets aufs Neue ihren Reichtum anbietet: das hohe, schroffe, unbezwingbar erscheinende, menschenfeindliche Gebirge, die schwindelerregende Klamm, die Wiese am Bach mit den weiß-schwarzen Birken und den schwermütigen Weiden, das sich weitende Tal ... All dies dringt in den romantischen Spaziergänger ein, der der Fülle seiner Seele Herr zu werden versucht.

Allein, ist dieser zweite Schritt noch einsichtig und wohl verständlich, so droht dem romantischen Spaziergänger darin die Gefahr eines dritten: er läuft Gefahr, diese berauschenden Eindrücke von einem Fels, einem Wiesental, einer Gewitterlandschaft per se als großartig oder als ‚hübsch‘ zu nehmen und sich in derlei Dingen zu verfangen und damit den ‚transitorischen Schritt‘ in die Ganzheit von Naturerfahrung nicht mehr zu tun und Natur zu verfehlen, und zwar darin zu verfehlen, daß ein solches einzelnes Element *für das Ganze der Natur genommen wird*! So findet sich schon im 19. Jahrhundert der apodiktische Gedanke, daß Natur diese oder jene Art von ‚unberührter‘ Landschaft *sei*, so als gäbe es jene Unmittelbarkeit, die man sich innerlich vorstellte, außerhalb des Bewußtseins als solche tatsächlich. Dies ist nämlich der Gedanke, dem

[1] Geismar, Eduard: Sören Kierkegaard. Göttingen 1919, 12 f.

man folgen muß, will man nicht in die Irre gehen: Wo je ein Mensch hingekommen, ist die Natur nicht mehr unberührt, da sie als ‚unberührte‘ Natur von ihm *bestimmt* worden ist.[1] ‚Landschaft‘ ist – so gesehen – selbst immer schon ein Artefakt!

Darin aber bleibt eben unser Naturverständnis heute oft nur stehen: bei einer bloßen Topologie von emblematischen Naturgebilden oder von Landschaften, die als ursprünglich, als ‚romantisch‘ *definiert* werden und ins allgemeine Bewußtsein hinein klischiert worden sind: das Matterhorn, das Tegernseer Tal, die Pusta-Ebene mit dem obligaten Ziehbrunnen und den Pferden, der Palmenstrand in der Südsee …

Dem Gedanken Rousseaus, die Natur betreffend, drohte allerdings dadurch eine unsägliche Veräußerlichung, als jene Formen von Landschaft, welche durch die Epoche der Romantik wie durch ihr nahestehende Vertreter als in ihrer Ursprünglichkeit und Vielfalt ‚entdeckt‘ worden sind, ganz gleich ob von C. D. Friedrich, von Jean Paul, von Novalis oder anderen, zum reproduzierbaren Eindruck reduziert worden waren bis hin zur Klischierung der Natur auf ‚Postkartenniveau‘.

Gerade naturferne Stadtkultur ist es auch immer wieder, die solche Romantisierung betreibt, wie Siegfried Weyr[2] schon anläßlich der beginnenden Naturbegeisterung des Wiener Bürgertums der ersten Hälfte des 19. Jahrhunderts feststellen konnte: „Um heute zu begreifen, warum die Eröffnung des Augarten und des Praters die Wiener jener Zeit so bewegt hat, muß man sich klar darüber sein, wie sehr das Verhältnis des Wieners zur Natur sich um die Mitte des 18. Jahrhunderts änderte. Die Barockzeit hatte an weiten lachenden Gefilden, an von Menschenhand kultivierten Landschaftsräumen Gefallen gefunden. Nun war es anders geworden, die Gebildeten schwärmten für die ungekünstelte Natur, die Freude an Berg und Wald wurde immer größer. Damit drang auch ein noch unklares, aber drängendes Verlangen nach Grünem, nach Luft und Sonne in das ‚gemeine‘ Volk. ‚Zurück zur Natur‘ ist immer ein Schlag-

---

[1] Ein etwas bitteres Amusement bieten jene unersättlichen Naturkenner, die uns in den Medien aus dem fernsten Winkel der Welt berichten, sie hätten ein unberührbares Stück der Natur für den Liebhaber des Ursprünglichen entdeckt.

[2] Weyr, Siegfried: Wien. Zauber der Vorstadt, 23 (Hervorhebung von mir). Zur Problemstellung siehe auch Sengle, F.: Wunschbild Land und Schreckbild Stadt über bukolische Dichtung: Es „läßt sich kaum übersehen, *daß die Funktion der Bauerndichtung innerhalb der bürgerlichen Welt ungefähr der entspricht, die die Schäferdichtung, die Idyllik innerhalb der humanistisch-höfischen besaß.*“

wort betonter Stadtkultur."Auch entsprechende Embleme zeigen dies: so ist das Babour-Jäckchen schier untrügliches Zeichen der Städterin.

So scheint es, daß der romantische Spaziergänger je schon ein sentimentalischer ist, der den Ursprung eben deshalb sucht, da er sich seines Verlustes nur allzu bewußt ist. Freilich: wollte er diesen Ursprung ‚mit Händen greifen‘, wollte er sich ihn wie ein ‚Tourist‘ erkaufen, so würde er ihn an den schönsten Stränden, in den dichtesten Wäldern, auf den fernsten Inseln nicht einmal erahnen. Der Tourist allerdings benützt die ‚romantische‘ Folie einer Landschaft nur als ein Prestigeobjekt, er sieht die Natur um sich herum eigentlich gar nicht, geschweige denn, daß er durch die jeweilige Landschaft hindurch das Ganze von Natur erschaute.

Die Vorstadtidylle und die Selbstbescheidung des biedermeierlichen Spaziergängers

Nirgendwo wird die biedermeierliche Selbstbescheidung deutlicher als in der österreichischen Dichtung und im österreichischen Geistesleben in der ersten Hälfte des 19. Jahrhunderts. So mag diese Epoche beispielhaft für unseren biedermeierlichen Spaziergänger stehen.[1]

Werfen wir einen kurzen Blick zurück auf diese Epoche: Durch das ‚System Metternich‘ genötigt, auf politische Betätigung zu verzichten, führte die Mehrzahl der Bürger des Vielvölkerstaates ein eher beschaulich-kleinbürgerliches Leben, welches für die Ausbildung des biedermeierlichen Spaziergängers alle Voraussetzungen bot. Dieser nämlich verlegt seine Träume, seine Bindung an das hohe Ideal in die *innere* Welt, jedoch in anderer Weise, als dies der romantische Spaziergänger getan hatte und tut.

Mit der deutschen Romantik war man in Wien zwischen 1808 und 1812 durch die Vorlesungen von August und Friedrich Schlegel vertraut geworden. Die Auseinandersetzung mit ihr führte aber überwiegend zur

---

[1] Reizvoll wäre es gewesen, die schwäbische-allemanische Dichterwelt um Hebel, Uhland, Hauff oder Waiblinger hier ergänzend mit einzubeziehen, doch hätte dies den Rahmen dieser Arbeit weit gesprengt.

Ablehnung. Zu maßlos erschien, was von der Frühromantik herüberwehte, und erschreckte herausragende Geister wie Grillparzer oder Schreyvogel[1], unter dessen Leitung das Burgtheater zur führenden deutschsprachigen Bühne geworden war.

Ideal und Wirklichkeit, Natur und Geist, so kam man zum Schluß, können eben nicht zur Deckung gebracht, ineins verlegt werden, eine Gleichsetzung, welche die deutsche Frühromantik aber in einer ‚vielschichtigen Eindimensionalität' ja durchaus anstrebte.[2] Jene spezifisch österreichische Form der Resignation war die Folge solcher Selbstbescheidung, die es verstand, den geübten *Verzicht* für die Gemeinschaft fruchtbar werden zu lassen: „Ein Rückzug also in die Welt des kleinen Ich, das an die Stelle der Maßlosigkeit die *Mäßigung*, an der Stelle von Ehre und Ruhm *Zufriedenheit* und *Seelenfrieden*, an Stelle der Leidenschaft die *Gemütsruhe* als neue Ideale setzt und in ihnen das neue, echte Glück zu finden hofft, bedeutet dies [...] Element des neuen Lebensgefühls."[3]

Der Konflikt zwischen Ideal und Wirklichkeit soll dadurch gelöst werden, wie Philipp Karl Hartmann in seiner Glückseligkeitslehre ausführte, daß der Mensch als ein in dieser Hinsicht dualistisches Wesen beide Anlagen gleichmäßig ausbilden müsse. Dies aber könne nur durch Verzicht auf volle Durchsetzung in einem der Bereiche gewährleistet werden.[4]

Der biedermeierliche Spaziergänger ist jener Selbstbescheidung verpflichtet, die als alles andere nur nicht als bloßer Qietismus angesehen werden kann, auch wenn er dessen Züge gelegentlich annahm und obgleich dies die Karikatur diesem Typus des bürgerlichen Spaziergängers immer wieder unterstellte. Die Selbstbescheidung dieses bürgerlichen Spaziergängers nämlich ist eine *bewußt geübte*, und keinesfalls aus Mangel an Idealen entstanden, sondern in der Beschränkung von derer Nei-

---

[1] Zur Charakterisierung Schreyvogels siehe etwa Bietak, Wilhelm: Das Lebensgefühl des ‚Biedermeier', 30 f.
[2] Vergleiche hierzu Bietak, Wilhelm: Das Lebensgefühl des ‚Biedermeier', 53
[3] Bietak, Wilhelm, a.a.O., 31
[4] Vergleiche Bietak, Wilhelm , a.a.O., 47; es ist hier nicht zu diskutieren, daß in diesem Zusammenhang ‚Ideal' im Sinne eines ‚subjektiven Idealismus' (dies wäre gewiß ein ‚hölzernes Eisen') vorgestellt wird, der das ‚Ideal' als objektive Wirklichkeit nicht zu denken vermag. So nur wird – wie in einem schiefen Platonismus – Ideal als *Gegensatz* zur Wirklichkeit verstanden.

gung zum ,Übermaß': „Den Schmerz in Ergebenheit zu ertragen und zu
erfahren, dies ist der Weg der Weisheit. Für die Einsamkeit ist nur der
reif, der Leben wie Liebe erfuhr, der also einmal der Wirklichkeit sich
hingab. Die Einsicht, auf einem bestimmten erreichten Punkt des Lebens sich selbst Halt zu gebieten, sich zu begrenzen, macht die menschliche Größe aus; [...] sie weiß die echte Erhabenheit im Stillen und Bescheidenen zu suchen und nimmt das, was das Leben bietet, in
Zufriedenheit hin."[1]

Gerade diese Bescheidung und die bleibende Freude in ihr, wie dies
von Grillparzer oder Raimund in anrührender Weise vorgestellt und von
Hofmannsthal, Wildgans und anderen tradiert wurde, ist zum Spezifi-
kum jener liebenswürdigen altösterreichischen Humanität geworden,
wie sie noch von Karl Löwith in seinen Erinnerungen ,Mein Leben in
Deutschland vor und nach 1933' so eindringlich gewürdigt worden ist.

Die betreffende geschichtliche Konstellation und ihre bewußte Aufarbeitung aber führte nicht nur zur Intensivierung jener Fähigkeit zur
Selbstbescheidung, sondern darüber hinaus dazu, in der Bescheidung
sich freuen, genießen zu können, was den Österreichern zu Unrecht den
Ruf von Phäaken eingetragen hat, einen Ruf, den noch Anton Wildgans
in seiner ,Rede über Österreich'[2] meinte zurechtrücken zu müssen: „Der
Großteil unseres Volkes aber war immer regsam, tätig und *in seinen Genüssen bescheiden.* Nur daß es vielleicht das Wenige, das es zu genießen
hatte, seiner ganzen Art nach auskostender, mitteilsamer und heiterer zu
genießen wußte, als dies anderwärts der Fall sein mag."[3] ,Dienen' und
,Pflicht' bekam so einen anderen Klang,[4] einen unmittelbareren Bezug
zu der den Einzelnen umgebenden Lebenswelt als etwa in Nord-

---

[1] Bietak, Wilhelm , a.a.O., 67
[2] Wildgans, Anton: Rede über Österreich, in: Sämtliche Werke, 7. Bd., 410 ff.;
gehalten am 12. Nov. 1922 an der österreichischen Botschaft in Stockholm.
[3] Wildgans, Anton, a.a.O., 421
[4] Eindrucksvoll belegt Hofmannsthal in einer schematischen, doch gleichwohl
äußerst differenzierten Gegenüberstellung von ,Preussen' und ,Österreich' die
Unterschiedlichkeit der Mentalität, so wenn er dem Norden ,mehr Tüchtigkeit',
seinem eigenen Lande ,mehr Menschlichkeit' zuordnet oder jenem ,mehr Konsequenz' und diesem ,mehr Fähigkeit, sich im Dasein zurechtzufinden', oder
wenn er dem Norddeutschen bescheinigt: er verwandle ,alles in Funktion' und
der Donaumonarchie: sie biege ,alles ins Soziale um' (Hofmannsthal, Hugo von:
Prosa III, a.a.O., 407 ff.).

deutschland.Auch der inhumane Grundsatz des ‚time is money' hatte hier nicht denselben Zugang wie anderwärts. Die Zeit sollte Eigentum des Menschen bleiben.[1]

Für den jeweiligen Spaziergänger aber – für den romantischen wie für den biedermeierlichen – ergeben sich aus all dem Gesagten gravierende Unterschiede: Die Sehnsucht des Romantikers nach ‚Heimat' ist für den biedermeierlichen Spaziergänger eine andere geworden. Die Sehnsucht nach dem Unendlichen, nach dem überhöhten Ideale wurde lebensweltlich umgebogen. Dies betrifft dann auch den biedermeierlichen Spaziergänger.

So ist die ‚wilde', damals noch kaum zugängliche Natur nicht das Ziel auf seinen Wegen. Zwar kennt er durchaus das romantische Ideal der ‚unendlichen' Landschaft, doch bleibt er ein Grenzgänger, der hinauswechselt in die freie Landschaft und doch gerne in der Nähe vertrauter, gesicherter Urbanität verbleibt. Auf diese Weise aber konnte es nicht ausbleiben, daß die Vorstädte außerhalb der aufgelassenen Wälle und Burgräben seine eigentliche Heimstatt, zumindest aber sein beliebtestes Revier wurden.

Was den Blick des biedermeierlichen Spaziergängers schweifen ließ, bei gleichzeitiger Empfindung von *Heimatlichkeit* und andererseits auch immer wieder als Eindruck von ‚abenteuerlich' Neuem, war die gemischte Struktur der Vorstadt:

„Das besondere Merkmal in den Wirtschaftsverhältnissen der Vorstädte war ihre gemischt-gewerbliche Struktur, das heißt das Nebeneinander von handwerklichen und agrarischen Produzenten beziehungsweise wirtschaftlichen Institutionen."[2]

Die Strukturen waren in den Vorstädten noch nicht so fest wie in den gestalteten Ensembles der Innenstädte, in den großen Entwürfen der Baumeister vom Barock bis zum Historismus. Dies ließ dem Spaziergänger den Blick frei für neue Konfigurationen. Natur und urbane Elemente drangen ineinander und gaben dem Hang des Spaziergängers

---

[1] Virilio, Paul, a.a.O., 59: „Wie Friedrich der Große mit Bezug auf die Österreicher erklärt, sie seien in ihren Bewegungen träge, bei der Verwirklichung ihrer Pläne langsam und *betrachteten die Zeit als ihr Eigentum.*"
[2] Czok, Karl: Vorstädte, 16

Spaziergänger vor München. Lithographie um 1860 (Abb. 9)

willkommene Nahrung, seine Phantasie mit seiner konkreten, struktu-
rierenden Beobachtung und Entdeckung von reizvollen neuen Einzel-
heiten in Einklang zu bringen.

Ließ die bewußte Selbstbeschränkung den biedermeierlichen Spaziergänger zwar Heimat in seiner Nähe, im Umfeld seines Alltagslebens suchen, so versuchte auch er, aus der Enge der Stadt und ihren festgefügten
Strukturen immer wieder als Grenzgänger zu entkommen. Die Garten-
landschaft der Vorstädte, die ein allmähliches Hinübergleiten aus dem
Bereich der kleinen Lädchen, der Handwerksbetriebe und der ersten Fa-
briksgelände in die offene Natur hinein verbürgten, konnte ihm auf
diese Weise Zuflucht und heimatliche Geborgenheit bedeuten und auch
den Reiz einer noch unverstellten Landschaft bieten: „Das, was den
Charakter all der Vorstädte ausmachte, war die Vorherrschaft des Gartens."[1] Jener Grenzbereich zwischen Stadt und Land wurde in seiner
Ungeschichtlichkeit als angenehm empfunden, entbehrte er doch der
Last der althergekommenen Tradition der Innenstadt. Gemeint sind hier
allerdings mit dem Begriff ‚Vorort' nur solche Außenviertel, die noch
nicht von einem mondänen Publikum erobert worden waren, was in den
westlichen Bezirken Wiens und später in München dann in Bogenhausen oder Grünwald der Fall war, sondern jene Randgebiete, die ihre
kleinbürgerliche Lebenswelt noch recht lange behalten konnten. Und so
heißt es in Bezug auf Wiens Vororte: „Die Vororte hatten kaum eine Geschichte. Waren sie doch nur bescheidene Siedlungen, auf die die noblen
Vorstädte hochmütig über den mächtigen roten Linienwall herabsa-
hen"[2]…

Eben für *diese* Vororte hat sich der Name ‚Vorstadt' in den süddeutschen
und österreichischen Städten eingebürgert, der durch eine ganz diesen
Bezirken eigene Aura gekennzeichnet ist, bestimmt von der Lebenswelt
der kleinen Leute im Grenzbereich zur freien Natur: „Breit und staubig
verliefen die Gassen der Wiener Vorstadt, bergauf, bergab. Nicht selten
endeten sie bei Ziegelöfen, Sandgruben, ‚Gstetten', an die sich in der
Erntezeit wogende Kornfelder anschlossen"[3]… Dort eben traf man den
biedermeierlichen Spaziergänger beschaulich und sinnend in die freie
Landschaft wandernd, vorbei an den offenen Toren und Fenster der

---

[1] Weyr, Siegfried: Wien. Zauber der Vorstadt, 20
[2] Weyr, Siegfried, a.a.O.
[3] Weyr, Siegfried: Wien. Zauber der Vorstadt, 16

Handwerksbetriebe, vorbei an den zahlreichen kleinen Brauereien, an der Gerberei, an der Schmiede, an den kleinen Lädchen, vorbei an den Kindern, die auf der Straße mit dem Kreisel, mit dem Hüpfseil, mit dem Reif spielten, vorbei an den Frauen, die ihre Handarbeit vor dem Hause gemeinsam voranzubringen suchten, vorbei an den kleinen Feldern und Gärten ...

Einen besonderen Klang bekam der Begriff der Vorstadt in Wien und in München: ‚Drunt’ in der grünen Au, steht ein Birnbaum‘ sang noch der Schauspieler Helmut Fischer als Vorstadtstrizzi ‚Monaco-Franze‘ wehmütig, als dieser sich nicht entschließen konnte, seiner Gemahlin auf eine vor den Unbillen Mitteleuropas sichere tropische Insel in den ewigen Frühling zu folgen, da er sich von seiner Heimatstadt München nicht zu lösen vermochte. Die Auer Vorstadt: Karl Valentin hatte dort noch sein Tischlerhandwerk gelernt und dort in der Vorstadt die einfachen Menschen studiert und liebgewonnen ...

Doch auch Berlins Vororte wurden – besonders von den Berliner Expressionisten – gerne poetisch dargeboten. Allerdings war hier die Situation ein wenig anders gelagert: die städtebauliche Entwicklung wie auch die entsprechende Lebenswelt war etwas fortgeschrittener als in den übrigen alten deutschen Metropolen. Die rasante Industrialisierung und die mit ihr einhergehende kapitalistische Ausbeutung sowie das durch sie evozierte Proletariat zerstörten hier früher schon als anderorten die gewachsene Idylle; freilich stößt man auch heute noch hier wie in mancher Metropole gelegentlich auf dörfliche Oasen, als wäre die Zeit stillgestanden.[1]

Das Zerfließen der Städte und die Einebnung der Natur

Die geschichtliche Entwicklung brachte eine Auflösung der Vorstädte mit sich: der allmähliche Übergang des urbanen Territoriums in die of-

---

[1] Vergleiche etwa Trakls Gedichte: Der Spaziergang und Vorstadt im Föhn, a.a.O., 24 u. 28; ferner: Heym, Georg: Vorstadt (in: Lyrik des expressionistischen Jahrzehnts, 76) und Plagge: Vorstadtabend (a.a.O., 185) sowie Alfred Werners ‚Bericht aus der Vorstadt‘, Max Barthels ‚Erna Kühne‘ oder Robert Seitzens ‚Einfahrt in eine fremde Stadt‘, in welchen Gedichten ‚Vorstadt‘ eher düster aufleuchtet.

fene Landschaft, der gleitende Übergang der Vorstadt mit ihren kleinen Geschäften, Handwerksbetrieben und ersten industriellen Anlagen in das offene Umland wurde durch die Entwicklung der letzten hundert Jahre schroff abgeschnitten. So schreibt W. Hebebrand über die Entwicklung der mittelenglischen Städte: „Das einstige ‚Umland‘ jeder dieser einzelnen Städte ist zugewachsen mit Baugebieten – Wohnungen und Fabriken –, die sich gegenseitig berühren.“[1] In „neu errichteten Siedlungen [ist] das ehemalige Grünland völlig verschwunden.“[2] Die Entwicklung geht heute in dieser Richtung entschieden weiter, so etwa entwickelt sich im Osten der USA „eine gigantische Bandstadt, die von Boston über Providence, New York, Philadelphia, Baltimore bis Washington reicht in einer Längenausdehnung von etwa 650 Kilometern bei einer Einwohnerzahl von etwa 80 Millionen Menschen.“[3]

Das Begriffspaar „Stadt und Umland“ wird angesichts einer solchen Umstrukturierung folgerichtig abgelöst durch den Begriff der *Stadtregion*. Stadtkonglomerate in Japan oder der Dritten Welt, aber auch schon in Europa finden hierin ihre Entsprechung.

Wie weit die Dinge auch in der Bundesrepublik gediehen sind, bringt Gerhard Polt satirisch in einem Interview mit Emanuel Eckardt zum Ausdruck: „*Städter ziehen aufs Land, Stadtbewohner kaufen Bauernhäuser, Bauernsöhne pendeln in die Städte. Worin besteht denn heute noch der Unterschied zwischen Stadt und Land?*

Auf dem Land gibt es mehr Parkmöglichkeiten. Die Parkuhr als Grundidee ist zwar auch schon da, aber das Parken ist generell günstiger.

Gibt es denn noch Unterschiede zwischen Stadtbewohnern und Landbevölkerung? Kaum. Wir haben eine bundesweite Stadtbevölkerung. Der Landmensch ist ein Städter. Deutschland hat sich zu einer 80-Millionen-Stadt entwickelt. Der Bundeskanzler ist *Oberbürgermeister von Deutschland.*

Aber es gibt doch noch freie Flächen …

Frei würd’ ich nicht sagen. Es bestehen noch Bauflächen, die darauf warten, ausgewiesen zu werden, damit sie als Möbelcenter, Gartencenter oder Großmarkt genutzt werden können“[4]…

---

[1] Hebebrand, W.: Stadt und Umland, a.a.O., 611
[2] Hebebrand, W., a.a.O., 612
[3] Hebebrand, W., a.a.O.
[4] Polt, Gerhard, in: Zeitschrift ‚Country‘, Heft 3/93, 34 – 37

Die Vernutzung des geschichtlich Gewordenen, des in Jahrhunderten Gewachsenen, die Unterordnung des Anrechts der Dinge, der Ensembles, der Natur unter ein allumfassendes Nützlichkeitsprinzip, das sich von einem *,unaufhaltsamen Fortschritt'* her definiert, liegt auf der Hand.

Landschaft wird zu einer bloßen Variablen im Geschiebe eines allgemeinen Konsums und einer sich bis zur Überhitzung beschleunigenden Entwicklung.

Wie sehr ,natürliche' Landschaft aufgesogen wird, belegt zum Beispiel Wolfgang Zängl: „Nach Meyers Enzyklopädischem Lexikon ist unter Natur der Teil der Welt zu verstehen, ,dessen Zustandekommen und gesetzmäßige Erscheinungsform unabhängig von Eingriffen des Menschen ist.' Dazu bedarf es in diesem Land einiger Ergänzungen.

Das offizielle Grün. Im Jahre 1979 deklarierte in einer Werbeanzeige die damalige Bundesregierung neun Zehntel der Bundesrepublik zur Natur. Der Einfachheit halber wurden alle unbebauten Flächen addiert: Bürokraten-Natur. Dazu gehört das ,Straßenbegleitgrün' an den Autobahnen ebenso wie das ,Abstandsgrün' zwischen Hochhäusern etc. etc"[1] ... Hinzu kommt eine Mentalität des *,Eroberns und Besetzens'*: „Kein bestehender Bewuchs darf so bleiben, wie er ist; er wird umgruppiert, arrangiert oder entfernt; nichts darf ungeplant wachsen – es gilt das Diktat der eigenen Katalogkomposition ... Roden, Drainieren, Planieren, Begradigen, Trassieren, Befestigen, Vermessen, Kartieren, Vergiften, Ausmerzen: Schlachtrufe gegen so unaushaltbare wie fiktive Wildnisse. Davon hat es einmal viele gegeben, und die meisten von ihnen haben wir höchst bewußt und unter größten Anstrengungen vernichtet. *Wir sind kein unterentwickeltes Volk*, stellen wir stolz fest, und gleichzeitig haben wir die unwirtlichste Wildnis geschaffen, die es je gab: produzierte, industrielle, tote Wüste."[2] Soweit Wolfgang Zängl.

Ähnlich klagt Rüdiger Disko über das Ungeheure der Nutzholzpflanzungen, eine Klage, die schon weit zurückgeht: „Hatte noch Goethe ringsumher Landschaften von ,unaussprechlicher Schönheit' gesehen, ist P. Schultze-Naumburg schon 1908 völlig verzweifelt: ,In alten Büchern und Reisebeschreibungen findet man oft gesagt, daß Deutschland ein unendlich schönes Land sei. [...] Ein solches Wort wird unseren Kindern nur noch ein Traum aus vergessenen Tagen sein. [...] Von der ur-

---

[1] Zängl ,Wolfgang: Oasen und Wüsten. Gedankensplitter zu deutschen Landschaften, in: Grün kaputt, 138 f.
[2] Zängl, Wolfgang: Oasen und Wüsten, a.a.O., 139 ff.

sprünglichen Schönheit und Eigenart der Natur wird nichts mehr übrig bleiben. Anstelle unserer Buchen- und Eichenwälder werden nur noch dürre Nutzholzpflanzungen in geraden Reihen stehen. Kanalisierte Wasserläufe, schnurgerade Wege – nirgends durch Hecken und Bäume unterbrochen. [...] Nirgends mehr ein urwüchsiges Fleckchen, keine Heide, kein Sumpf, kein Röhricht. Alles nutzbar gemacht. [...] Es muß für die Menschheit furchtbar sein, wenn sie einst aus dem Schlaf erwacht. [...] Man gewöhnt sich dann gar an, daß es eben so sein müsse'."[1]

Dem Spaziergänger aber als Grenzgänger zwischen der vertrauten Behütetheit der Vorstadt und der Offenheit der freien Landschaft wird allmählich der Raum ebenso entzogen wie dem stillen Wanderer in der freien unberührten Natur. Freilich, es gibt noch jene Oasen, in denen es sich lohnte spazierenzugehen. Allerdings: Sie kennen jene ‚hilfreichen' Rundfunk- und Fernsehsendungen, welche uns die vom Massentourismus verschonten Gebiete lebhaft schildern, sei es im Harz, im Rupertiwinkel oder in der südlichen Toscana, und ein bis zwei Jahre darauf fährt der die Stille Suchende nur noch im Schrittempo in jene Gebiete ein: Stau, Massenandrang, Betriebsausflüge, Wanderclubs, Umweltexkursionen, Aufarbeitung einer Landschaft ...

Ich suchte letzthin den unteren Lauf jener Ache auf, an der ich als Kind in den sechs langen Wochen der Sommerferien mit dem Freunde in fast undurchdringlicher Wildnis in den Bäumen kletterte, Schnitzstöcke zubereitete, Beeren suchte, stundenlang Dämme in den Fluße baute bereit, auch von Hand den ganzen Gebirgsfluß umzuleiten, oder zum Fischen ging, im flachen Wasser stehend, ruhig und gespannt, ausharrend wie ein Indianer, bereit zum gezielten Steinwurf oder auch mit schnellem Griff unter die Uferböschung ...
    Diese Landschaft, deren unberührte Wälder ich stundenlang kilometerweit durchstreifte, auf Rotwild stoßend, auf seltene Vogelarten, auf Ringelnattern oder gelegentlich auf Kreuzottern, – diese Auwälder hatten sich ein wenig verändert: Sportplätze, Trimmpfade und Radwege, von welchen aus man die Rückwände der Tennisgebäude und der Sporträumlichkeiten ‚bewundern' konnte mit ihren Abstellnischen und Bierkastengehegen an der Mauer. Dies alles leutete die Zivilisation zwiespältig ein: die Gebrauchs-, Sport- und Konsumzivilisation ließ gleichsam

---

[1] Rüdiger Disko: Koniferenland, a.a.O., 130 ff.

auch den angrenzenden Flußwald ins Schäbige abgleiten. Freilich wies eine Tafel darauf hin, daß dieses – nunmehr völlig eingezwängte – Naturschutzgebiet einmalig und unersetzlich sei.

Vom unbestimmten Ende der Urbanität

Ebenso wie dem Wanderer in der freien Natur oder dem Grenzgänger zwischen Vorstadt und Land droht dem urbanen Spaziergänger zunehmend der Verlust des Raums seiner Entfaltung; dies geschieht im Gefolge des Diktums einer Massendemokratie, welche Landschaft – wie auch alles andere – *jederman* verfügbar zu machen und auf jeden Fall irgendeinem – und sei es einem noch so schonenden *Gebrauch* – zuzuführen gedenkt. Die Eigengesetzlichkeit, das Fürsichsein der Dinge, so auch die Eigenheit einer Landschaft wird förmlich vernichtet in einem grob vereinnahmenden Ansturm, der kein ‚Distanzsein‘ kennt in dem Anspruch, daß doch alles und jedes ‚zum Anfassen‘ sein müsse. Auch hierin stellt sich die ‚autistische‘ Selbstbezüglichkeit des Massenmenschen nicht in Frage. Die Dinge in ihrer Inständigkeit sein zu lassen, wie sie sind, ist ihm nicht verständlich. Er stellt sie unter die Perspektive des Nutzens in einem ihm meist selbst nicht einsichtigen vorgegebenen Horizont, welcher den ‚Marktwert‘ und damit den ‚Nutzen‘ bestimmt.

Solche Vernutzung der Dinge aber gilt ihm unterschwellig als ein demokratisches Recht, welches ihm darüber hinaus *Gleichheit* verbürgt im Sinne eben einer egalitären Massendemokratie. Daß sich in solchem Fordern nicht der hohe Grundgedanke der Menschenrechte verbirgt, sondern bloße Jakobiner-Arroganz, bedarf keiner näheren Erläuterung.

Wie sollte in solchem Zusammenhang und bei solcher Voraussetzung aber ‚Urbanität‘ entstehen, ist Urbanität doch nicht nur auf einen kosmopolitischen Geist zu beziehen, sondern mehr noch auf ‚Bildung‘, auf ‚feines Wesen‘ und ‚Höflichkeit‘, wie schon der Duden Auskunft gibt! Urbane Verfeinerung wüßte aber um die Distanz, ja um die Fremdheit der Dinge. Bloß utilitaristischer Hedonismus im Umgang mit den Dingen liegt dem wahrhaft urbanen Bürger fern. Anders demgegenüber der provinzielle Ungeist, der sich selbst für die babylonische Mitte der Welt nimmt, und über alles und jedes zu verfügen gedenkt. Denn was bedeutet Provinzialität denn anderes als kleinbürgerliche Distanzlosigkeit und Beurteilung der Dinge auf ein dürftiges festgelegtes Schema hin? Provin-

zialität kann sich – so gesehen – allerorten finden, in der Metropole
ebenso wie im abgeschiedensten Dorfe.[1]

So ist hier dem Zusammenhang nachzugehen zwischen der Haltung
egalitärer Anmaßung, die alles andere als kosmopolitische, urbane Einstellung ist, und der mehr und mehr erfolgenden Strukturierung der
Stadträume in der Gegenwart in jenem Sinne der Massendemokratie.

Unmittelbar handhabbarer Genuß im Gebrauch der Dinge, so sagten
wir, ist dem Massenmenschen das entscheidende Moment. Was diesbezüglich die Landschaft betrifft – sei es die freie Natur, sei es die Stadt –,
so geht der Massenmensch leichthin über die Zerbrechlichkeit des hu-
mangeschichtlich Gewordenen ebenso hinweg wie über das in Äonen
naturgeschichtlich Entstandene[2], wobei solch grobschlächtiger Utilitarismus zum unwiderlegbaren, weil antielitären Programm erhoben wird.
Beispiele für solche Einstellung sind Legion, doch soll hier eines ausgewählt sein, das näher an das Thema vom urbanen Spaziergänger heran-
führt und den angesprochenen Grundgedanken auf den Zusammenhang
zwischen urbaner Architektur, zwischen urbanen Sozialstrukturen und
dem ‚schauenden‘ Stadtspaziergänger überträgt.

Im damals noch insularen Westberlin – so berichtet Wolf Siedler – be-
fleißigte sich Senatsbaudirektor Hans Müller jener besagten scheinde-
mokratischen Egalität; und das hörte sich aus seinem Munde so an: „‚An
meinem Kurfürstendamm soll sich jeder Türke mit einer Boulette fest-
machen können‘, so Hans Müller, der damalige Senatsbaudirektor, in einem berühmt gewordenen Satz, der den Verlust der Boulevardqualität
zum offiziellen Programm erhob. Vielleicht hat er sogar recht gehabt. Es
gab nicht nur die großen Stadtbaumeister von einst, Hoffmann und
Wagner, sondern auch die Gesellschaft nicht mehr, für die alle großen
Boulevards gedacht sind. Die Turnschuh- und Strechhosenwelt hielt
Einzug. Aber damit starb, was der Kurfürstendamm einmal gewesen
war. Nun kam die Zeit jener vom Senat inszenierten Skulpturen-Boule-

---

[1] Vernichtend ist hier die Kritik des Literaturforschers Hans Mayer über die
Verkleinbürgerlichung der Bundesrepublik (Vergleiche Mayer, Hans: Das kulturelle Erbe. Vom Sinn und Unsinn eines Klischees, in: Aufklärung heute. Reden
und Vorträge, 71 ff.). Er steht allerdings mit diesem Urteil nicht allein.
[2] Es möge der strenge Systematiker verzeihen, daß hier der Begriff des ‚Natur-
geschichtlichen‘scheinbar unreflektiert aufgegriffen wird. Gewiß: Geschichtlichkeit kommt nur einem Wesen zu, das sich *frei* zu sich selbst hin zu entscheiden
vermag. Wenn hier der Begriff des Geschichtlichen ausgeweitet wird, dann nur
im Hinblick auf eine unwiderbringliche, vergängliche Gewordenheit.

vards und City-Feste, mit denen sich die zukünftige Haupt- und Regierungsstadt der staunenden Umwelt empfahl"[1]...

Es gibt Fälle, wo die Rohheit gegenüber Sachen mit derjenigen gegenüber Menschen übereinkommt. Die scheinbare Gönnerhaftigkeit im besagten Ausspruch des Senatsbaudirektors vermag dies nicht zu verbergen: Türken, Gastarbeiter machen eben gerne auf Boulevards ,Bouletten fest'. Wir wollen es dabei belassen, solcher Grobschlächtigkeit weiter nachzugehen und nachzudenken.

Wenden wir uns vielmehr dem Boulevard zu als einem urbanen Raum, der als einer der bevorzugten Wege des urbanen Flaneurs gelten darf. Nimmt man die genannte Müllersche Anekdote auf den Zusammenhang von Gesellschaft und Stadtarchitektur hin auf, so scheint jeglicher historisch gewordener Raum im Durchgang durch ein Felachentum (um einen Begriff von Toynbee aufzugreifen), welches jene Räume gar nicht mehr wahrzunehmen vermag, denunziatorisch verändert worden zu sein. Räume, Stadträume sind als bloß funktionale Räume in diesem Sinne anzusehen, als Räume, welchen nicht länger per se ,wesenhafte', das heißt, geschichtlich gewordene Gestalt zukommt, sondern welche einer bestimmten Verwendung in der Industriegesellschaft zuzuführen sind. Dies kann dann mehr noch als für historisch gewachsene Stadträume für neue geplante und erstellte Stadtregionen gelten. Dies gilt insonderlich in bezug auf die großen Städte ab der Nachkriegszeit.

Es ist nicht nur die ästhetische Funktionalisierung des Raums, wie ihn die Architektur der Moderne anstrebte, welche eine beispiellose Zerstörung einleitete, vielmehr deren Vergröberung im Bereich einer an ästhetischen Fragen meist uninteressierten Verwaltung, welche scheinbar Ökonomisches mit unüberprüften modischen Trends zu verbinden suchte, und einer Wirtschaft, welche ihre Rendite in der ökonomischen Konzentration am besten gesichert sah und sieht, sei es in Supermärkten, Gewerbegebieten oder gewinnträchtigen Wohnvierteln. Das Gesetz der Zahl entschied und entscheidet ständig.

Alexander Mitscherlich stellt schon in den 60er Jahren die Desintegration der großen Städte im Zuge einer durchgehenden Funktionalisierung

---

[1] Siedler, Wolf J.: Der Tod der Boulevards, in : Frankfurter Allgemeine Zeitung vom 23. 1. 93; zu den besagten Skulpturen-Boulevards und City-Festen siehe besonders: Straka, Barbara: Die Berliner Mobilmachung. Eine kritische Nachlese zum ,Skulpturenboulevard' als ,Museum auf Zeit', in: *Plagemann*, Volker (Hrsg.): Kunst im öffentlichen Raum. Anstöße der 80er Jahre, 99 ff.

offen heraus: „Der Vorgang der Überwältigung ist grausam und unerbittlich. Was neu entsteht, hat vorerst aber noch keineswegs den Zuschnitt langerprobter Formen; genug, wenn die Befriedigung vorgegebener Spezialfunktionen gewährleistet ist: Verkehrs- und Vergnügungszentrum, Wohnsiedlung, Industrievorort. Die hochgradig integrierte alte Stadt hat sich funktionell entmischt. Die Unwirtlichkeit, die sich über diesen neuen Stadtregionen ausbreitet, ist niederdrückend"[1]...

Ausgerechnet der Begriff der *Entwicklung* ist es, der für jene gravierenden Veränderungen im Sinne einer rigiden Planungsmentalität geradestehen mußte, welche *keine* Entwicklung eigentlich zuließ. Uwe Pörksen geiselt diesen Sachverhalt in einem höchst realistischen modernen ‚Märchen' über die Stadtentwicklung von Freiburg im Breisgau: „Der OB lud ein zu Bürgergesprächen über die Stadtentwicklung oder Stadtplanung unter dem Motto ‚Damit diese Stadt Stadt bleiben kann'. – In der Art eines Spaziergängers führte er die Zuhörer, vom Münster ausgehend, durch die Altstadt und ging langsam westwärts. Die Kommunikations- und Tagungsstätte wurde zu einem städtebaulichen ‚Brückenschlag' zwischen der alten Stadt und dem modernen Westen. Eine Vielzahl von Projekten war bereits in ein modernes Stadium getreten.

Der erste Bürgermeister sekundierte mit großem Schneid: ‚Wir erleben einen Strukturwandel. Ihn nicht zu akzeptieren, zeugt für eine Käseglockenmentalität und eine zutiefst reaktionäre Gesinnung. Nur Ideologen sperren sich gegen den Fortschritt.' So wanderten wir durch die Stadtteile. ‚Damit diese Stadt Stadt bleiben kann.' Das Wort ‚Struktursprung' war fast schon vergessen und längst abgelegt. Der Oberbürgermeister sprach von ‚Entwicklung'. In einer Haushaltrede tauchte das Wort ungefähr 25 Mal auf und wurde weitere 50 Mal umschrieben. ‚Vorschau' ‚Perspektiven' ‚Impulse' ‚Initiativen' ‚Stadt mit Zukunft' ‚Neu gegründet' ‚Ausbau' ‚Bewußtseinswandel' ‚Stadt der Zukunft' ‚Zukunftsgewinn' ‚Ausbau' ‚Offensive' ‚Modernisierung' ‚Entfaltung' ‚Wachstum'"[2]... Es stimmt nachdenklich, daß die fundamentalen Zerstörer der Dnge meist solche Begriffe schlagwortartig gebrauchen, welche der Zerstörung eigentlich entgegenstünden: Entwicklung, Friede, Glaube, Dialog, Zukunft ...

---

[1] Mitscherlich, Alexander: Die Unwirtlichkeit unserer Städte, 9
[2] Pörksen, Uwe: Der Struktursprung im Grenzlandschatten. Ein Märchen, a.a.O., 53 ff.

August Macke: Café an der Straße (Abb. 10)

Die ausgreifende Funktionalisierung der Städte aber führte so in den 60er Jahren zur Ausfällung sämtlicher sozialer und wirtschaftlicher Stadtfunktionen aus den Zentren, die vormals zur Vielschichtigkeit und Urbanität der Städte beigetragen hatten, in spezielle, dafür vorgesehene Gebiete. Künstliche Zentren im Sinne einer allseits grassierenden ‚Zentren'-Manie[1] raubten der Peripherie, raubte den alten Vororten vielfach die Eigengesetzlichkeit und täuschten jene Vielfalt vor, ohne welche Urbanität nicht denkbar ist: „In den Zentren spielt man Stadt. […] Was bleibt, ist kommerzielles Chichi, stramme Bedarfsdeckung, Billigkultur und Isolierung der Städte von ihren Einwohnern. […] Diese Masche mit den neuen Zentren zieht am besten, wenn die Unternehmung unter dem Stichwort ‚mehr Attraktivität' läuft. Aber was ist daran attraktiv, wenn auf der zur Zeit riesigen Betonplatte – unten Autos, oben Geschäfte – ein schematisch sortiertes Konsumangebot ausgebreitet wird? Alles künstlich, abstrakt, verordnet, nichts spontan oder allmählich."[2] Die Geschichte solch isolierter ‚Abstraktion' geht weit zurück in die Geschichte der modernen Architektur bis zum Wien oder zum Berlin der Jahrhundertwende und zum Bauhaus in Dessau. Sie kann nicht Gegenstand der anstehenden Überlegung sein; nicht um eine Aufarbeitung der Architektur, des Städtebaus, wie Moderne und Postmoderne sie kreiert haben, geht es hier, sondern um die Frage, ob durch die im Zuge der modernen Funktionalisierung der Stadtlandschaft (den jüngeren ‚postmodernen' Versuch einer Defunktionalisierung eingeschlossen) für den urbanen Spaziergänger noch Raum gewahrt bleibt bzw. inwiefern ihm dieser Raum entzogen ist.

Immerhin wurde ab den 60er Jahren begonnen, die vom Verkehr überfluteten, zum Teil unterträglich belasteten Innenstädte durch Einrichtung von Fußgängerzonen, verkehrsberuhigten Zonen u.ä. ‚attraktiver' zu machen. So sehr dies von der gesundheitlichen Belastung her zu begrüßen war, so wenig hatte sich das Grundverhältnis zu den Dingen bei den Planern, Auftraggebern und Politikern geändert: ‚attraktiver' machen – dies verweist zurück in den voraufgegangenen Irrtum der gesamten Moderne. Der pure Funktionalismus bleibt bestehen und ersetzt nach wie vor die Dimension eigentlicher ‚Entwicklung' in Zeit durch hektische Innovationen, anstatt aus einem geschichtlich gewordenen,

---

[1] Siehe hierzu besonders Bode, Peter M.: Architektur seit 1960, in: Nestler, Paolo u. Bode, Peter M.: Deutsche Kunst seit 1960. Architektur. 26 ff.
[2] Bode, a.a.O.

geistigen Zentrum heraus die Dinge *allmählich* ihrer Bestimmung zuzuführen.[1] Die Entflechtung in Schlafstädte, Einkaufszentren, Vergnü-
gungsviertel, Industr
reviere und Mischgebiete, welche einer vermeint-
lich unabweislichen Ökonomie entspringt, schwindet auf diese Weise
nicht, sie beschleunigt sich vielmehr noch erheblich.

In der Entwicklung der sogenannten *Postmoderne* in den 70er Jahren
wurde man auf die Crux der funktionalistischen und totalitären Moderne aufmerksam und versuchte, die Reduktion einer Architektur, die
sich auf bloße krude Funktionalität hin verstand, aufzuheben.[2] Der moderne Funktionalismus sollte im Städtebau einer ,Verspieltheit' und ,Of-
fenheit' des Bauens Platz machen und einer rigiden Zweckhaftigkeit in
der Gestaltung der Städte so abhelfen. Dies geschah aus verschiedensten
Gründen mit wenig Erfolg, zumal sehr bald eine Popularisierung und
Banalisierung historisierender Bauweise eintrat in einer neuerlichen Reduktion des Publikumsgeschmacks auf ein paar äußerliche Merkmale einer der Geschichte der Architektur gegenüber angeblich ,offenen' Bauweise. Solcher Reduktionismus zeigt sich etwa bei den aufkommenden,
reichlich unmotivierten Erkern und Sprossenfenstern am neudeutschen
Eigenheim. Freilich kann in derlei Dysfunktionalität das umfassende
Funktionsnetz einer mehr und mehr ausgreifenden Moderne nicht widerlegt werden.[3] Die Entscheidung sei hier offengelassen, ob die *Postmoderne* als rückwärtsgewandte Utopie einzustufen sei – dann freilich
eher rückwärtsgewandt als wirklicher utopischer Entwurf – oder als
Fortsetzung der Moderne. In jedem Fall wird in ihrem Raum Geschichte ungeschichtlich behandelt, geschichtlich gewachsene Stile werden als bloße *Versatzstücke* übernommen und beliebig eingefügt. So
kann Virilio schließlich *beides* dem ätzenden Spott aussetzen: die totali-
täre Moderne ebenso wie den postmodernen Historismus:

---

[1] Peter M. Bode schreibt hierzu treffend: „Wenn wir wieder lernten, ein biß-
chen mehr von der Hand in den Mund zu planen und nicht nur großspurig auf
Schulden zu bauen, die unsere Kinder bezahlen müssen, würde das Gesicht
unserer Städte sich behutsamer ändern, und man hätte nicht mehr das Gefühl,
daß allein die gemischte Macht von Bauträgern, Planern und Politikern
bestimmt, wie die Städte auszusehen und vor allem zu funktionieren haben"
(Bode, Peter M., a.a.O., 27).
[2] Vergleiche hierzu den Abschnitt ,Postmoderne Architektur', in: Türk, Hans
Joachim: Postmoderne, 39 ff.
[3] Vergleiche hierzu Türk, Hans Joachim, a.a.O., 42 ff. in seiner Auseinandersetzung mit der Kritik von Habermas an der Postmoderne.

„Diese Tendenz [gewinnt] auf unserem Kontinent erst ab 1945 Kontur oder, anders ausgedrückt, bringen die Entscheidungen schlechter Planer und anderer Drahtzieher die Stadtlandschaften und insofern den territorialen Körper insgesamt erst von diesem Zeitpunkt an durcheinander. Der Erhaltungstrieb der Historizisten, die heute offenbar eine Renaissance der alten Modelle befürworten [...], amüsiert mich fast genauso, wie mich die sogenannten Neuerungen belustigen: Besteht doch das Neue von nun an nicht mehr in der Veränderung oder Erneuerung von Formen, sondern in der Schnelligkeit, in der Beschleunigung der zyklischen Bewegung Tradition/Neuerung, in der reinen Geschwindigkeit."[1]

Für den urbanen Spaziergänger aber ist nunmehr folgender Gedanke leitend: in den Agglomerationen, zu welchen die Städte – Kleinstädte oft ebenso wie Großstädte – geworden waren, finden sich für ihn nach wie vor interessante Einzelobjekte; auch konnte die großartige Kulisse der alten Städte durch skrupellose Ausbeutung gemäß einem rücksichtslosen ‚Fortschrittsgeist' nicht immer gänzlich ruiniert werden. Allerdings ist der Spaziergänger nicht auf Sightseeing-Jagd nach ‚lohnenswerten' anerkannten Sehenswürdigkeiten. Was den urbanen Spaziergänger, was den Flaneur ausmacht, ist ja vielmehr die Suche nach der Aura einer ‚anarchischen' Vielschichtigkeit der modernen ‚Urbs', ist die Verfolgung einer Spur in den sich überlagernden geschichtlichen, sozialen und architektonischen Strukturen. In der Entflechtung jener sich überlagernden Strukturen, sowohl architektonischer wie sozialer Art, wird aber jene Vielfalt, die er sucht, gemaßregelt. Verlust an Urbanität stellt sich ein.

Das gepriesene Einkaufserlebnis in der schmuck hergerichteten Fußgängerzone kann dem urbanen Spaziergänger, kann dem Flaneur somit kaum gerecht werden, ebensowenig ein meist kommerziell begründeter ‚Fêten-Aktionismus', der sich allerorten breitgemacht hat. In ähnlicher Weise hat sich der allumfassende Betrieb auch längst den Begriff der ‚Szene', der ja ursprünglich ‚alternativ' zum Betrieb gemeint war, einverleibt.

Solcher ‚Aktionismus' ist mittlerweile durchgängig selbst in kleineren Städten zugunsten des Tourismus und des allgemeinen Umsatzes anzutreffen und gaukelt lebendiges, urbanes Geschehen modernistisch vor. Solchen ‚Modernismus', solchen letztlich hohlen Aktionismus hatte

---

[1] Virilio, Paul, 110

schon Knut Hamsun am Beginn seines Romans ,Stadt Segelfoß' in der Gestalt des ,Ladentheodor' bitter gegeiselt.[1]

Die Dinge werden so substanzlos innerhalb eines sich ständig mehr und mehr verbrauchenden und beschleunigenden Aktionismus. Der urbane Spaziergänger aber geht seiner Welt verlustig, er hat keinen äußeren Raum mehr, um sich darin zu bewegen. Flucht in die Innerlichkeit wäre eine denkbare Möglichkeit in der Art eines verfeinerten geistigen Kosmopolitismus. In den Städten aber wird der Flaneur vom Passanten abgelöst: „Der Passant, das ist nicht nur einer, der vorübergeht; es ist auch der, dem nichts mehr zustößt, auffällt, einer, dem nichts mehr begegnet oder geschieht [...] Die nachgetünchte Altstadtstraßenfassade mit ihren aus dem Fachwerk herausquellenden Schaschlik-Buden ist sein Gegenüber ebenso wie die von Kugellampen drapierte Straßenflucht der Fußgängerzonen. Die Umgebung hat ihren Charakter, ihr Profil, ihre Widerständigkeit in diesen Arrangements zurückgenommen; der einzelne, der sich noch in ihr zeigt, ist eine Figur der Geschäftsszenerie [...] ebensowenig wie sich selbst bekommt er etwas anderes zu fassen."[2] Gesichtslosigkeit wird zum herrschenden Prinzip. Stadtlandschaft wird zur ,Allerweltskulisse'. *Weltlosigkeit* ist letztlich die Folge.

Die weltlose Destruktion des Raums

Der Spaziergänger bewegt sich in einem Raum, der seine Welt ausmacht. Dieser Raum umfaßt zweierlei: zum einen den Raum, in den er hineingestellt ist, in dem er unmittelbar lebt und jenen Raum sodann, der ihm zum *Erlebnis* wird. Wenn hier vom Raum die Rede ist, so stellt man sich wohl unwillkürlich jenen gleichförmigen, leeren Raum vor Augen, den man als physikalischen Raum zu kennzeichnen hat. Der Raum des Spa-

---

[1] Hamsun, Knut: Die Stadt Segelfoß, a.a.O., Bd. 5, 247: „Ein Mann auf dem neuen Flaggenhügel? Was soll er denn dort? [...] Jetzt hat er wieder einen Mann auf den Flaggenhügel hinaufgesandt, *ganz als wäre das nötig.* [...] Es ist merkwürdig – so oft auch der junge Theodor im Laden schon die Flagge aufgezogen und die Leute an der Nase herumgeführt hat, immer wieder hat man es ihm verziehen. *Er hat doch die Leute neugierig gemacht,* hatte sie mitgerissen und die Zungen in Bewegung gesetzt und jetzt, was ist nun wohl heute wieder los?" (Hervorhebung von mir).

[2] Ortheil, Hanns-Josef: Der lange Abschied vom Flaneur, a.a.O., 30

ziergängers ist jedoch ein anderer als der eben genannte Raum, dessen „bestimmende Eigenschaft [...] seine Homogenität, seine schlechthinige Gleichförmigkeit [ist]. Kein Punkt ist vor dem anderen ausgezeichnet; jeden kann man durch willkürliche Setzung zum Koordinaten-Mittelpunkt machen"[1]...

Der Raum des Spaziergängers ist demgegenüber durch herausgehobene, geschichtlich gewordene ‚Punkte‘ immer schon bestimmt. Sein Raum ist je schon ‚verortet‘. Was dies besagen will, bedarf noch der näheren Erläuterung.

Der Raum des Spaziergängers ist zunächst unser aller Erfahrungsraum, schlicht der Raum, „in dem wir leben."[2] Dies scheint eine Binsenwahrheit zu sein, doch bedarf es dieser Feststellung, um die Überlegung entfalten zu können. „In diesem Raum gibt es Wege, die als Straßen eingerichtet sein können. Die Orte haben hier verschiedenen Wert. Jegliches hat hier seinen Platz, ist entfernt voneinander. Dieser Raum wird *perspektivisch* erlebt. Immer ist man hier an einem Standort, der den Gesichtspunkt abgibt. Dieser Raum ist mit der Welt Gegenentwurf einer Existenz, der es in ihrem Sein um sich selbst geht."[3] Diese Bestimmung des Raumes durch Hans Lipps erinnert an die alte germanische Bestimmung von Welt als demjenigen Raum, der ein Menschenalter (althochdeutsch ‚wër-alt‘: Zeitalter) umfaßt.

Diese Perspektivität aber des Standortes ist es, die sodann zu jener vielfältigen Brechung von Welt in der jeweiligen Ausprägung des Spaziergängers führt. Den Gegenentwurf aber, von dem eben die Rede war, leistet der Spaziergänger unmerklich, doch in ausgezeichneter Weise: in seinem vorübergehenden Hinausgehen aus dem Kontext des Alltäglichen findet er neue innere und äußere Er-*Fahrung*. Seine Existenz ist – wenn auch unmerklich und vorübergehend – in die Offenheit des Werdens gestellt, das heißt der Spaziergänger schafft sich auf stille Weise aus seinem Innern seine eigene Welt, seinen Außen-Raum gerade darin, daß er sich ganz ursprünglich in ihn hineingestellt weiß. Hans Lipps nennt diesen Raum den *gnostischen Raum*, das heißt den Raum, in dem erle-

[1] Bollnow, Otto F.: Probleme des erlebten Raums, 3
[2] Lipps, Hans, Über den Raum, in: Die Wirklichkeit des Menschen 172
[3] Lipps, Hans, Über den Raum, a.a.O., 172 f.

ben, erkennen und verstehen sich entfalten.[1] Dieser Raum könnte als ein
‚nutzloser‘, alltäglicher Erfahrungs-Raum, der keine Leistung, keinen
Fortschritt in sich trägt, mißverstanden werden, doch „dieser Raum teilt
das Kontexthafte der Wirklichkeit" selbst.[2] Er liegt nicht außerhalb der
‚maßgeblichen‘ Welt, *diese* entsteht vielmehr allererst in diesem Raum.

Andererseits ist der Raum nicht nur der, in dem wir leben, sondern
auch der, „in den ausgreifend lebendige Bewegung geschieht. [...] Diese
Räumlichkeit ist frei von der ‚Dynamik‘ des Raums unseres Lebens.
Man ist hier dem Moment in seiner Jeweiligkeit hingegeben. Und dieser
homogenisierte Raum hat keine metrischen Eigenschaften, Abstände,
sondern nur *Qualitäten* wie Weite, Höhe, Tiefe. Während der Raum, in
dem wir leben, abgeschätzt, betrachtet, aktiv erschlossen werden kann,
kann diese Räumlichkeit in ihrer Struktur nur pathisch empfunden werden."[3] In eben diesem Sinne erfährt der Spaziergänger den Raum *pathisch*, das heißt aus dessen Tiefe, aus dessen Weite heraus lebend, schauend, ‚leidend‘, an etwas hingegeben, nämlich an den sinnlich, das heißt,
optisch, akustisch und haptisch, kurz: *leiblich erfahrbaren Raum* selbst
in seiner Brechung im Inneren des Spaziergängers. So steht dem ‚gnostischen‘ Schaffen einer Welt das ‚pathische‘ Er-Leben, Er-Schauen des
Raums gegenüber. Der Müßiggänger im Corso etwa legt hierfür beredtes Zeugnis ab.

Nun stoßen wir jedoch auf eine Entwicklung, welcher der Spaziergänger
seit Beginn der Moderne bis hin zum heutigen Tage ausgesetzt ist, eine
Entwicklung, welche ihm sowohl das pathische Fühlen und Schauen immer schwieriger werden läßt so, wie sie seinen äußeren Bewegungsraum
zerstört.

[1] Vergleiche zu einer solchen phänomenologischen Raumbetrachtung besonders: *Turnher*, Rainer: Lebenswelt und gelebter Raum. Grundzüge der phänomenalen Raumbilder und Raumkonzepte im Zeitalter globaler Marktwirtschaft
(Loccumer Protokolle 74/92). Loccum 1993, 253
[2] Lipps, Hans, Über den Raum, a.a.O., 173
[3] Lipps, Hans, Über den Raum, a.a.O., 172f.; Hans Lipps bezieht das pathische
Raumerleben auf nicht intentionale Raumbewegungen, wie dies etwa beim Tanz
der Fall ist. Im vorliegenden Zusammenhang wird der Versuch gemacht, dieses
von Lipps konstatierte ‚pathische‘, nicht zielgerichtete Bewegen des Leibes im
Raum auf den Bewußtseinsakt selbst zu beziehen, sozusagen in die Innerlichkeit
des Spaziergängers zurückzunehmen mit dem Ziele, die eigene Qualität des
‚Seinlassens‘ der Dinge in ihrer Vorläufigkeit, des ‚Gewährenlassens‘ des Ereignisses ein wenig vom aktiven Erschließen des Raums abzuheben.

Raum wird im Zuge der angesprochenen Konstellation nämlich zunehmend vom *mathematisierten Raum*, vom konstruierten Raum her bestimmt, dem sich die Dinge von der Planungskonzeption her zu fügen haben. Der Gedanke der beliebigen Variabilität der Raumkoordinaten in diesem Raum wird virulent; auch scheinen die Horizonte in einem solchen Raum nach Gutdünken verschiebbar zu werden. Raum wird Planungsraum, wird *verplanter Raum*. Dies eben brachte Gerhard Polt satirisch zum Ausdruck: daß wir auf dem Weg sind in eine völlig verplante, zugemauerte Welt. Über die Folgen dessen im allgemeinen und für den Spaziergänger im besonderen wird noch zu reden sein.

Diese Tendenz jedenfalls führt gegenwärtig in jenen Schnittpunkt, in welchem durch die ständig sich steigernde Beschleunigung der automobilen und audiovisuellen Medien Raum und Zeit in die Gleichzeitigkeit hinein angenähert scheint.

Paradoxerweise wird in der zunehmenden Überwindung des geographischen Raums in der Medialisierung der Welt, die ja ungeahnte Möglichkeiten zu bergen schien, die Offenheit von Welt zunichte gemacht. Dieser an die Gleichzeitigkeit angenäherte, ,aufgehobene' Raum wird zum ungewollten Versuch, Zukunft *statisch* werden zu lassen im Plan, planerisch vorwegzunehmen, sie im grenzenlos variabel scheinenden, doch letztlich statischen Plan aufzuheben.

Eine Überlagerung des ,natürlichen', des gnostischen und des pathischen Raums durch den mathematischen Raum ist die Folge: Der Erlebnisraum wird von bestimmten Zweckbestimmungen her zunehmend ,mechanisiert' und medialisiert; das Organische schwindet. Landschaft wird zur bloßen Kulisse reduziert: im Sinne einer möglichst hohen Variabilität wird Landschaft zum Hintergrundbild für Werbung, für sportliche Aktivitäten, für den Urlaub, Hintergrund für die Darstellung von ,Beziehungskisten' – um das häßliche Wort zu gebrauchen – im genretypischen Kino. Wer kennt sie nicht, die Klischees vom Palmenstrand, vom Matterhorn, von der Bergwiese, von laufenden, springenden, lachenden, dynamischen, sich ständig in Bewegung befindlichen medial vermittelten Menschen in einer vorgefertigten und letztlich beliebig austauschbaren Landschaft. Die Flucht der Postmoderne in eine angebliche ,Offenheit' vermag dem nicht abzuhelfen, da in der *beliebigen* Variabilität des Gebrauchs historischer Muster eine Öffnung des Horizonts letztlich nicht möglich scheint, wie dies schon betont worden ist.

Solche Kritik aber ist nicht von daher zu verstehen, daß ein Zurück zur ‚reinen‘ Naturlandschaft oder zur nostalgisch empfundenen Vergangenheit denkbar oder wünschenswert wäre. Dies wäre auch gar nicht möglich; Landschaft ist ja immer schon gestaltete beziehungsweise ‚pathische‘, bewußt geschaute, und das heißt gewordene, geschichtlich bestimmte Landschaft.

Der Kritikpunkt ist daher ein anderer: er wendet sich gegen eine ‚Gestaltung‘ von Landschaft, welche kaum mehr aus einer aus sich heraus entwickelten *Welt-Idee* sich entfaltet, aus einer Welt-Idee, welche ihrerseits den ihr eingeschriebenen Kosmos ständig und ganzheitlich durchdringt; Landschaft wird vielmehr reduziert auf einen je neu bemessenen, variablen *Gebrauchswert* hin, von welchem her jede gewünschte Landschaft beliebig reproduzierbar erscheint. Man betrachte diesbezüglich nur einmal genauer die periodisch stattfindende deutsche Bundesgartenschau, in welcher Natur zum ‚planbaren‘, gefälligen Konsumartikel degradiert wird.

Wie wir eingangs versucht haben zu zeigen, will der auf den Konsumenten reduzierte Geher, den wir kaum mehr ‚Spaziergänger‘ nennen können, auch nichts anderes mehr sehen als die ihm bekannte Postkartenkulisse; selbst derjenige, der sich dagegen zur Wehr setzte und sich glücklich schätzte, daß er eine noch nicht oder wenig besuchte ‚Ecke‘ ausfindig gemacht hat, läuft Gefahr, im Anti-Klischee das Klischee des Postkartentourismus zu bestätigen. Die vielen stillen Wanderer aber, die nach wie vor unbeirrt von den gesetzten Trends ihrer Wege ziehen, mögen die vorliegende grundsätzliche Betrachtung verzeihen: in der Grundsatzanalyse eines Trends müssen die vielen, die ihm zu entkommen suchen, unberücksichtigt bleiben.

Nun mag man einwenden, es gebe doch in der gegenwärtigen Landschafts- und Stadtplanung eine Fülle von landschaftsgärtnerischen und architektonischen Ansätzen und auch ganz konkreten Umsetzungen von ‚Ideen‘[1] wie nie zuvor, auch wenn die Zeit wohl vorbei ist, in der sich in der Architektur eine Epoche als in ihrer Ganzheit spiegelte, wie

---

[1] Der vorliegende dürftige Begriff von ‚Idee‘ wird hier bewußt gemäß einem verbreiteten Usus auf bloße ‚Vorstellung‘ hin reduziert gebraucht.

dies in den großen Stilepochen der abendländischen Geschichte der Fall war. Gewiß haben Moderne wie Postmoderne höchst bemerkenswerte einzelne Objekte geschaffen. Ein *Geist*, der Widerstrebendes aufzufangen vermöchte, architektonische Vielschichtigkeit belassend und dennoch *einem* Prinzip in der Vielfalt der Umsetzungen verpflichtet, ist jedoch in moderner Landschaftsprägung kaum mehr spürbar. Von der konzeptionellen Gestaltung eines Landschaftsgartens, wie dies Hirschfeld von der Kantschen Philosophie ausgehend entwickelt hat, kann solchermaßen gar nicht mehr die Rede sein. Planerische Spielereien ohne Weltgehalt herrschen vor. Man bleibt dabei jedoch im Grunde bei beliebigen, gelegentlich vielleicht auch durchaus gefälligen, vielleicht auch bewußt provozierenden Einzelkonzeptionen stehen, ohne das Gestaltungsprinzip aus einem ganzheitlichen Weltgedanken heraus zuvor entwickelt zu haben.[1]

Für den Spaziergänger aber hat dies einschneidende Folgen: nicht nur wird sein Bewegungsraum enger und enger, in der Aufsplitterung der Landschaft im Zuge eines völlig ‚zügellosen‘ Konzeptualismus in Wohn- und Arbeitsräume, Gewerberäume, Sporträume, Bildungsräume und ‚Naturräume‘ ist schwerlich mehr ein Weg in die Offenheit des Raums zu finden.

Sowohl das allmähliche Ausklingen der Stadt in die Natur ist durch das Ende der Vorstadt nicht mehr möglich, gleichermaßen aber schwindet die vielschichtige Urbanität in den Zentren. Unvermittelt sind die Schlafstädte an das Gewerbegebiet oder an den freien Acker gesetzt. Übergänge, Horizonte sind kaum zu finden. Und die Innenstädte lassen in ihrer monomanen Einkaufs- und Unterhaltungsstruktur vielfach, wie bezeugt worden ist, Urbanität missen, Urbanität nämlich, die nur aus einer gegenläufigen Vielschichtigkeit sich überlagernder Strukturen heraus Gestalt gewinnen kann.

So aber wird Landschaft in eine Gleichförmigkeit gepreßt, in der kein Raum mehr für den Spaziergänger zu bleiben scheint.

Welcher Spaziergänger nämlich wollte schon anstelle eines Spaziergangs durch die Vorstadt seinen Weg durch Gewerbegebiete, Gewerbemischgebiete, in der Gleichförmigkeit der ‚suburbs‘ oder im Lagerhallen- und Tankstellenrevier der Ausfallstraßen machen? ...

---

[1] Vergleiche hierzu die Überlegungen im Kapitel ‚Vom unbestimmten Ende der Urbanität‘

Wie sehr paradoxerweise bei all jener ‚Variabilität‘ von Landschaft die Offenheit des Horizonts verlorengegangen ist, zeigt sich in der Austauschbarkeit der Kulissen. Vergewissern wir uns des Gedankens des Horizonts: „Was ist also ein Horizont? [...] Den Horizont [...] kann man niemals erreichen. Wohl lockt er zum Vorwärtsdringen. [...] Er ist mit dem Menschen gegeben als die einheitsbildende Grenze seines Raums.“[1] Das Undenkbare scheint möglich geworden zu sein. In der ‚Plakatwelt‘ der Medien ist der Horizont anscheinend einholbar geworden. Freilich ist der Preis sehr hoch: die Landschaftskulisse etwa des Autofahrers auf dem Weg nach Süden ist von Stockholm bis Palermo, von Berlin bis Madrid austauschbar, sieht man von einigen ‚Statisten‘ ab (den ‚lokaltypischen‘ Baudenkmälern nämlich), die aus vergangenen Kulturepochen herüberreichen und die da und dort eventuell am Horizont sichtbar werden, sofern die Lärmschutzmauern dies zulassen. Am Ziel angekommen ist auch die ‚variable‘ Hotelkulisse in ihrer Gleichförmigkeit im Grunde an allen Stränden der Weltmeere dieselbe ...

Für den Spaziergänger aber scheint es bei der zunehmenden Beschleunigung dieser Entwicklung nur mehr möglich zu sein, die Freiheit des Waldgängers zu wählen und in der Stille für sich im Innern nach unbegangenen Pfaden zu suchen, es sei denn, er findet in seinem Nahbereich noch verborgene Nischen, die (noch!) unentdeckt geblieben sind.

---

[1] Bollnow, Otto Friedrich: Probleme des erlebten Raums, 13

Der Abgesang des Spaziergängers

Die Wanderbewegung

Es mag erstaunen: wie, vom Wanderer soll hier die Rede sein als einem, der den ‚Abgesang des Spaziergängers' angestimmt und eingeleitet habe? Wurde der Wanderer nicht als ‚hohes Symbol' bezeichnet? Eben dieses Symbol gilt es nunmehr zu scheiden vom geschichtlichen Typus des Wanderers im Sinne der Wanderbewegung. Dann wird sich Widersprüchliches vielleicht weisen.

So gilt es einen Blick zurückzuwerfen auf die Wanderbewegung und ihre Folgen, auf eine ‚Bewegung' – der geübte Leser erkennt die trübe Substanz des Wortes –, welche um die Wende zum 20. Jahrhundert einsetze und fortwirkte.[1]

Jenseits der begeisterten Anpassung weiter Kreise des vielfach nationalliberal gesinnten Bürgertums an den Bismarckschen Machtstaat, jenseits der Berauschung an den wissenschaftlich-technischen und ökonomischen Erfolgen der Wilhelminischen Ära, ungeachtet des Siegeszugs des Darwinismus bis hinein in seine Haeckelschen Vergröberungen, ungeachtet des aufkeimenden Erfolges Sigmund Freuds oder der ästhetisierenden Tendenzen der Jugendstilerotik etablierten sich vielschichtige, zum Teil in sich konvergierende Gegenbewegungen zum damals erfolgreichen Zeitgeist, welche unter dem Namen *Jugendbewegung* zusammengefaßt worden sind.

---

[1] Franz Schnabel (Deutsche Geschichte im neunzehnten Jahrhundert, Bd. I, 435) verfolgt die Wanderbewegung in ihren Linien bis auf Turnvater Jahn zurück: „Aus allen Berufen standen sie hier in Reih' und Glied, redeten sich mit Du an, trugen die gleiche Kleidung, turnten dieselben Übungen und schwärmten in gleicher Weise für Volk und Vaterland. Die Gemeinschaft der Turner sollte gleichsam die Keimzelle der Volksgemeinschaft sein; denn – so meinte Jahn – *wenn die geistige Bildung trennt, so wirkt die körperliche immer nähernd, einend*. Mit Vorbedacht hat er daher diejenigen Leibesübungen bevorzugt, die in diesem Sinne am stärksten wirken – also neben den Leibesübungen *das Wandern* und die Spiele. Von Anfang an hat Jahn mit seinen jungen Freunden weite Turnfahrten unternommen. […] Feinere Geister freilich, wie Schleiermacher, fühlten sich abgestoßen durch die Ungeschlachtheit des Turnmeisters, durch seine Gleichmacherei" (Hervorhebung von mir).

H. W. Richter: Wandernde Burschen (Abb. 11)

In einer Fülle von deklamatorischen Bekenntnissen wenden sich der erfolgreichen bürgerlichen Gesellschaft ganz konträre Jugend-Revoluti-
onsbewegungen entgegen, so etwa die *Jugendkulturbewegung* Wynekens und der von dessen Schülern kreierte Jugendsozialismus, dem
auch Persönlichkeiten wie Karl August Wittfogel und Walter Benjamin
angehörten. Doch auch die *Wandervogelbewegung*, die sich grundsätzlich energisch gegen das Überkommene, gegen bürgerliches Profit- und
Nützlichkeitsdenken und gegen die technische Moderne als solche
stellte, ist hier als wesentlich zu nennen.

Wynekens berühmte, oft zitierte Rede anläßlich des Jugendtreffens 1913
auf dem Hohen Meißner kann für diese antibürgerliche Haltung als stil-
bildend gelten: „Noch ist es in ihrem Bewußtsein nicht geklärt, was der
Sinn des neuen Jugend-Ernstes ist. Handelt es sich um Rationalisierung
des Lebens im Sinne von Hygiene und sozialem Utilitarismus, oder um
neue Lebensdurchgeistigung, neue Lebensschönheit? Wollen wir uns
mit dem billigen und stets unwahren Sowohl-als-Auch helfen? Hier
scheiden sich die Geister. Gilt es, die Jugend verständig, reif und prak-
tisch, kurz, gilt es, sie alt zu machen? Oder wollen wir das Vorrecht der
Jugend hochhalten und ausnützen, nämlich unbekümmert um die bürgerliche Verständigkeit einfach an das zu glauben, was – unabhängig von
aller bisheriger Erfahrung – sein soll um seiner selbst willen? Die Jugend
will das Unbedingte. Unbedingtes wollen heißt jung sein. Dieses Erstge-
burtsrecht der Jugend läßt uns nicht für ein Linsengericht bürgerlicher
Nützlichkeiten verkaufen."[1] Jugend wird in dieser Rede zu einer ‚alters-
losen' Tugend erhoben, die in einer ständigen Jugend-Revolte gegen
Etabliertes zu stehen habe. Allein schon in diesem Sinne war sie ‚immer
unterwegs'.

Anders – und doch gleichfalls auch gegenzivilisatorisch und gegenbür-
gerlich: die Lebensreformbewegung, die in „ihrer Forderung nach
Rückkehr zu einer ‚natürlichen' oder ‚naturgebundenen Lebensweise',
in welcher sich das Ideal der Harmonie zwischen Individuum und All in
Natürlichkeit und Gesundheit verwirklichen sollte", ihr wesentliches
Ziel sah, dies im Sinne einer „rückwärtsgewandten Utopie".[2] In einer

---

[1] In: Freideutsche Jugend. Zur Jahrhundertfeier auf dem Hohen Meißner. Jena
1913, 167; zitiert nach Kotowski, Georg u.a. (Hrsg.): Das wilhelminische
Deutschland, 129 f.
[2] Frecot, in: Das Wilhelminische Bildungsbürgertum, 139

Flut von Publikationen und Vorträgen wurde gesundes Wohnen und Essen, das heißt vegetarisches Essen, wurde der Tierschutz ebenso propagiert wie die Licht-Luft-Therapie, die Kultivierung der Hygiene, die Naturheilkunde oder später auch die Freikörperkultur und traf sich darin mit dem Jugendstil und der Schönheitsbewegung. Die Philosophie dieser Jugendbewegung war anticartesianisch und antikantianisch und richtete sich nach den neuen Göttern Simmel und Henri Bergson. Der ‚elan vital‘ wurde zum entscheidenden metaphysischen Surrogat.

Der neu gewonnenen ‚Freiheit‘ des Leiblichen aber gaben Maler wie Ludwig von Hofmann, George de Feure, Fidus (H. Höppener) oder Albert Weisberger mit ihren nymphenhaft tanzenden Naturgestalten lebhaften Ausdruck.

Eine etwas andere Richtung schlug der Wandervogel ein, indem er in Anknüpfung an die Romantik *das Unterwegssein* kultivierte und zum Selbstzweck erhob. Diese Richtung gilt es nunmehr ein wenig zu verfolgen.

Die romantische Unbestimmtheit des Wanderns

Wer kennt nicht das Wanderlied von Wilhelm Müller ‚Das Wandern ist des Müllers Lust‘, welches allerdings ohne die Vertonung durch Franz Schubert von 1823 vielleicht wohl längst in Vergessenheit geraten wäre. In all seiner Trivialität kommt in diesem Lied immerhin jene romantische Unbestimmtheit lebhaft zum Ausdruck, die wir schon angesprochen haben, im ‚Ansingen‘ der Mühlräder, die ‚gar nicht gerne stille stehn‘, und des Wasser, das ‚nicht Rast bei Tag und Nacht [habe und] stets auf Wanderschaft bedacht‘ ist …

Noch in den neuromatischen Gedankengängen Hermann Hesses kommt diese Unbestimmtheit einer Sehnsucht zur Geltung, deren Gegenstand eigentlich nur mehr sie selber ist: „Wir lösen die Liebe vom Gegenstand, die Liebe selbst ist uns genug, ebenso wie wir im Wandern nicht das Ziel suchen, sondern nur den Genuß des Wanderns selbst, das Unterwegssein.“[1]

[1] Hesse, Hermann: Wanderung. Aufzeichnungen, in: Gesammelte Dichtungen, 3. Bd., 394

Hier wie an anderer Stelle kommt das Bewußtsein zum Tragen des romantisierenden Immer-Unterwegs-Seins, der reinen romantischen Gestimmtheit im ständig in sich umschlagenden Gegenspiel von Ferne und Heimat, im Lebensgefühl des ‚On the road'-Seins, wie dies im amerikanischen Straßenfilm in ganz anderer Weise sich Jahrzehnte später zeigen wird. In der alten Formulierung Fichtes, die dann dem Nationalsozialismus sehr gelegen kam, kommt dies knapp und beredt zum Ausdruck: Das Ziel ist nichts, der Weg ist alles!

Freilich: diese Empfindung und der ihr korrespondierende Gedanke unterscheiden sich gründlich von der Bewußtseinshaltung des Spaziergängers, der seinen Innenraum der leisen Erfahrung im schauenden Aufnehmen der Welt offenhält. Ist das Ziel des Spaziergängers die längere oder vorübergehende Öffnung des Innenraums und dessen Spiegelung im offenen Außenraum, so schlägt hier im Gedanken der Wanderbewegung die romantische Ziellosigkeit des Gehens jenseits aller ‚Topographie' ins Leere um, kein Innenraum, der sich weitet, kein Außenraum, der sich vor den Augen entfaltet. Dies führt zu einer Konstellation, welche das Eindringen von ideologischen ‚Außenfaktoren', welche die Vereinnahmung des Aktes des Gehens leicht machten. So etwa fiel es nicht schwer, das Wandern als eine ‚germanische' Eigenschaft einzustufen, die sich bis zurück in die Völkerwanderung verfolgen ließe, eine Eigenschaft, die es zu ‚pflegen' gelte.

Im ‚Zupfgeigenhansel', dem Liederbuch der Jugendbewegung heißt es in diesem Sinne in der Kriegs-Ausgabe von 1915: „Wir müssen immer deutscher werden. Wandern ist der deutscheste aller eingeborenen Triebe, ist unser Grundwesen, ist der Spiegel unseres Nationalcharakters überhaupt."[1] Die Offenheit des Spaziergangs wurde von der Leere einer zur Weltanschauung, zur Ideologie gewordenen *Bewegung* überspielt, welche Leerstelle dann sehr leicht politisch besetzt werden konnte.

---

[1] Zitiert bei: Grebing, Helga: Der Nationalsozialismus. Ursprung und Wesen,34

Die Zielgerichtetheit des Wanderns

Das Wandern als ein Gehen, das den Weg zu sich selbst zu öffnen vermöchte, das Wandern als ein eher ‚weitausholender‘ Spaziergang in die Erfahrung des eigenen Innenraums wurde so zu einer stigmatisierenden Nötigung, ein Pflicht-Programm zu übernehmen, das in der Nähe einer ‚Bewegung‘ sich allmählich ansiedelte, die jedes andere ausschloß. ‚Zwecke‘, um derentwillen man wanderte, schlichen sich ein; die Offenheit selbst des geregeltsten Spaziergangs, seine Individualität wurde herübergenommen in ein Programm; Bewegung wurde zur ‚Bewegung‘.

„Vor Kriegsausbruch [gemeint ist der 1. Weltkrieg] standen wir bereits mitten in einer *Bewegung*, die sich zum Ziel gesetzt hat, das Aufgehen in Genuß und Üppigkeit zu überwinden und im Anschluß an vernünftige Körperpflege auch den Rahmen für eine gesunde Charakterfestigung zu finden. Das Wandern in frischer, freier Natur wurde der Jugend [...] wiedergeschenkt. [...] Ist doch eine *urdeutsche Sache* das Wandern. Seit den Tagen der Völkerwanderung steckt es den Germanen im Blute.“[1] So schrieb ein begeisterer Wanderer um 1918.

Die absichtslose Freiheit des Spaziergängers ist geschwunden. Die Bewegung des Gehens wird in den Dienst einer schon reichlich national gefärbten Bewußtseinslage hineingenommen, die sich bereits als ‚Bewegung‘ begreift. In der Wendung der Jugendbewegung gegen den kapitalistischen Utilitarismus übernimmt sie ungewollt dessen nützlichkeitsbezogene Zwecksetzungen in der Meinung, daß dies – anders als bei der verachtend abgelehnten Bourgeoisie – ja *gute* Zwecke seien, denen man verpflichtet ist. Die Innerlichkeit romantischer Unendlichkeitssehnsucht wird in ihrer programmatischen Umsetzung ausgehöhlt, so etwa, wenn es in einer Klage von 1926 lautet:
    „Heutzutage ist das Spazierengehen: die Erholung des Körpers und Geistes, *die Lust an der Bewegung, das Baden des Körpers in Licht und Luft, die Erweckung unserer rhythmischen Inhalte, die Erquickung und Erfrischung des Gemütes* im Betrachten der Natur, *die Pflege eines lebendigen harmonischen Naturgefühles und die Bereicherung unserer*

---

[1] Hoffman, Hermann: In Freuden wandern, 11

ganzen geistigen Persönlichkeit durch die Natur bei einem großen Teil unseres Volkes nicht mehr allzu sehr in Mode"[1]...

Der Begrff ‚Spazierengehen' ist vom Autor hier selbstverständlich im Sinne eines zweckgebundenen Gehens, eines zielgerichteten Wanderns angesetzt.

Man spürt das Gewollte, das Schulmeisterliche in dem gutgemeinten Ansatz, der unbewußt gleichermaßen die Wanderbewegung wie die Lebensreformbewegung mit einbezieht. Eine Zweckgebundenheit des Gehens hat längst die Offenheit der Peripetie abgelöst, eine wohlmeinende Zweckgebundenheit, die ihren Kampf gegen den amerikanischen Grundsatz ‚Zeit ist Geld' richtet. Gerade in dieser Didaktisierung des Spazierengehens wird eine Wesensveränderung des Spaziergangs erzeugt. Durch die *Pädagogisierung des Gehens* kommt die Lüge ins Spiel. Adorno spricht den Sachverhalt vom Grundsätzlichen her an: „Das Problem der immanenten Unwahrheit der Pädagogik ist wohl, daß die Sache, die man betreibt, auf die Rezipierenden zugeschnitten wird, keine rein sachliche Arbeit um der Sache willen ist."[2] Die Offenheit des Entdeckens wird im Überreden zu einer *vor*-gesetzten Sache in bestimmte Zweckgerichtetheit hinein verschnürt. Dies ist es, was verstimmt. So geht hier der Wanderer demnach nicht einfach seiner Wege. Der Spaziergang wird Mittel zum Zweck eines anderen. So heißt es denn auch 1926 zum neu kreierten schulischen Wandertag:

„Von den Wegen und Zielen , die berührt werden, wird man im allgemeinen verlangen, daß sie möglichst sinnlich und schaubar seien. [...] Und wenn möglich soll das *Ziel* immer dem jugendlichen Betätigungsdrang entgegenkommen, also einige Anstrengung zur Bewältigung verlangen, den Forschertrieb anregen, so dadurch, daß es erst mit Hilfe der Karte, etwa im Walde, gefunden werden muß. Natürlich wird man nicht mit Gewalt kulturelle Punkte aufsuchen, die Natur bietet selbst Ziele genug, die eine Fülle von Erlebniswerten einschließen."[3]

Selbst die pädagogische Einschränkung, dem jugendlichen Wanderer nicht gewaltsam kulturelle Ziele zuzumuten, kann nicht darüber hinwegtäuschen, daß in solcher Zielgerichtetheit des Wanderns eine entin-

---

[1] Gabschuß, Georg: Vom Spazierengehen, 9
[2] Adorno, Th. W.: Erziehung zur Unmündigkeit, 75
[3] Rohmeder, Wilhelm: Der monatliche Wandertag, 6 (Hervorhebung von mir)

dividualisierende Veräußerlichung des Gehens statthat, in der die Einheit des Spaziergangs von erlebter Innerlichkeit und äußerer Beobachtung programmatisch in den Griff genommen wird. In aller Stille zerfällt die Einheit der Person solchermaßen in die Leere einer unbestimmten Begeisterung und in Ertüchtigung, von der man dann zuzeiten Profit schöpfen kann.

Dem auch konnte der im Jahre 1920 wohlmeinend eingeführte monatliche ‚Wandertag‘ entgegenkommen, den allerdings schon im 18.Jahrhundert Pestalozzi sowie auch die Philanthropen im Auge hatten.[1] Rührend ist solcher Idealismus allemal, auch wenn er die Aushöhlung der eigenen Grundintention in der und durch die Programmatik immer wieder übersieht. Das ausschreitende Gehen aber ist zu einem Mittel eines außerhalb ihm liegenden Zwecks geworden, der inhaltlich ganz unterschiedlich besetzt werden konnte, von Naturtümelei oder Körperertüchtigung oder als Mittel zur Förderung der ‚Vaterlandsliebe‘: „Der stete Wechsel des Zieles und der häufige Weg durch unbekannte und unberührte Gegenden ergeben erst die erhoffte wachsende *Kenntnis des Vaterlandes.*“[2]

Dadurch daß die Offenheit des Spaziergangs in eine voluntaristische, zweckgebundene Form des Gehens umgewandelt wurde, wobei die Innerlichkeit des Wanderers als Begeisterung für …, als Zweck für … vorweginterpretiert werden konnte, wurde auch die Wanderbewegung wie andere Formen der Jugendbewegung ein leichtes Spiel für mißbräuchliche Vereinnahmung. Das Wandern wird zur vaterländischen Pflicht, und die ‚Tugenden‘ des Wanderers, die zu deutschen Tugenden deklariert worden sind, werden nunmehr paramilitärisch entwickelt. Das Wandern wird zur Vorstufe des Marschierens. Die Kameradschaftlichkeit etwa des Wanderers wird mißbraucht als ideologisches Übungsterrain für soldatisches Durchhaltevermögen; der Mißbrauch schöner Kameradschaftlichkeit kommt im folgenden Ausschnitt aus einem Lesebuch von 1942 in seiner dumpf-dämagogischen Art recht plastisch zum Ausdruck:

„Die Freiwilligkeit ihres Dienens ist eine harte Pflicht geworden. Sie heißt SA. und trägt das Gesicht der Kameradschaft. Wenn sie müde und schwach sind, wenn sie einmal schlafen möchten, nichts hören und sehen wollen von Kampf und Gefahr, dann steht dieses Gesicht der Kameradschaft vor ihnen. Und eine Stimme spricht:

[1] Siehe hierzu Krüger, Emil, Der Wandertag, 3 f.
[2] Krüger, Emil, Der Wandertag, 4 (Hervorhebung von mir)

‚Du fehlst heute, wenn deine Kameraden auf dich rechnen! Und wenn sie heute von einer Übermacht zusammengeschlagen werden, dann ist es auf dich angekommen. Aber du hast zu Hause gesessen!' Da streifen sie die Müdigkeit und Schwäche von sich ab und sind glücklich, wenn sie in der Reihe der Kameraden stehen"[1]...

So wird die Kameradschaftlichkeit des Wanderers als eine innere Zuverlässigkeit *ohne alle Berechnung* auf Vorteil und Ansehen hin, wie sie dem Bergwanderer, wie sie dem Bergsteiger unabdingbar ist, in die Rechnung eines politischen Kalküls und damit auf den Kopf gestellt und in sich destruiert. Das positive Moment einer in Extremsituationen zuverlässigen Kameradschaftlichkeit verfällt der Ideologisierung in der Verabsolutierung einer Idee, die dem Wandern im Grunde nicht eingeschrieben ist.

Die unpolitische Natur der bündischen Jugend aber wird in diesem Zusammenhang meist als das eigentliche Verhängnis zitiert, aufgrund welcher – so sehr sie sich vielfach auch dem Ansturm der Hitlerjugend widersetzen mochte – sie letztlich vereinnahmt werden konnte. Dies scheint jedoch zu kurz gegriffen, denn auch politisch aktive Wandergruppen konnten sich dem genau so wenig widersetzen, da die innere Hohlheit einer positivistisch interpretierten, simplifizierten romantischen Grundeinstellung letztlich keinen Halt mehr in sich fand und vielfach von dem ‚Neuen', dem ‚Dynamischen' einfach mitgerissen wurde. Die Tendenzen der Epoche selbst waren schal; innerer Widerstand aber konnte sich solchermaßen nicht entfalten.[2]

So konnte der Faschismus den Wanderer vereinnahmen, indes der Spaziergänger seiner Wege ging – bis auch er an die Reihe kam ...

---

[1] Von deutscher Art. Ein Lesebuch für höhere Schulen. Bearbeitet v. Ulrich Haacke. Frankfurt a. M. 1942. Vierter Teil, 33 ; Abschnitt: Der politische Soldat
[2] Vergleiche hierzu auch: Gebhardt. Handbuch der deutschen Geschichte, hrsg. v. Karl Dietrich Erdmann, Bd. IV. Stuttgart 1978. (Die Zeit der Weltkriege), 423

Die Versportlichung der Bewegung

Nun sind wir an dem Punkt angelangt, an welchem der Spaziergänger anscheinend der Lächerlichkeit nicht mehr entkommt. Er wird von ‚Schnelleren‘ ‚überholt‘, er *ist* überholt. Seine Beschaulichkeit wird zum bürgerlichen Relikt. Dies ist ganz konkret zu nehmen: Er muß jede Beeinträchtigung hinnehmen, die durch ‚modernere‘ Bewegungsformen entsteht: durch Jogger, Biker, Massensportler aller Couleur.

Doch was heißt dies schon – ‚modern‘? Man nehme dem Wort den erschlichenen Nimbus von ‚Fortschrittlichkeit‘ und es bleibt nichts übrig als eine Floskel! Was jedoch den Eindruck der ‚Überholtheit des Spaziergangs betrifft, so ist hier jedoch jene Empfindung gemeint, die sich einstellt, wenn scheinbar Bescheideneres durch Effektvolleres übergeholt und zum Verstummen gebracht wird. Man stelle sich folgende Situation Ende Februar eines schneereichen Jahres vor: Der spätwinterliche Spaziergänger stapft mühsam durch den Schnee. Effektvoll und effektiv gleitet der Langläufer auf der Loipe an ihm vorbei. Der Spaziergänger, noch winterlich eingehüllt, wird laufend von Joggern, abgehärtet und schon ‚lockerer‘ gekleidet, auf seinem Spazierweg überholt.

Die Wege des Spaziergängers sind durchschnitten. Ist es denkbar, daß seine Innerlichkeit des Gehens durch solche ‚Leistung‘ tatsächlich ‚überholt‘ werden kann? Die genannten Formen sportlicher Bewegung, werden nämlich, so gesehen, zur leistungsbewußten, zur leistungsstarken Bewegung, an der gemessen der Spaziergänger *ein träges Stück Vergangenheit* geworden zu sein scheint.

Es gilt ein wenig bei dem Gedanken zu verweilen, ob und inwiefern der Spaziergang nun in der Tat von anderen Formen der Bewegung längst überlagert worden ist und zusehends mehr und mehr überlagert wird. Wir befinden uns hierbei in der Lage, einen so offensichtlichen Tatbestand, eine so augenfällige Veränderung dennoch deutlich hervorheben und belegen zu müssen, da eine sich pluralistisch gerierende Gesellschaft den Eindruck wachhält, es könne jeder doch frei entscheiden, was er in seiner ‚Freizeit‘ mache, warum nicht auch spazierengehen. In der Wahl der Begriffe zeigt sich schon die tiefe Veränderung der Perspektive. Unauffällig aber, doch einschneidend geschieht der Wandel: man beschäftigt sich mit den Dingen als ‚Hobby‘, in der ‚Freizeit‘, zur ‚geplanten Erholung‘, nicht länger aber ruht die Zeit in sich und wird so zur Muße!

Der alles beherrschende ‚Betrieb', in den man sich in der modernen Arbeitswelt eingespannt vorfindet[1], behält auch für den ‚Freizeitmenschen'
seine Optionen bei: Freizeit „besagt nicht weniger, als daß, selbst wo der
Bann sich lockert und die Menschen wenigstens subjektiv überzeugt
sind, nach eigenem Willen zu handeln, dieser Wille gemodelt ist von
eben dem, was sie in den Stunden ohne Arbeit los werden wollen."[2] Der
Ring schließt sich: ‚Freizeit' wird zu einem Antriebsmoment einer
selbstbezüglichen Arbeits- und Konsumwelt. Besinnliche Muße bleibt
aus diesem Raum ausgeschlossen. Wenn zwar auch heute noch einschlä-
gige Umfragen ergeben, daß der *private Wunsch* nach einem unbeschwerten ‚Spaziergang' einen gewissen Raum einnimmt (wobei allerdings meist nicht zwischen Schaufensterbummel, Spaziergang und
Wandern unterschieden wird)[3], so ist dennoch zu bedenken, daß der
Spaziergang *im öffentlichen Bewußtsein* kaum eine Rolle mehr spielt.

Das tonangebende zeitgenössische Bewußtsein nämlich räumt ‚unnüt-
zer' Besinnlichkeit ebensowenig Spielraum ein wie allen Formen der Bewegung, die nicht unmittelbar ziel- und zweckorientiert sind, so eben
auch dem Spaziergang. Dies scheint im diesbezüglichen Reflex des Zeit-
geistes in den penetranten Vorgaben der Massenmedien (von Leitbildern
wagt man da nicht zu sprechen) ebenso auf wie in der einschlägigen
‚Fachliteratur'.
So nimmt es nicht wunder, daß in einer der zahlreichen zeitgenössi-
schen Arbeiten zum Thema ‚Bewegung des Menschen'[4] neben bekannten sportlichen Betätigungen eine Reihe höchst exklusiver ‚Bewegungsformen' Erwähnung findet, die bislang ganz und gar nicht als ‚sportliche' Bewegung gelten durfte, – nur eben der Spaziergang nicht. So wird
in einem solchen statistischen Überblick einer eingehende Analyse neben den klassischen sportlichen Bewegungs-Aktivitäten der Körperpflege und dem Geschlechtsverkehr eine Nische geboten. Solch feinsin-
nige Beobachtung macht staunen.

[1] Vergleiche hierzu von der Weppen, Wolfgang: Das verlorene Individuum,
besonders 19 ff.
[2] Adorno, zitiert bei Eggeling: Freizeit und Massentourismus, 3
[3] Vergleiche hierzu etwa: Grieswelle, Detlef: Sportsoziologie. Stuttgart 1978,
146 ff.
[4] Sobotka, Raimund: Das Begriffsfeld ‚Bewegung' des Menschen, a.a.O., 70–82

Der Spaziergang aber als eine Urform menschlicher Bewegung existiert nicht mehr, – eine offensichtlich unnütze Form der Bewegung, nunmehr wohl gar keine Bewegung mehr, – ein Relikt aus vergangenen Epochen! Die affirmativ gesetzten Vorstellungen von dem, was ‚sinnvolle' Bewegung sei, gewinnen jedoch medienwirksam den Charakter von Ausschließlichkeit. Dies allein schon deshalb, da Medium und Versportlichung der Bewegung letztlich auf einander verwiesen sind: der beschaulichen Bewegung etwa eines Spaziergängers ließe sich kaum der Beschleunigungseffekt abgewinnen, von dem das optische Medium lebt und welcher ganz allgemein in der durchdringenden Verdichtung von technischer Effizienz und kapitalistischem Wirkungsgrad zunimmt. Das beherrschende Emblem der ‚action' wird zum Signum einer allumfassenden Vermarktung. *Dem* freilich vermag der Spaziergänger nichts entgegenzusetzen.

Permanent fordernd wird auf diesen Gedanken unausgesetzter ‚Dynamisierung' umfassend eingestimmt, bis der ahnungslose Zeitgenosse solche entmündigende Vereinnahmung seiner Person durch den allumfassenden Betrieb, welcher Wirtschaft, Medienwelt, Sport und Ausbildung gleichermaßen umspannt, für die eigene, ganz und gar von ihm selbst kreierte freie Meinung hält. Sich dem zu entziehen erscheint als unmöglich. Selbst eigensinnige Altersstarrköpfigkeit muß kapitulieren vor einer solchen medialen und allumfassenden Versportlichung des Menschen. Der Spaziergang in beschaulicher Nachdenklichkeit scheint selbst dem älteren Menschen nicht vergönnt zu sein so, wenn es in einer Abhandlung heißt: „Vor allem scheut sich der ältere Mensch oft aus Angst vor irgendwelchen Überlastungen, sich echt anzustrengen und sieht dabei in Atemnot oder Herzklopfen bereits Symptome, die zur Schonung mahnen. *Daher gibt er sich schließlich mit unterschwelligen, mehr oder weniger gemütlichen Spaziergängen zufrieden, die letztlich nur seinen Appetit anregen.*"[1] Nicht länger also geziemt es sich, sich im Stillen zu ergehen, da man vielleicht schon heimlich nach der labenden Gaststätte Ausschau hält. Ein anderer Grund spazierenzugehen scheint in der gegenwärtigen Vermarktung der menschlichen Bewegung nicht auffindbar. Diese aber geschieht in der Trennung der inneren Bewegung von der äußeren. Der inneren Bewegung nimmt sich die Werbeabteilung an oder der psychologische Fachmann, der äußeren Bewegung sodann der organisierte Sport. Spezialisierung, ‚Professionalisierung' als grundlegende

---

[1] Ludwig Prokop, a.a.O., 68 (Hervorhebung von mir)

Methode der Beschleunigung und Gewinnmaximierung. Ganz beiläufig aber, fast nebenbei wird die Person in ihrer Ganzheit demontiert. Dies wird noch anzusprechen sein.

Halten wir fest: körperliche Bewegung erscheint also als ‚legitim‘, sofern ihr das Attribut ‚Leistung‘ zugeordnet werden kann. Nicht zufällig nämlich wertet die zeitgenössische Gesellschaft – wie zu hören war – selbst Körperpflege oder erotisches Erleben als ‚Leistung‘!

Ist es nun also die *Leistung*, die in der sogenannten Leistungsgesellschaft zwangsläufig auch im privaten Freiraum im Vordergrund steht? Es scheint so, daß ein wie immer geartetes Leistungsprinzip bestimmend ist. Doch ist es dieses Leistungsprinzip, welches tatsächlich *letztlich* entscheidend für Bewertungen ist?

Der geneigte Leser sei hier um Verzeihung gebeten für die Einfachheit eines hier vorgeführten Gedankenexperiments:

Ab und an, zwei- oder dreimal im Jahr, werden dem Zuschauer im Fernsehen Leistungen von Zirkusartisten vorgeführt. Ihre atemberaubenden Darbietungen werden einem nach Zerstreuung suchenden Millionenpublikum in sich stets erneut überbietender Weise vorgeführt, ehe sie so rasch wieder schwinden, wie sie sich zeigten, ja ehe sie aus dem Bewußtsein treten und förmlich in einer Programmflut von Filmen, Nachrichten, Quizsendungen und Shows mehr und mehr ins Vergessen entschwinden.

Ihre Namen sind im Nu vergessen.

Und nun halten wir dagegen: welches sind die Namen der zwei, drei wichtigsten Tennisspieler der Saison?[1] Dies ist wohl weniger schwierig,

---

[1] Es ist schon erstaunlich, daß sich keine Gesellschaftstheorie bzw. Sportsoziologie etwa der Frage annimmt, aufgrund welcher sozialer und ökonomischer Faktoren denn diese oder jene einzelne Sportart ihren Siegeszug angetreten hat und solche Bedeutung bekommt wie etwa das Tennis in Deutschland, dem mitunter mehr Sendezeit in den Nachrichten als dem russischen oder amerikanischen Präsidenten zugestanden wird und das doch vor gar nicht so langer Zeit den Medien kaum erwähnungswürdig war. Wenn Rigauer in seiner ‚Sportsoziologie‘ die Bedeutung dieses Sports mit dem „allgemeinen sozio-ökonomischen Aufstieg mittlerer Sozialschichten“ (87) in Zusammenhang bringt, so ist dies gewiß richtig, doch wäre der Stellenwert dieser Schichten im gesellschaftlichen Gesamtgefüge dann ebenso zu reflektieren wie gewisse Prestige- und Aufstiegsmechanismen.

da wir sie ja nahezu täglich in den Medien vorgesetzt bekommen ... Am Zuschauerinteresse liegt dies wohl kaum. Die Gesetze der Massenmedien bestimmen demgegenüber, was einen Namen bekommt und was weniger bemerkswert zu sein hat.

Ist es nun die Leistung selbst, welche den Ausschlag gibt für den Bekanntheitsgrad von jemandem, der Leistung vollbringt? Dies wird wohl kaum jemand annehmen, auch wenn Industrie und Geldinstitute mit solchen Sportlern für sich werben, um vorzuführen, daß sich Leistung nun einmal lohne.

Gehen wir nochmals diakritisch auf die Kriterien sportlicher Leistung ein: Welche Eigenschaften könnten mit Fug und Recht als ‚sportlich‘ gelten?

Gewiß wird man zu Recht Fähigkeiten wie Körperbeherrschung, Mut, Geschicklichkeit, Schnelligkeit, Ausdauer, Entwicklungstand der technischen Bewegungsabläufe und ähnliches mehr für die Bewertung einer sportlichen Leistung wohl für ausschlaggebend halten.

Es ist wohl nicht abwegig, nun doch daraus den Schluß zu ziehen: welche ungeheuren körperlichen und seelischen Leistungen, welcher Mut, welche Geschicklichkeit, welche Geistesgegenwart und welches Improvisationsvermögen kommt doch jenen vor Augen geführten Artisten zu! Ihre Leistungen aber werden *nicht* tagtäglich in den Nachrichten und Informationssendungen gebracht.

Ihre außerordentlichen Leistungen spielen im ‚Sportgeschehen‘ der Epoche nicht die geringste Rolle. Eine einzige Hechtrolle eines Spitzensportlers auf dem Tennisplatz wiegt seltsamerweise mehr als ein dreifacher Überschlag in der Zirkuskuppel, womöglich ohne Netz![1]
Die körperlich-seelische Leistung als solche also kann es wohl nicht sein, welche für die Versportlichung der Bewegung verantwortlich zeichnet, zumindest nicht entscheidend. So wird in einer Arbeit mit dem anspruchsvollen Titel ‚Philosophie des Sports‘ zu Recht von unserer Gesellschaft nicht als von einer Leistungsgesellschaft, vielmehr von einer

---

[1] Vergleiche hierzu Weiß, Otmar: Sport und Gesellschaft, 46. Otmar sieht die Dinge ähnlich: „Der Zusammenhang zwischen der ‚Mechanisierung des Weltbildes‘ (Dijisterhuis) und der Entwicklung moderner Züge des Sports ist in der Tat überaus deutlich: Standardisierung, Rationalisierung und Spezialisierung.“

Erfolgsgesellschaft gesprochen![1] Die Erfolgsgesellschaft definiert also zu allererst, was als Leistung zu gelten habe. Die Geltung dessen aber, was als Leistung definiert wird, bestimmen gewisse Indikatoren der Massengesellschaft.

So kann als erstes hierzu konstatiert werden: körperliche Bewegung wird dann als nützlich, als gesellschaftlich erfolgversprechend und damit als ‚sinnvoll‘ definiert, wenn ihr eine *meßbare* Leistung entspricht. Freizeit und die in ihr ausgeübte Bewegung gerät so allerdings in den Sog einer allumfassenden Verplanung des Menschen, welche dessen ‚Versportlichung‘ mit einschließt, wovon noch die Rede sein soll.

Wenn hier von der Versportlichung der Bewegung gesprochen wird, so betrifft dies ein im Grunde äußerst komplexes gesellschaftliches Phänomen, welches Aufmerksamkeit verdient. Diesem Phänomen wollen wir uns nunmehr zuwenden. Es sei noch einmal betont, daß es hier im Begriff der ‚Versportlichung‘ der Bewegung *nicht* um eine grundsätzliche Kritik am Sport geht und zu tun sein kann, um eine grundsätzliche Kritik also an jenen dem Spiel und dem Wettkampf verwandten Formen körperlicher Bewegung, die sich weit zurück in die Geschichte bis hin zu den alten Hochkulturen und darüber hinaus auch bei den Naturvölkern nachweisen lassen. *Jene spielerisch oder gezielt Leistung abfordernde Bewegungsformen sind ebenso wie der Spaziergang zutiefst Wesensausdruck der Leiblichkeit des Menschen*, das heißt seiner körperlich-seelischen Ganzheit[2]. Es geht hier im Begriff der Versportlichung der Gesellschaft vielmehr wesentlich und ausschließlich um ein Phänomen der modernen, medialen, industrieellen Massengesellschaft.[3]

---

[1] Gebauer, Gunter: ‚Leistung‘ als Aktion und Repräsentation, in: *Lenk*, Hans, *Moser*, Simon und *Beyer*, Erich (Hrsg.): Philosophie des Sports. Schondorf 1973,50
[2] Vergleiche hierzu besonders Weiler: Sport bei den alten Völkern.
[3] Volker Rittner zeigt überzeugend diesen Zusammenhang etwa des Spitzensportes mit dem Showbusineß und am Leitfaden des Begriffs der ‚Fitneß‘ – der weit in das Alltagsleben eingedrungen ist – den Zusammenhang zwischen Versportlichung des Lebens und ‚extrovertierter Repräsentation‘ auf (Rittner, Volker: Die ‚success-story‘ des modernen Sports und seine Metamorphosen, a.a.O., 23 ff.

Es wurde schon vielfach auf die Entindividualisierung des Menschen im Betrieb der modernen Industriegesellschaft hingewiesen.[1] Diese innere Verödung des Menschen konnte nur mit Hilfe einer einfachen, leistungsfordernden Massenbeschäftigung in der zunehmenden Freizeit im Lot gehalten werden, um darin schlimmere gesellschaftliche Folgen zu verhindern.

Es müssen etwa die Massen – und nur diese entscheiden, was als sportliche Bewegung ‚ankommen' wird und was als bedeutsam zu gelten hat – das Gefühl haben, sie könnten mitreden, sie könnten jederzeit die Dinge kommentierend verfolgen. Ortega y Gasset, Jaspers, Heidegger und andere haben das Phänomen der Masse eindringlich beschrieben. Dies soll hier nur insoweit Beachtung finden, als die Masse, die nach Jaspers zwar nicht frei sein, jedoch frei scheinen will, in der quantifizierenden Messung der körperlichen Leistung ‚Zuständigkeit' besorgen kann. Zu diesem Behufe bedarf es also einfacher, überschaubarer Regeln, die für gewisse einfache Stereotypien sorgen. Ohne diese Momente wäre eine massenhafte mediale Vermarktung sportlicher Bewegung (und der dazu notwendigen Industrieprodukte) kaum möglich. Die Dinge müssen einfach und überschaubar bleiben: Der Ball war im Out, nicht im Out; die Haltungs des Springers war korrekt, nicht korrekt; die Zeitlupe bringt es an den Tag. Das Medium bleibt letztlich das Subjekt.

Medienwirksamkeit und *Vermarktbarkeit* auf der Basis eines überschaubaren Kontextes des Verstehens können als Bestimmungsmomente dessen dienen, was dem Begriff der Versportlichung innewohnt.

Hierzu sind Ausrichtung, Einfachheit der Regeln und *Meßbarkeit* der Leistung von größter Bedeutung. Leistung an sich aber wird so reduziert auf meßbare Leistung, die zu einer Rangordnung zwangsläufig führt. Und so kann es in einem einschlägigen ‚Fachbuch' dazu heißen: „Leistung ist jede Aktion, die Grundlage einer zufallsunabhängigen Rangordnung (Hierarchie) sein kann."[2]

---

[1] Neben vielen anderen seien die Autoren Adorno, Berlinger, Dörner, Jaspers und Friedrich Georg Jünger ausdrücklich genannt.
[2] Karl Adam, in: Hans Lenk: Philosophie des Sports, 23. Wie man annehmen kann, daß sportliche Ergebnisse bei Meßbereichen von Hundertstelsekunden ‚zufallsunabhängig' sind, bleibt freilich ein Rätsel.

Wie steht es somit mit einer Leistung, die *nicht* Grundlage einer Rang-ordnung sein kann? In der permanenten medialen Vorführung solcher ,quantifizierter Leistung' nämlich geschieht Einschneidendes. Obgleich nun Schlüsse, wie die Logik lehrt, nicht umkehrbar sind, so wird dies ge-mäß dem Stile der Massendemokratie tagtäglich auf unterschwellige Weise suggeriert: was nicht oder nicht ohne weiteres meßbar ist, wird apokryph als ein *Mangel an Leistung* angesehen.

Sie halten dies für eine Übertreibung? Nehmen Sie sich das folgende Zitat einmal in Ruhe vor, ein Zitat aus einer Darstellung, welche eine Ortsbestimmung des Sportes in unserer Gesellschaft vornimmt:

„Man hat vom Sport wie von der Raumfahrt als imagestarkem, An-reize bietenden Abenteuerersatz für jugendliche Erwachsene gespro-chen – als Feld der aktiven Selbstbewährung des kleinen Mannes im sonst routinisierten und vorfabrizierten Dasein. Dieser Teilaspekt des Sports ist nicht zu vernachlässigen: Wo kann der junge Mann sonst noch eine Leistung als seine eigene Gestaltung erleben und in solchem Maße unter dem Risiko des Scheiterns und der als Herausforderung erlebten Präsenz des öffentlichen Publikums darstellen und der Beurteilung aus-setzen. […] Wo hat sich der aktionsfreudige einzelne noch so kompro-mißlos dem Anspruch zu stellen, seine gesamte psychisch-physische Leistungskraft auf wenige Minuten zu konzentrieren, seine Energiere-serven bis an die Grenze heran zu mobilisieren?"[1]

Wie kann der Autor dermaßen präpotent annehmen, daß ein so mit der medialen Welt und dem Massenkonsum verknüpfter organisierter Sport ein „Feld der aktiven Selbstbewährung des kleinen Mannes im sonst routinisierten und vorfabrizierten Dasein" sei und dabei *aus eben die-sem Dasein hinausführte*? Man beachte die martialische Kategorisierung, das inhumane Pathos: ,aktive Selbstbewährung', ,Raumfahrt als Aben-teuerersatz', ,der kleine Mann', ,aus dem vorfabrizierten Dasein hinaus-führen' … Adorno hatte längst die unterirdischen Querbeziehungen zwischen Sportbetätigung und Arbeit in einer mechanisierten, techni-sierten Industriegesellschaft hervorgehoben, wenn er davon ausgeht, daß in der Funktionalisierung des Körpers im Team unter dem Vorwand persönlicher Freizeitgestaltung kongruent die Verplanung des Menschen der Industriegesellschaft vorbereitet wird: „Der moderne Sport, so ließe sich sagen, sucht dem Leib einen Teil der Funktionen zurückzugeben,

[1] Lenk, Hans: Philosophie des Sports, 17

welche ihm die Maschine entzogen hat. Aber er sucht es, um die Menschen zur Bedienung der Maschine um so unerbittlicher einzuschulen. Er ähnelt den Leib tendenziell der Maschine an. Darum gehört er ins Reich der Unfreiheit, wo immer man ihn auch organisiert."[1]

Halten wir ein wenig inne: Nach obiger Definition von Leistung hätten Menschen wie Mutter Theresa[2] allerdings keine Leistung vollbracht. Wer wollte und könnte denn ihr Lebenswerk, das gewiß von Zuneigung, Opferbereitschaft und Liebe geprägt ist, in eine ‚Hierarchie' einordnen?! Vielleicht – so könnte man grimmig antworten – nach ihrer Heiligsprechung.

Welche Verkürzung der psychischen Leistungskraft auf die Qualität bzw. Unsensibilität der Nerven hat hier statt und welch ungeheure Ausdünnung des Humanen! Goethe, Nietzsche, Hofmannsthal, Beethoven, Herbert von Karajan[3] oder Churchill – man kann an künstlerischer, geistiger, menschlicher oder politischer Größe auswählen, was man will – so gesehen ohne jede psychische Leistungskraft. Vom Ringen des Autors, des Künstlers, des Architekten um Form, des Philosophen um den Begriff, des Arztes um Heilung, des Handwerkers um ein gutes Werkstück – dies alles und viel mehr wird gegenüber den dynamisch gefilm-

---

[1] Adorno, Th. W.: Veblens Angriff auf die Kultur, 80; der Sportsoziologe Ottmar Weiß geht dem inneren Zusammenhang zwischen Durchsetzungsgesellschaft und Sportglorifizierung in den USA nach und schreibt in Bezug auf das dortige Sportwesen: „Der Sieg wird glorifiziert, wie die folgenden Epigramme erfolgreicher amerikanischer Footballtrainer dokumentieren […]:
- ‚Winning is not everything. It is the only thing.' – Vince Lombardi
- ‚Winning isn't everything, but it beats anything that comes second.' – Paul ‚Bear' Bryant"
(Weiß, Ottmar: Sport und Gesellschaft. Eine sozialpsychologische Perspektive, 51).
Äußerst kritisch gegenüber dem Sportgeschehen unseres Jahrhunderts und seinen inneren Motivationen zeigte sich schon Musil (siehe hierzu Rigauer, Bero: Sportsoziologie, 85 – 90).
[2] Ihr Name möge hier für die zahllosen anonymen Helfer der Menschheit stehen, ganz gleich, ob sie im Schutze einer karitativen, einer kirchlichen Organisation arbeiten oder ganz auf sich gestellt ohne tröstliche Metaphysik human wirksam werden!
[3] Wie der Leibarzt Karajans, Prof. Simon, in einem Vortrag am 29. August 1989 vor der Europäischen Nietzsche-Gesellschaft in St. Moritz hervorhob, stieg der Blutdruck Karajans vor dem ersten Einsatz seiner Konzerte jeweils über 200!

ten täglichen sportlichen ‚Siegesmeldungen' zur Beiläufigkeit herabge-
mindert.

Von der *stillen Kraft des Spaziergängers* ist hier dann gar nicht mehr zu
reden. Dieser nämlich wird aus solcher verkürzter Sicht ohnehin nur auf
die Rolle eines qietistischen Müßiggängers beschränkt. Dies ist der
atemberaubende Vorgang: Reduzierung des Humanen, der Conditio humana auf Leistung und innerhalb dessen Reduzierung der Leistung auf
meßbare sportive Leistung!

Davon aber sei noch gar nicht geredet, daß der Kern des Humanen *nicht*
ohne weiteres im Begriff der Leistung zu fassen ist, zum wenigsten aber
in der Quantifizierung von Leistung! Daß derlei Gedanken vielfach gar
nicht mehr für bedenkenswert gehalten, daß sie nicht mehr für selbstverständlich angesehen werden, zeigt, wie weit wir uns schon von einer
auch nur irgendwie sich gestaltenden Conditio humana entfernt haben.
    Der Spaziergänger nämlich hat ja den Gedanken der Leistung gar
nicht erst im Blick, er ist ihm wesensfremd, auch wenn er – und dies
scheint dem sportiven Könner verblüffend und unglaubhaft – außeror-
dentlich tätig ist in seinem Nichtstun.[1]

Die eigentlich schwerwiegende Frage bei alledem wurde allerdings noch
gar nicht berührt: dies betrifft genuin ein *Auseinanderfallen von Leib
und Seele* in dieser Einspannung der menschlichen Bewegung in meßbare Leistung. Eine tiefe Kluft zwischen beiden öffnet sich: Der Leib
wird zum mechanistisch-biologistisch verstandenen ‚Körper', der auf
‚gesunde' oder erfolgversprechende Weise zu ‚trimmen' ist (ein Ausdruck aus der Hundezucht!), die Seele wird zum Raum ‚nervenreakti-

---

[1] Alfred Berg warnt 1914 schon auf rührende und naive Weise vor dem Kommenden: „Das *Wandern* schafft – mehr als jeder andere Sport – Menschen mit
gesunden Gliedern. Außerdem aber schafft es Menschen mit gesunden Sinnen.
Es ist der einzige Sport, bei dem mit der Leibeskultur nicht eine Geringschät-
zung und Vernachlässigung der intellektuellen Leistungen und Fähigkeiten
zusammengeht. [...] Das Ideal allen Sports ist der Rekord, und stets leidet das
höhere menschliche Interesse, die Freude an der objektiven Erkenntnis der
Dinge, das soziale Empfinden und der Fortschritt der Wissenschaften und Kün-
ste da, wo der Körpersport als das höchste Ziel erscheint" (Berg, Alfred: Geographisches Wanderbuch, 2 f.); ähnlich, doch weitaus ätzender spricht dies
Bradbury in ‚Fahrenheit 451' aus.

ver' Icherlebnisse, in welchen das Ich in einen dunklen Durchhalte- und Leistungswillen und einen Verstand zerfällt, welcher lediglich instrumentalen Charakter zu haben scheint. Von solcher Auflösung der Einheit der Person soll jetzt ein wenig die Rede sein.

Die Auflösung der Einheit der Person

Es besteht kein Zweifel, daß im Spaziergang die Einheit[1] von Empfindung, Denken, Schauen und äußerer Bewegung beispielhaft gewahrt ist. In diesem Gewahrtsein ist etwas verbürgt, was man als selbstverständlich gegeben annehmen möchte: die Einheit von Leib und Seele. Sie nämlich ist es, welche in einem schamlos die Dinge vernutzenden Betrieb sich zu verlieren droht. Dieser Gedanke ist schwerwiegend und bedarf einer kurzen Erläuterung.

Wie die Arbeit von Joseph Seiffert aufzeigt[2], ist das Problem der Einheit von Leib und Seele ein äußerst komplexes, und die Wissenschaft ist noch lange nicht zu Ende damit. Hier allerdings mag dieses Problem nur insoweit zu berühren als in der gängigen Versportlichung der Bewegung die Bewegtheit der Seele ins Leere verebbt; ihre Schwingungen werden entäußert in die trainierte, technische Bewegung hinein am Maßstab des meßbaren Erfolgs. Anders der ausschreitende Spaziergänger: er ist innerlich bewegt – ,bewegt sein' und ,sich bewegen' gehen ineinander über. Was die Bewegtheit der Seele betrifft, so ist sie für den Spaziergänger in einer so breiten Vielfalt der *Stimmungen* anzutreffen, wie dies nur denkbar ist.

Die versportlichte Bewegung allerdings ist notwendigerweise aufs Technische *reduzierte* Bewegung, so sehr auch die Kräfte der Seele auf einen

---

[1] Zum Begriff der Einheit siehe besonders Koch, Dietmar: Zur hermeneutischen Philosophie, 16: „Das Einheitsphänomen in der Kurzformel ,Sein im Wie seines Seins' konstituiert sich daher aus zwei Grundbezügen: Sein in *seinem* Bezug zum einzelnen Dasein und das einzelne Dasein in *seinem* Bezug zum Sein." (Vergleiche auch a.a.O., 32 f.) Von hier aus ließe sich auch in geeigneter Weise eine Typologie des Spaziergängers rechtfertigen, wie dies im Vorwort flüchtig angesprochen worden ist.

[2] Seiffert, Josef: Das-Leib-Seele-Problem und die gegenwärtige philosophische Diskussion. Darmstadt 1989

Punkt hin angespannt sein mögen: auf den des Startes, auf den des Bewegungsablaufes, der Ziellinie, der Leistungsspitze oder gar des Sieges. Die versportlichte Bewegung ist im wesentlichen Willensbewegung, die sich der seelischen Kräfte ebenso wie der des Verstandes im bloß technischen Sinne bedient. Der Wille ist hier dann insofern *blinder* Wille, als er die Voraus-Setzungen seines Wollens sich nicht mehr reflex macht, das heißt sein Ziel als gesetzt erachtet, seinen Sinnhorizont als eng definiert, als unumstößlich gegeben voraussetzt.

Auf solche Weise bleiben auch die Kräfte, die dem Spaziergänger im Meditativen sich öffnen, dem versportlichten Bewegen fremd. Es ist kein Zufall, daß eine solchermaßen im Leistungszirkel von Konsum und Produktion dynamisierte und versportlichte Gesellschaft das innerlich-meditative Moment zunehmend vermißt und mit hoher Erwartung in jene Bereiche fernöstlicher Meditation drängt, welche alleine schon durch räumliche Entfernung die Sicherheit zu geben scheint, nicht vom Zweck-Nutzen-Denken der Industriegesellschaft infiziert zu sein. Allerdings ist in einer auf ‚Fitness‘ hin instrumentalisierten Meditation jene wesentliche Einheit des Menschen dann oft bloß vorübergehend erreichbar, wenn solche Meditation nur dem weiterbestehenden Leistungszirkel diente und nicht verinnerlicht das Leben grundlegend änderte. Ein anderer Weg, der Dynamisierung und ständigen Beschleunigung der ökonomischen, medialen und gesamtgesellschaftlichen Prozesse zu entfliehen, ist derjenige der *Flucht* in jene singuläre Innenwelt, welche Drogen und Rausch zu verbürgen scheinen.[1] Freilich: die Einheit von Leib und Seele ist in der Droge oft noch mehr in Frage gestellt als in der sie mitbedingenden rücksichtslosen Beschleunigung der Bewußtseinsprozesse einer technisierten Mediengesellschaft.

Der Leib aber, von dem hier die Rede sein soll, ist gemäß der geschichtlichen Konstellation um die Jahrhundertwende, wie wir versucht haben,

---

[1] Ernst Jünger gibt in seiner Schrift ‚Annäherungen. Drogen und Rausch‘ Hinweise auf die durch Halluzinogene bewirkte *Zeitdehnung*, welche ja in der durch den ‚Workoholic‘ bewirkten *Zeitverkürzung* ihre komplementäre Entsprechung hat. Das Lamento jener gesellschaftlichen Vertreter des letzteren Typus über den Drogenmißbrauch ist insofern heuchlerisch und müßig, als sich beide Bereiche – die des Workoholic und die des Drogenmißbrauchs – ja unterschwellig entsprechen.

am Leitfaden der Wanderbewegung[1] aufzuzeigen, von der Vorherrschaft einer anscheinend weithin nur auf ein Leben nach dem Tode verwiesenen Seele Angelpunkt zur Befreiung des Menschen: höchst unterschiedliche Erscheinungen der damaligen Epoche wie Jugendstil, Gesundheitsbewegung oder Wanderbewegung belegen dies ausgiebig. Und so ergab es sich, daß nicht nur der ‚Geist als Widersacher der Seele‘ empfunden wurde (Klages), sondern auch die Seele als Widersacher des Leibes. Nietzsche trägt mit zu dieser Kehrtwendung bei, wenngleich seine höchst differenzierte Intention gewiß eine andere war: „Leib bin ich ganz und gar, und nichts außerdem; und Seele ist nur ein Wort für ein Etwas am Leibe."[2]

Die Befreiung des Leibes aber blieb aus. Weder die freudianische Hinwendung zum Körperlich-Triebhaften noch die um die Jahrhundertwende gleichzeitig einsetzende Freikörperkultur konnte den Leib entsprechend ‚erlösen‘. Dies hat verschiedene Gründe.

Zunächst stellte sich eine merkwürdige Paradoxie ein: der Leib wurde nicht befreit, er ‚degenerierte‘ vielmehr zum Körper. Je stärker das seelische Moment ausgetrieben wurde, desto stärker entwickelte sich ‚Körper*bewußtheit*‘, und gerade darin stellte sich die Einheit von Leib und Seele mehr und mehr in Frage. Der Leib wurde nicht als Leib, das heißt als sinnfällige Gestalt geistig-seelisch-körperlicher Einheit begriffen, sondern als ein manipulierbares ‚Ding‘ im Raum. Er wurde auf seine ‚Physis‘, sein bloßes Körpersein zurückgeworfen.[3]

Jene Entseelung der Bewegung des Leibes aber geht weit über das Moment der Versportlichung der Bewegung hinaus und durchzieht weite Bereiche gesellschaftlicher Wirklichkeit; so die Bewegung in manchen Spielarten des Tanzes oder die vielfach manirierte, zum Teil obszöne Selbstdarstellung von Popgruppen; aber auch das ‚Theater der Grausamkeit‘ ebenso wie die ‚natürliche‘ Bewegung im Bereich diverser Freizeitderivate. Allenthalben soll eine Archaisierung der Bewegung angeblich

---

[1] Siehe das Kapitel ‚Die Wanderbewegung‘
[2] Nietzsche, Friedrich: Also sprach Zarathustra: Von den Verächtern des Leibes, in: Sämtliche Werke, hrsg. v. Giorgio Colli und Mazzino Montinari, Bd. 4, 39
[3] Über die Relation von Leib und Körper siehe besonders Plessner, Hellmuth: Philosophische Anthropologie, 229 ff.

der Natürlichkeit des Leibes, ja der Natürlichkeit schlechthin zu ihrem Recht verhelfen.

Warum konnte dieser Ansatz nicht gelingen, so fragen wir aus der Perspektive des Spaziergängers? Dieser die Zivilisation der Industriegesellschaft durchformende Prozeß der Archaisierung konnte deshalb nicht gelingen, da er ein bloßer Willensprozeß, ein voluntaristischer Prozeß blieb und bleiben mußte, auch wenn er vorgab ein befreiend archaischer, in den freien tierischen Ursprung der Bewegung zurückführender Prozeß zu sein; so gab sich dieser Prozeß als ‚natürlicher‘ Prozeß, als Prozeß der ‚Vernatürlichung‘ – und blieb umso mehr ein künstlicher, ein manipulierbarer und manipulierter Prozeß, auch wenn bemerkenswerte Formen der Bewegung aus den sogenannten primitiven Kulturen zum Vorbild dienten.

Was heißt dies aber, in einem bloßen Willensprozeß befangen bleiben und nicht mehr zur inhaltlichen Gestaltung hinüberzukommen? Hören wir zum Moment des Willens einen Gedanken von Schiller: „Die Gesetzgebung der Natur hat Bestand bis zum Willen, wo sie endigt und die vernünftige anfängt. […] Als Naturkraft ist er gegen die eine wie gegen die andere frei; das heißt, er *muß* sich weder zu dieser noch zu jener schlagen. Er ist aber nicht frei als moralische Kraft, das heißt er *soll* sich zu der vernünftigen schlagen.“[1]

Ganz gleich, ob sich der Wille zu solcher ‚Moralität‘ durchringt, eines ist gewiß: er ist nicht mit der Naturkraft identisch, auch wenn er bis zum Überdruß dies glauben machen will, daß in ihm Natürlichkeit verbürgt wäre: Der Popstar, der seine wippenden Bewegungen für ‚natürlich‘ ausgibt, der frustrierte Sportstar, der obszöne Bewegungen zum Publikum hin macht, – sie alle wollen glauben machen, sie seien nur ‚natürlich‘.[2]

In der Aufhebung überkommener Bewegungsformen erfuhr jedoch der Leib keinerlei Befreiung, da der Leib nicht als unhintergreifbare Gegenwärtigkeit unserer je individuellen Existenz aufgefaßt, sondern objekthaft[3] als ‚trimmbarer‘ Gegenstand, als Muskelmaschine genommen

---

[1] Schiller, Friedrich: Über Anmut und Würde, in: Schriften zur Philosophie und Kunst, 52

[2] Siehe zu diesem Gedanken besonders Sloterdijk, Peter: Kritik der zynischen Vernunft.

[3] Vergleiche hierzu Boss, Medard: Das Verhältnis von Leib und Seele im Lichte der Daseinsanalytik, in: Leiben und Leben, 51

wurde, mit welcher man ‚nach Belieben‘ umspringen kann, und dies nicht nur im Leistungssport. Bewegung wird so zur technisch aufbereiteten Bewegung und als solches zudem ‚wissenschaftlich‘-medial überprüfbar.

Gegenläufigkeiten stellen sich ein: einer perfekt durchrationalisierten Bewegung enspricht diametral eine zunehmende Formlosigkeit der Bewegung im alltäglichen Umgang. Bewegungen – vom Vorgang des Essens bis hin zum Gehen – werden verhäßlicht, maniert, affektiert, nur scheinbar das Individuum und seinen Leib befreiend: „Die Ungestalt wird zur Beliebigkeit, deren ‚Wesen‘ es ist, gerade das zum ‚Maßstab‘ werden zu lassen, was den Zerfall auslöst.“[1] Instinktiv hat dies eine Gesellschaft der medialen und versportlichten Bewegung wohl empfunden, was allerdings nicht in einer rationalen Aufarbeitung des Problems der Leiblichkeit, sondern vielmehr darin seinen Ausdruck fand, den Begriff des Leibes gänzlich zu eliminieren und durch den des Körpers zu ersetzen. Erst schwinden die Begriffe, dann die Sache selbst. Eine von vielen fatalen Folgen dieses Prozesses war unter anderem der allseitige Verlust von Anmut und Grazie der Bewegung.[2]

Der angesprochene Vorgang der ‚Entleiblichung‘ ist jedoch konsequent in den Betrieb der Industriegesellschaft eingefügt. Der Leib wird zum Körper, vermarktbar, teilbar, trimmbar.

Die Einheit aber von Leib und Seele droht in den manipulierbaren medialen Raum hinein zu entschwinden und damit die Welt des Spaziergängers auszulöschen: stilles Beobachten, pathisches Schauen, ausschreitende Bewegung in innerer Bewegtheit, Begegnung mit sich selbst und mit anderen droht sich an die ‚Ungestalt‘ zu verlieren. Der Verlust der Ganzheitlichkeit des Menschen wurde viel beschworen. Am Schwinden des Spaziergängers scheint er greifbar zu werden.

---

[1] Siehe Berlinger, Rudolph: Weltnatur, 287, über die Verhäßlichung beim Aussetzen der Form.

[2] Friedrich Schiller gibt, wie bekannt, entscheidende Hinweise zur Erscheinung der Anmut. Zur ‚architektonischen Schönheit‘ (‚Über Anmut und Würde‘, in: Schriften zur Philosophie und Kunst, 24) muß die ‚Schönheit der *durch Freiheit bewegten Gestalt*‘ hinzukommen (a.a.O., 31). Und er fügt hinzu: „Anmut kann nur der *Bewegung* zukommen, denn eine Veränderung im Gemüt kann sich nur als Bewegung in der Sinnenwelt offenbaren.“ (a.a.O., 30) Freilich kann hier nur eine durchseelte Bewegung, eine ‚geformte‘ Bewegung gemeint sein.

Der leistungsstarke Lauf ins Leere

Betrachten wir kurz die ausdrucksstarke Skulptur ,running man' von Borofsky (Abb. 12). Ein Läufer, weit vornübergebeugt, scheint mitten im Lauf befindlich. Er ist voller Anspannung. Er ist unbekleidet. Seine ebenmäßige, doch kräftige Statur wird verstärkt durch eine konturierende ,Umrandung', welche besonders am rechten Arm und im Gesichtsbereich fühlbar wird. Die Körperformen sind elastisch, doch gleichwohl ohne stärkere Abzeichnung von Muskulatur. Der Fuß ist nicht mehr gegliedert. Das Gesicht ist in klaren Linien gefügt, die Lippen sind sinnlich, die Nasenfalten ausgeprägt und voller Anspannung. Die Augen stehen groß und waagrecht, der Blick aber geht ins Leere. Alles scheint dem Lauf untergeordnet. Betrachtet man die Gestalt des Läufers jedoch genauer, so zeigt sich, daß in dieser Haltung ein Lauf unmöglich wäre. So ist der Kopf nicht dem Ziele zugewandt, sondern dekorativ ,zur Kamera' gerichtet. Der Läufer scheint nicht zu laufen, sondern vielmehr ,medienbewußt' zu posieren. Man kennt diese lächerliche Pose von tausenden Bildern her, auf welchen sich Funktionäre die Hände schütteln, in die Kamera feixend, sich gegenseitig dabei kaum würdigend.

Was aber der Läufer denkt, ja ob ihm überhaupt etwas durch den Kopf geht, ist freilich dem leeren Blick nicht zu entnehmen. Nicht einmal Eitelkeit ist seinen Zügen zu entlocken, obgleich manches in Aussehen und Haltung auf einen gewissen Narzißmus hindeutet, so etwa auch der gefällige Mittelscheitel. Die ganze Gestalt ist auf Repräsentation fixiert und als solche Ausdruck moderner Selbstvermarktung. Andererseits kann man sich des Eindrucks des Archaischen nicht erwehren. Dieser Eindruck heftet sich an die leichte Gedrungenheit der Gestalt und setzt sich auf andere Weise im tierischen Blick fort, dem etwas Äffisch-Unbestimmtes anhaftet.

So vermittelt der Läufer zwei scheinbar konträre Inbilder in einem: Auf der einen Seite zeigt er sich in gefälliger, medienbewußter Pose. Eine ,Studiosituation' scheint vorzuliegen. Auf der anderen Seite dominiert das Krude, Archaische, ja Barbarische, welches sich jedoch vorzüglich mit einer gewissen Eleganz und Gefälligkeit der Selbstdarstellung des Läufers verbindet. Borofsky hat hier wohl den Typus ,moderner' medialer Bewegung im Nerv getroffen.

Jan Borofsky: Running Man (Abb. 12)

Wohin aber führt der Weg des Läufers? Welches ist der Raum, in dem er sich bewegt? Der Raum, in welchem der Läufer sich bewegt, ist medial bestimmt und letztlich leer und damit ein völlig anderer als der des Spaziergängers. Der Raum des Spaziergängers ist ein geschichtlich bestimmter Raum, den wir als existentiell zugewiesenen ‚gnostischen‘ Raum und auf der anderen Seite als ‚schauend‘, als ‚pathisch‘ empfundenen Raum bestimmt haben.[1]

Der Läufer, der Sportler dagegen bewegt sich förmlich in einem ‚physikalischen‘ Raum: „In der Struktur dieses Raums kommt der *Stand* einer Betrachtung zum Vorschein. Nämlich der Stand technischer Möglichkeiten, nach Maßgabe derer dieser Raum konstruiert ist. [...] Das Sehen dieses Raums bedeutet kein gnostisches Sehen.“[2] Der Raum wird vom Sportler ‚technisch‘ aufgefaßt und angegangen. Der Raum ist für ihn kein erlebter Raum, es sei denn, man nähme das Reiz-Reaktion-Schema selbst für das Erlebnis in dem Sinne, wie man heute von einem ‚Erfolgserlebnis‘ spricht. Der Läufer nämlich hat keine Zeit und keinen Sinn für Naturbetrachtungen, er schaut auch nicht nach Innen, um inneren Reichtum zu entfalten, er konzentriert sich vielmehr auf den ökonomischen Einsatz seiner Kräfte. Der Spaziergänger bewegt sich nicht ökonomisch, der Sportler muß es.

In einer letzten Phase der Entwicklung der Raumerfahrung aber wird nunmehr selbst der auf den physikalischen Raum reduzierte Raum des Läufers nahezu überflüssig gemacht; er wird hinübergenommen in den fiktiven medialen Raum, in das Übungs- und Simulationsgelände des Computers, in die Aufzeichnung des Videogeräts. Dieser Raum scheint unbegrenzt verfügbar zu sein und die Wirklichkeit wie in einem Spiegel komplementär abzubilden, allein – die Perfektion in der ‚Spiegelung‘ läßt Realität und Schein austauschbar werden und zuletzt die Realität auf ein Derivat des Mediums schrumpfen. Eine Spaltung in ein reales und ein mediales ‚Sein‘ des Menschen ist die Folge solcher Unterneh-

---

[1] Siehe oben das Kapitel ‚Die weltlose Destruktion des Raumes‘
[2] Lipps, Hans: Über den Raum, in: Werke V, 176; daß das berühmte Sechstagerennen im Berliner Sportpalast nur im Kreis herum geht, ist sportlich gesehen kein Mangel; auch das ‚Free-Climbing‘ in eigens geschaffenen Beton-Übungsgeländen liegt nur in der sportlichen Konsequenz; die Schaffung von ‚Ideal-Geländen‘ für Mountain-Biker steht noch aus. Freilich finden sich immer wieder Mischformen von Sportausübung, in denen Naturempfindung sich ‚einschleicht‘.

mung: „Diese seltsame Persönlichkeitsspaltung betrifft auch immer zahlreichere Berufe, als ob [...] der *Zustand der optischen Überwachung* das unmittelbare Handeln zunehmend ersetzen würde, *wobei das Leben unmerklich zur Sichtsteuerung eines Fremdkörpers wird.* Was beispielsweise den Sportler angeht, liegt die stereoskopische Wirkung auf der Hand: Es ist nicht mehr ausreichend, durch Abrichtung und Gewöhnung des Körpers an gewisse Anstrengungen, an gewisse Haltungen, die unter Zuhilfenahme eines Trainers oder eines Sportmonitors eingenommen werden, Leichtathletik oder Reiten zu erlernen; der Athlet muß auch lernen, sich im Spiegel des Bildschirms zu beobachten. Gleichzeitig Akteur und Fernsehzuschauer seiner selbst, in diesem Fall durch den Einsatz eines Kontrollbildschirms, wird seine Vitalität plötzlich identisch mit dem Vorbeiziehen eines fernen Gegenstandes"[1]...

In solcher Medialisierung ist allerdings kein Sich-Inne-Werden mehr möglich: in der Dominanz des im Grunde einengenden Mediums über die realen Gegebenheiten wird die Innenwelt in der Vielfalt ihrer Möglichkeiten ausgelöscht. In der permanenten Anspannung ist eine Versenkung in die Entborgenheit des Seins ebenso unmöglich wie schöpferische Imagination, welche der inneren Losgelöstheit, der Befreiung von gesetzten Zwecken bedarf.

Der meditative Charakter aber des Spaziergangs steht solcher ‚Besinnungslosigkeit‘ diametral entgegen. Freilich leuchtet das meditative Moment in mancher Form des Ruhens wie der Bewegung auf: auch im Tanz, in der Bewegung der Musik kann sich solches Einssein andeuten, so wie im Naturerlebnis des schauenden Wanderers oder in der Erkundung des Flaneurs im Getriebe der Metropole und so ‚ein Leben für sich‘ sein. Mediale Vermarktung sportiver Bewegung ist hiervon aller-

---

[1] Virilio, Paul: Der negative Horizont, 161; es wäre gewiß naiv, die Leistung des Mediums in vielerlei Hinsicht zu verkennen. So leistet es etwa in der Chirurgie Unglaubliches. Allerdings ist es ein vielgepflegter Irrtum, einzelne ‚Wohltaten‘ einer Errungenschaft für sich zu betrachten und daran den Fortschritt zu messen. Geht man in dieser primitiven Weise vor, so wird die einfühlsame Diagnose einer quälenden Gesamtsituation sehr leicht als hypersensible, ‚unrealistische‘ Verschrobenheit abgewertet. Das Grundmuster der rhetorisch betriebenen Abwertung des Kritikers ist dabei immer dasselbe.

dings ausgenommen. Sie nämlich ist von einem Funktionalismus geprägt, der keinen meditativen Innenraum mehr zuläßt.[1]

Was aber ist dies, wovon ständig die Rede ist: der Innenraum? – Dies ist kein mystifiziertes, nebelhaftes ‚Wesen‘, sondern vielmehr die gleichermaßen bewegte und in sich ruhende Entfaltung von Zeit. *Innenraum ist so kein leeres Gehäuse*, sondern betrifft die Möglichkeit von Entwicklung des Selbst. Dieser Raum ist somit immer geschichtlicher Raum, da die Entwicklung des Selbst in seiner Zeitlichkeit in die Unwiderruflichkeit des Geschehenen hineinführt. Der Spaziergänger entfaltet so seinen Innenraum gemäß seinem eigenen Selbst – und setzt darin seine Zeitlichkeit im Raume frei. Eine Beschleunigung innerhalb dieses Raums ist im eigentlichen Sinne nicht möglich. Er gehorcht dem Rhythmus, der dem jeweiligen Selbst zutiefst angehört. Der Spaziergänger, der bewußt seinen Weg ‚ökonomisch‘ durchraste, um schneller an ein Ziel zu gelangen, verfehlte seinen Weg. Der Spaziergänger bewegt sich nicht ‚ökonomisch‘, der Sportler muß es, wie zu hören war. Selbst der ‚getriebene‘, der eilende Spaziergänger weitet in seiner rascheren Bewegung dagegen ja nur sein Inneres.

Stets aber geht der Spaziergänger *ernsthaft* seinen Weg, auch wenn er ihn in Leichtigkeit und Heiterkeit durchwandert. Als solches ist er wohl unzeitgemäß: „Wenn alles schnell gehen soll, muß vor allem Ernsthaftes, Schwieriges und Langwieriges vertagt werden. [...] Dabei scheint der atemlose Lebensstil in einen Kreislauf sättigungsloser Befriedigung mit

---

[1] Die meditative Bewegung ist ja eine in sich selbst umgewendete Bewegung, anders als jene rationalisierte Bewegung, welche voluntative Ziele anstrebt, wie dies im Sport der Fall ist. Freilich sind die verschiedenen Formen der Bewegung meist nicht rein und unvermischt anzutreffen; so mischt sich etwa in die ‚Einsamkeit des Langstreckenläufers‘ in Sillitoes gleichnamiger Erzählung das Moment der Reflexion hinein, zumal sein Laufen aus dem sportiven Erfolgssystem und der Vermarktung des Körpers hinausführt. Der jugendliche Protagonist weigert sich ja, die innere Freiheit dem sportlichen Ehrgeiz des Anstaltsdirektors und seinem eigenen Ehrgeiz zu opfern: „Leer bin ich, so leer wie vor meiner Geburt, und ich vermute, ich laß mich deshalb nicht ganz gehn, weil da was tief in meinem Innern ist, das nicht will, daß ich sterbe oder mich sehr verletze. Und es ist so albern, tief nachzudenken, nicht wahr, weil's einen nicht weiterbringt, obwohl ich ganz tiefschürfend werde, wenn ich an dieser Stelle vorbei bin, wo ich die Hälfte hab, weil mir beim frühmorgendlichen Langstreckenlauf der Gedanke kommt, daß ein jeder solcher Lauf ein Leben für sich ist."(Sillitoe, Alan: Die Einsamkeit des Langstreckenläufers, 21).

der Folge bleibenden bzw. sich je erneuernden Unbehagens zu führen."[1]
Die ‚Langsamkeit' des Spaziergängers erweist sich von hier aus als un-
schätzbare Überlegenheit, auch wenn es den Anschein hat, daß das Prinzip der Geschwindigkeit gegenwärtig obsiegt und damit das bessere
wäre.[2]

Der Raum aber wird in der gegenwärtigen Beschleunigung nicht auf den
Innenraum des Menschen bezogen, sondern dem angemessen, was Heidegger das ‚Gestell' nennt; was mein dies, das Gestell? Eine zur Gänze
klärende Antwort kann hier auf engem Raum kaum gegeben werden.
Heidegger erläutert jedoch hilfreich, daß dieser Ausdruck ‚Gestell' ähnlich umgedacht werden müsse, wie Platon den Begriff der ‚Idee' entwik-
kelt habe. Im Verständnis der alten Griechen nämlich bezog sich der
Ausdruck ja zunächst völlig konträr zur ‚abstrakten' Idee auf das ganz
konkrete Bild (eidolon). Im Sinne Platons müsse ‚Idee' darin zugleich als
das grundlegend Abstrakte und als das höchst Konkrete gedacht werden. Das Gestell wäre dem analog zu denken als das, was der modernen
Technik ‚abstrakt', also *als grundlegend vorausgesetzt* ist! Und so kann
Otto Pöggeler interpretieren:
    „Das Gestell ist das, was in der Technik west und selber nichts Techni-
sches ist, das Wesen der Technik. […] Im Gestell der Technik ist das Sein
des Seienden die Vorstellbarkeit und die Zustellbarkeit , die Verfügbar-
keit des Bestandes; das Wesende im Sein, *das unverfügbar jeweilige Er-
eignen der Unverborgenheit, bleibt vergessen. Im Gestell entsetzt das
Sein sich der Wahrheit seines Wesens, verweigert Welt und übergibt das
Seiende der Verwahrlosung.*"[3]
    Selbst das Sich-Ereignen also soll in der zunehmend beschleunigten
Bewegung der modernen Industriegesellschaft verfügbar gemacht wer-

---

[1] Menne, Ferdinand: Verlangsamung. Ein notwendiges Stichwort, in: Nichts
Besseres zu tun, 235
[2] Heidegger hat zu Recht darauf verwiesen, daß Geschwindigkeit wesentliches
Merkmal des Faschismus ist. Dieser Gedanke wird heute freilich ungern registriert oder gar aufgearbeitet, da er den kapitalistisch-technischen Betrieb emp-
findlich stört.
[3] Pöggeler, Otto: Der Denkweg Martin Heideggers, 245 (Hervorhebung von
mir); ein entscheidender neuerer Topos zum Begriff des Ereignisses sind Heideggers ‚Beiträge zur Philosophie (Vom Ereignis)'. Zur Deutung von Heideggers
Begriff vom Ereignis ist zu nennen: Koch, Dietmar: Sache und Weg. Zur Frage
nach der Verfassung des Seins und seiner Ergründung. Tübingen 1996

den. Die Stille des Ereignisses, wie sie der Spaziergänger auf seinen Wegen kennenlernen mag, wird der medialen Grellheit scheinbar perma-
nenter, lauter Vorgänge preisgegeben. Doch noch zweierlei interessiert
diesbezüglich an dieser Darstellung Heideggers: Welt verweigert sich
letztlich in dieser lauten ‚Welt‘ ständiger ‚sportiver‘ ‚Ereignisse‘ und ihrer Siegesmeldungen. Und zuletzt: das Gestell übergibt das Seiende, die
in sich bestehenden Dinge der Welt der *Verwahrlosung*! Ein ungeheurer
Gedanke: ständige Spezialisierung und Zweckbestimmtheit sowie zunehmende Präzision und Technisierung der Bewegung – nichts als Verwahrlosung? Dies mag den Leser irritieren. Allerdings: es gibt eine
Form von Verwahrlosung, die in der äußersten Geordnetheit begründet
liegt. Welche Verwahrlosung etwa im zynischen Ordnungsgepränge der
KZ-Wächter! Darin nämlich, daß das Seiende (und mit ihm der ‚seiende‘
Mensch) zum bloßen *Material* wird, liegt die allumfassende Verwahrlosung begründet. All die seienden Dinge ‚in den Griff bekommen‘ zu
wollen, über sie zu verfügen – dies nämlich löst den Vorgang der Verwahrlosung aus: „Das Gestell gibt dem Menschen die Möglichkeit, sich
in die Gestalt des Herrn der Erde aufzuspreizen, obwohl er ständig in
der Gefahr steht, selbst als bloßer Bestand des Bestellens vernutzt zu
werden – bloßes ‚Material‘, ‚Arbeitsmaterial‘ des Arbeitsmarktes oder
auch ‚Krankheitsmaterial‘ einer Klinik zu werden"[1]… Ein Symptom unter vielen für eine solche Verwahrlosung ist die durchgängige Vernutzung der Natur. Die Natur wird zum bloßen ‚Material‘ auch für den
menschlichen Bewegungsdrang. Mittel aber zu besagter *Aufspreizung* ist
das mehr und mehr unabdingbar gewordene Gerät[2], das gleichzeitig eine
äußerst wichtige Rolle im spätkapitalistischen Betrieb bildet. Am Spa-

---

[1] Pöggeler, Otto: Der Denkweg Martin Heideggers, 246 f.
[2] Alexander von Humboldt hatte ja schließlich in ‚Gehrock und Straßenstie-
feln‘ den 6310 Meter hohen ‚Chimborazo‘ bis kurz unterhalb des Gipfels bestie-
gen (siehe Wolfgang-Hagen Hein: Die amerikanische Reise und ihre Auswertung, in: Alexander von Humboldt. Leben und Werk, 65). Auch Reinhold
Messner versucht zunehmend, das technische Hilfsmittel zurückzudrängen. Ob
das Gerät auch immer sinnvoll ist, ist freilich fraglich. Schischuhe etwa, in denen
man ohne Schier kaum ein paar Schritte machen kann, dienen nur einer markt-
günstigen Gerätespezialisierung. Und was Teleskopstöcke und ähnliches angeht,
so kam die Menschheit ein paar Jahrhunderttausende ohne sie aus. Natürlich sei
es niemandem benommen, sich ‚moderner‘ Erleichterungen zu bedienen. Allein,
in einem philosophischen Essay darf das Prinzip ‚Erleichterung‘ als solches
naturgemäß problematisiert und in einen gesamtanthropologischen Zusammenhang gestellt werden.

ziergänger läßt sich wenig verdienen. Am Mountain-Biker, am Snow-Border, am Free-Climber, am Camping-Touristen schon mehr; dies vor allem im Lichte ständig wechselnder Moden und Neuheiten, die man haben ,muß', um ,in' zu sein. Das Prinzip der Effektivität bleibt dabei nur vordergründig betrachtet als sinnvoll bestehen. Ursprüngliches Natur- und Bewegungserlebnis käme ohne dieses Prinzip aus. Doch das Gerät wird so nunmehr unabdingbar: Es erzeugt mit den Eindruck ständigen Fortschritts und erlaubt ebenso, Bereiche unberührter Natur für die Massen zu erschließen. Auch eventuell noch vorhandene Ansätze von ganzheitlich-innerlichem Erleben werden ins Technische umgelenkt. Stets neue Geräte sind dem Markt zudem günstig[1] und sorgen für den Eindruck scheinbarer Vielfalt und verschleiern den inhaltslosen Weg in die Weltlosigkeit. Das Gerät wird zum Drehpunkt, in welchem die körperliche Bewegung nunmehr selbst zum bloßen ,Material' geworden ist; gleichwohl hält sich der Freizeitaktivist für ein frei handelndes Subjekt, hat er doch im System funktionalisierter, vermarkteter, gerätebezogener Bewegung quantifizierbare ,Leistung' erbracht und dadurch – wie er meint – am Fortschritt höchsten Anteil. Der Spaziergänger aber droht zum lachhaften Relikt einer vergangenen Epoche zu werden, er wird zum Abbild des willensschwachen Spießers degradiert. Unbemerkt wird so der betriebsame Lauf ins Leere angetreten, freilich: sehr leistungsstark.[2]

---

[1] Jörg Stratmann führt an reichem Material aus, welche ungeheure wirtschaftliche Rolle Fitneßstudios und Sportgerätehersteller im wirtschaftlichen Gesamtrahmen spielen. So schulen beispielsweise allein in der Bundesrepublik 6000 Lehrer eine Million Aerobicsportler. Der Gesamtumsatz allein der Fitneßanlagen in der Bundesrepublik betrug im Jahre 1994 2,4 Milliarden DM (Stratmann, Jörg: Mit uns soll sich der Laie fit halten, a.a.O., 13).

[2] Man kann sich nicht genug tun damit, um bewußte oder unbeabsichtigte Fehlinterpretation der vorliegenden Gedanken zu vermeiden, darauf hinzuweisen, daß es hier nicht um Kritik am Sport, an den Leibesübungen *an sich* oder gar um Sportfeindlichkeit als solches geht. Der Autor dieser Zeilen hat selbst von Jugend an mit Freude verschiedenste Sportarten ausgeübt und sich in späteren Jahren immerhin noch im Gleitschirmfliegen (inklusive eines passablen Absturzes) versucht. Es geht also *nicht* um eine persönliche Abneigung gegenüber dem Sport, sondern um ein *Sachproblem*, nämlich um die zunehmende Anmaßung eines Teilbereichs *durchaus wesentlicher* menschlicher Möglichkeiten gegenüber dem *Ganzen* des Menschseins im Stile einer Usurpation; dies geschieht ja im Rahmen einer die Gesellschaft durchgreifenden, buchstäblich maßlosen medial vermittelten Ideologisierung des Sportes.

Die Zeitlosigkeit des Spaziergangs

Innenwelt und Außenwelt

Innenraum – so wurde verlautet – sei kein leeres Gehäuse, sondern betreffe die Möglichkeit der Entwicklung des Selbst aus sich selbst heraus. Innenraum – das ist das Mögliche an sich: „Wir verstehen unter dem Möglichen überhaupt das noch Innerliche, noch nicht zur Äußerung, zur Offenbarung Gekommene."[1] Dasjenige, was zur Äußerung kommt, wird zum Ereignis, nicht zum bloßen Vorübergang, sofern „sich Zeitlichkeit und Sein des Seienden"[2] durchdringen. Was besagt diese philosophische Redeweise für den Spaziergänger? Im Hindurchgehen durch eine Gegend, durch eine Straße, durch einen Wald erfährt der Spaziergänger nicht nur die Endlichkeit und darin die Unabgeschlossenheit eines von ihm eingeschlagenen Weges, sondern seine eigenen inneren Möglichkeiten und darin sein Selbst.[3] Dies ist als ein Vorgang innerer Befreiung zu denken. Im Ausschreiten, im Er-*Fahren* der eigenen Zeitlichkeit (als dem Prinzip von Zeit) durchdringt der Spaziergänger sein Inneres, er wird sich seiner selbst gewärtig. Der Spaziergänger gestaltet sein Inneres in der Begegnung mit sich selbst oder in der Begegnung mit dem anderen, mit seiner Begleitung, mit der Landschaft, mit der Umgebung. Diese aber, die Außenwelt, wirkt in eben dem Maße auf ihn ein, wie er sie innerlich sich ‚schafft‘, indem er sie als Ganzes schaut. Was er dabei erfährt, anders gesagt: was ihm dabei widerfährt, *bricht* sich in seinem Bewußtsein und wird so zum Erlebnis. Es spiegelt sich nicht einfach bloß sein Inneres im Äußeren oder umgekehrt seine Umgebung in

[1] Hegel, G. W. F.: System der Philosophie. 3. Teil. Die Philosophie des Geistes, in: Sämtliche Werke, hrsg. v. Hermann Glockner, Stuttgart 1965, Bd. 10, 35
[2] Berlinger, Rudolph: Philosophie als Weltwissenschaft. Vermischte Schriften Bd. II, 20
[3] Es hat den Anschein, als wären die beiden letzten Gedanken mit mehr Recht auf den organisierten Sportler zu beziehen, sofern man eben den Gedanken der ‚inneren Möglichkeit‘ und des ‚Selbst‘ rein äußerlich abtut. Dann eben wäre von Selbst-Verwirklichung im Sport zu reden. Der Gedanke der ‚inneren Möglichkeit‘ meint eben *nicht* die Möglichkeit des Erfolgs oder des ‚guten‘ Körpergefühls, sondern verweist in die Offenheit des Seins. Das ‚Selbst‘ wiederum ist nicht das erfolgsorientierte Ich, es betrifft das Sich-Angehören.

seinem Inneren ab, da der Spaziergänger zwar völlig dem inneren wie dem äußeren Eindruck sich öffnet, doch andererseits seine Welt frei sich fügt. So wählt er *frei* seinen Weg; und es ist in ihm gelegen, ob er sich jeweils mehr seiner Innenwelt zuwendet oder der Außenwelt, die er durchschreitet. Dies auch ist der Grund dafür, daß im Untertitel dieses kleinen Essays davon die Rede ist, daß sich Welt in der Gestalt des Spaziergängers breche und nicht, daß sie sich in ihm einfach spiegele.

Auch wenn in der *einen* Welt Innenwelt und Außenwelt unterschieden werden muß, so zerfällt Welt jedoch nicht in zwei getrennte Bereiche.[1] Was aber ist die *eine* Welt? Wir können an dieser Stelle nicht umhin – wenn auch nur im Vorübergehen –, die Frage ernstzunehmen, wollen wir die Befähigung des Spaziergängers zum synoptischen Schauen, sein Einssein mit sich im Gehen, im Sich-Bewegen, im Fühlen und Denken begreifen. Nehmen wir hierzu die ironisch-rhetorische Frage des Philosophen Berlinger als Denkanstoß, nämlich, ob die eine Welt nicht als „Individuum Welt" gedacht werden müsse. Diese zunächst wenig einleuchtend scheinende Frage betrifft, wie wir sehen werden, zutiefst den Spaziergänger. Wäre dem nämlich so, daß Welt als ,Individuum' gedacht werden müßte, so erlebte jeder im Hindurchgehen durch die Welt, *dieselbe* Weltgestalt, wobei gewiß dem einen oder anderen an dieser Gestalt etwas anderes auffiele, aber immerhin: es wäre immer dieselbe Gestalt. Dies aber ist nicht der Fall. Zwar ist „Welt [...] die Ganzheit des Seienden selbst, [...] und doch ist Welt kein Individuum, denn ihre unteilbare Einheit ist nicht sie selbst, sondern der weltseiende Mensch."[2] Dies heißt mit anderen Worten: Die Welt ist kein ,Unikum', das einfach schon da ist, sondern Welt ist dasjenige, was durch das menschliche Subjekt jeweils hindurchgehend sich zeigt. Das menschliche Subjekt aber ist je schon ein hier und jetzt seiendes geschichtliches Individuum.

Eben daraus erklärt sich aber die Vielgestaltigkeit des Spaziergängers, dessen Innenwelt kein leeres Abstraktum ist, sondern ihren jeweiligen Austragungsort in der geschichtlichen Welt hat. Der Spaziergänger ist in *seine* Welt hinein verschränkt, in *seine* Landschaft, in *seine* Epoche, in

---

[1] Boss, Medard: Das Verhältnis von Leib und Seele im Lichte der Daseinsanalytik, a.a.O., 112

[2] Berlinger, Rudolph: Die Weltnatur des Menschen, 82. Vergleiche hierzu auch über die Rolle des Menschen als Weltbildner: Berlinger, Rudolph: Philosophie als Weltwissenschaft, Bd. I, 45

seine ganz individuelle Verfaßtheit. In diesem Sinne ist der Spaziergänger der ‚Demiurg‘, der sich seine eigene Welt schafft. Allerdings ist dieses ‚Erschaffen‘ von Welt kein freies Konstruieren, sondern das In-der-Welt-Sein geht diesem Schaffensprozeß je schon voraus. Der Weltentwurf des Spaziergängers ist so von seinen Wegen geleitet und keine creatio ex nihilo, keine Schöpfung aus dem Nichts. In seiner ‚Imagination‘, in seiner Einbildungskraft ist die geschichtliche Welt immer schon wirksam. Freilich ist das Besondere an dieser schauenden Schöpfung des Spaziergängers, daß sie verfestigte Welten aufbricht – dies löst ihn ja gerade aus dem Alltag – und neue Welten sozusagen imaginativ als Möglichkeit aufwirft. Und wenn Heidegger mit Hegel betont: „Höher als die Wirklichkeit steht die *Möglichkeit*"[1], so ist dieser Gedanke auf den Spaziergänger hin so zu deuten, daß dessen Innenwelt, daß dessen innere Möglichkeiten als unverzichtbares Element menschlichen Welterlebens zu nehmen sind, als Möglichkeiten nämlich, die sich nicht an der Welt vorbei, sondern nur durch sie hindurchgehend zu entfalten vermögen.

Von der anderen Seite her genommen heißt dies aber: allererst in der Öffnung von Welt auf ihre Möglichkeiten hin und in der inständigen Bewahrung ihrer Offenheit nimmt Welt Gestalt an. Wäre dies anders, so wäre man einem großen ‚Mechanismus‘ ausgeliefert. Die eingangs angesprochene Einheit von Welt ist so nur in ihrer Vielgestaltigkeit verbürgt. Eben hierfür legt der Spaziergänger ein bescheidenes, doch bedeutsames Zeugnis ab.

Bewegtsein und sich Bewegen

Die Leiblichkeit des Menschen, welche wesentlich dessen seelisch-körperliche Einheit umgreift, erweist sich als der Grund dafür, daß die innere Bewegtheit in die äußere Bewegung verschränkt ist. Nimmt man den Gedanken hinzu, daß die *eine* Welt immer schon ‚perspektivisch‘ in der Weise erlebt wird, daß sie als Einheit nur in der Vielfalt der Möglichkeiten innerer Bewegtheit und äußerer Bewegung sich zeigt, dann ergibt sich je schon ein unterschiedliches Weltverhalten in der Art, wie man im Raum sich bewegt:

[1] Heidegger, Martin: Sein und Zeit, 38

Franz Gertsch: Kranenburg (Abb. 13)

„Auch beim Gehen gibt es aber dies, daß der Leib in den Raum verlagert, verschoben, hineingeführt wird. Es gibt keine reinen Fälle pathischen und gnostischen Verhaltens. [...] Das Gehen der Menschen ist so verschieden wie ihre Schrift. Jede Handbewegung hat ihr bestimmtes Gepräge. Wir schließen aus diesen Bewegungen, wovon einer bewegt wird, wie ihm zumute ist. Wie er zur Welt steht, wie er also ‚ist‘, wird in seinem Verhältnis zum Raum, d.i. in der Motorik seiner Bewegungen Erfahrung. Der Ängstliche zieht in seiner Bedrängnis die Arme an, der Traurige läßt sie fallen. [...] Die Bewegungen sind nicht ‚Gleichnis‘ einer *Handlung*. Wir verhalten uns darin nur eben verschieden [...] zum ‚Raum‘, dessen Weite, Tiefe usw. hierbei symbolisch für die Welt erlebt wird"[1]...

Hans Lipps, der dies sagt, gibt hier eine phänomenologische Beschreibung der Bewegung, welche – spinnt man den Faden fort – dem Ausdruck der inneren Bewegtheit des Spaziergängers sehr gerecht wird: so hastet der getriebene Spaziergänger von Angst gejagt durch die Landschaft, ganz auf sein geschütteltes Inneres fixiert, der Streuner schlurft gedrückt oder Selbstbewußtsein zur Schau tragend durch sein Revier, der Erholung suchende bürgerliche Spaziergänger setzt gemessen und freundlich seine Schritte, der Flaneur verfolgt berauscht, die Aura des ‚Quartiers‘ in sich einsaugend, feinste Spuren, seinem unbürgerlich-künstlerischen Berufe nachgehend; der Versunkene lebt ‚bewegt‘ seinen Visionen, durch Gassen und über Felder eilend, der lässig-laszive ‚Lazzarone‘ flaniert im Corso, der Hagestolz, der einsame Junggeselle, wie ihn die Bilder des 19. Jahrhunderts zeigen, strebt, Abweisung ausstrahlend, seine Umgebung mißachtend, seinem Ziele zu ..., kurz: der Spaziergänger, wie er in vielerlei Gestalt auf diesen Seiten angesprochen wurde, durchlebt in seiner je eigenen Weise den Raum, den er durchmißt, – dies gemäß dem Duktus der inneren Bewegtheit. So kommt im Spaziergang – ähnlich dem Tanze, doch anders als bei diesem die Außenwelt breit einbeziehend – die innere Bewegtheit zum Ausdruck: die Bewegung im Raum wird so zur Entäußerung von Nachdenklichkeit und von Meditation ebenso wie von Eitelkeit, von Leichtigkeit oder von Trauer und Schwermut. Die Umwandlung der inneren Bewegtheit aber in die Bewegung des Leibes berührt die zerbrechliche Einheit des menschlichen Individuums grundlegend, ja sie betrifft im Grunde sogar

---

[1] Lipps, Hans: Über den Raum, in: Die Wirklichkeit des Menschen (Werke V). Frankfurt a. M. 1977, 175

das Geheimnis des Eros: „Es liegt unendlich viel in Bewegungen: sie sind die komplizierte und fein abgetönte Sprache des Körpers für die komplizierte und feine Gefallsucht der Seele, die eine Art Liebesbedürfnis und eine Art Kunsttrieb ist; Koketterie ist ein sehr plumpes Wort dafür."[1] Die ‚Gefallsucht' des Spaziergängers ist sehr verhalten, er weiß meist nicht um sie, auch wenn er ihr ausgesetzt ist, er schaut auf seinen Weg, sei es, den inneren, sei es, den äußeren, vielleicht auch sucht er nach einem Ziel, vielleicht auch genügt es ihm, sich der Sprache des Körpers einfach hinzugeben ...

Der Weg und das Ziel

Der Spaziergänger ergeht sich, er setzt gemessen seine Schritte, er schlendert oder schreitet weit aus. Er tut dies, da er ‚bewegt ist'. Er macht sich auf den Weg.[2] Freilich möchte er an ein Ziel kommen, doch – wie wir hörten – ist das Ziel seines Wegs meist kein konkretes Ziel. Er hofft, sein Ziel auf dem Weg zu finden. Er ist ein *Suchender*. Der Weg, den er geht, wird ihm möglicherweise zum *Gleichnis*. Zum Gleichnis aber wofür?

Heiter oder ernst und gedrückt, besinnlich oder erwartungsreich macht er sich auf seinen Weg. Er schlägt *seinen* Weg ein, der geichwohl kein beliebiger Weg ist. So ist der Weg in die Offenheit der Landschaft kein Weg in die Leere. Im Aussetzen vom Alltag werden Möglichkeiten entborgen, die schon immer als Möglichkeiten gegeben, doch noch nicht freigelegt worden sind.

Die Wege, die der Spaziergänger geht, sind nicht zufällig, auch wenn sie als zufällig gewählt erscheinen, denn sie sind ihm gleichbedeutend mit seiner Freiheit, er selbst zu sein. Der Weg, den er für sich geht, ist so

[1] Hofmannsthal, in: Das Glück am Weg, Prosa I, 126

[2] Von Interesse ist das griechische Wort ‚hodos', welches „ebensogut mit ‚Weg' übersetzt werden konnte [...] wie auch mit ‚Fahrt'. Das griechische Wort nennt die Straße und die Reise, den Pfad und das Gehen, den Weg und die Bewegung in einem. Ganz ähnlich wie das Wort ‚Gang', welches vom Gehen und vom Hausflur gesagt werden kann, oder wie das Wort ‚Tritt', das im älteren Deutsch nicht nur das Treten, sondern auch den Fußweg meint." (Padrutt, Hanspeter: Und sie bewegt sich doch nicht, 97)

Ausdruck des eigenen Daseins. In diesem Sinne auch konnte Walt Whitman sagen:

> *O Landstraße, ich antworte dir, ich fürchte mich nicht, dich*
> *zu verlassen, aber ich liebe dich,*
> *Du offenbarst mich besser, als ich mich selber zu offenbaren*
> *vermag,*
> *Du sollst mir mehr sein als mein Gedicht ...*[1]

So aber zeigt sich in der Vielfalt der Wege und der Weisen des Spazierengehens die Vielfalt menschlicher Individualität.

Die Gestalt des Spaziergängers verweist darin symbolhaft in die Wirklichkeit des individuellen Seins. Weg und Spaziergänger sind unverlier-
bar auf einander bezogen und ineinander verflochten in der Weise, wie
dies die Philosophin Wiebke Schrader in der Begriffsbestimmung des
Individuums ansetzt: „Unsere ‚Wahl‘, unsere Wege gehören unserer Geschichte an. Diese ist im Ganzen geglückter oder verfehlter Selbstfin-
dungsprozeß dessen, was wir im Grunde unserer Möglichkeiten oder
nach unserem ‚wesentlichen Bilde‘ sind und je hier und jetzt zu anschau-
licher Gegebenheit zu bringen vermochten.“[2] Der Spaziergänger ist in
die Geschichte seiner Zeit, seiner Epoche ebenso verflochten, wie er in
der Art seines Spaziergangs seiner individuellen Bewegtheit Ausdruck
verleiht; dies selbst auch dann, wenn er lediglich eine Bewegungsform
‚wählt‘, die *man* eben betreibt. Selbst im bloßen Mitlaufen im ‚Trend‘,
im Aufgeben persönlicher ‚Bewegungsfreiheit‘ charakterisiert man sich
selbst, stellt sich dar als das, was man ist.

So bestimmt sich jede Lebensform durch den Weg, den sie nimmt. Der
Künstler etwa charakterisiert sich beispielsweise darin, daß sein „Weg
zum Geistigen durch die Sinne führt“, ein Weg, der freilich ein „gefähr-
lich-lieblicher Weg“ ist. So aber gehen die Künstler „notwendig in die
Irre,“ sie bleiben „notwendig Abenteurer des Gefühls“, wie Thomas
Mann im ‚Tod in Venedig‘ den Weg des Künstlers begreift.[3] Von vielen
Wegen haben wir gehört: vom abenteuernden ‚Weg‘ des Flaneurs in der

[1] Whitman, Walt: Grashalme, 210
[2] Schrader, Wiebke: Die Dringlichkeit der Frage nach dem Individuum, in:
Perspektiven der Philosophie, Bd. 8 (1982), 34. Die Arbeit muß als grundlegend
für eine Aufarbeitung des Begriffes ‚Individuum‘ gelten.
[3] Mann, Thomas: Der Tod in Venedig, 78 f.

Metropole, von den bescheidenen Wegen des Vorstadtspaziergängers, von den kargen Wegen des Wanderers im Gebirge. Auch vom Weg ohne Heimkehr, von der Ausgesetztheit des Wanderers in die Unwegsamkeit oder vom Denk-Weg[1] war die Rede, der alle Wege schneidet, insofern er die Wege allererst als solche zu kennzeichnen vermag. Das Denken nämlich bemächtigt sich „schöpferisch des Wegbilds" und führt es zu „immer neuer Aktivierung seines Bewußtseins von der Welt."[2]

Doch da die Wege immer Wege des Individuums sind, könnte man meinen, daß sie sich im Subjektiven erschöpfen. Das Allgemeine aber zeigt sich durch das Individuelle hindurch und nicht an ihm vorbei. Im bestimmten Gehen seines individuellen Wegs öffnet sich das Allgemeine zu sich selbst hin.

Der Spaziergänger schafft sich demnach gemäß seinem eigenen ‚wesentlichen Bilde' *seinen* Weg. Er ist gleichsam ‚Schöpfer' seines Wegs, freilich nur in der Weise, daß er sich diesen Weg wie ein Demiurg[3], wie ein Weltbaumeister aus *etwas* heraus schafft, was in der Gegend schon ‚angelegt' ist, selbst dann, wenn er sich seinen Weg durch die Unwegsamkeit bahnt. Die Wege sind immer schon in der Gegend: Sie führen das Ziel mit sich, so daß Jaques Plessen bemerkenswerterweise feststellen kann: „Für einen Spaziergänger ist es vor allem der Weg, der dem dargebotenen Raum Schranken und Ordnung verleiht. Der Weg gibt ganz konkret

---

[1] Ein ganz anderer Weg als der des Künstlers ist der wissenschaftlich-logische Weg. Hierzu wäre eines der ältesten philosophischen Zeugnisse anzuführen, in welchem die logischen Grundsätze, der Satz der Identität und der Satz vom Widerspruch mit der Wegmetapher verbunden sind. Hier wird der abendländische wissenschaftlich-methodische Weg eingeleitet, der zur Aristotelischen Logik hinführt: Parmenides B2 „Wohlan, so will ich denn sagen (nimm du dich aber des Wortes an, das du hörtest), welche Wege der Forschung allein zu denken sind: der eine Weg, daß IST *ist* und daß Nichtsein nicht ist, das ist die Bahn der Überzeugung (denn diese folgt der Wahrheit) der andere aber, daß NICHT IST *ist* und daß Nichtsein erforderlich ist, dieser Pfad ist, so künde ich dir, gänzlich unerkundbar, denn weder erkennen könntest du das Nichtseiende (das ist ja unausführbar) noch ansprechen; denn dasselbe ist Denken und Sein" (Diels, Hermann: Die Fragmente der Vorsokratiker. Griechisch u. Deutsch. 9. Auflg. Hrsg. v. Walter Kranz. Berlin 1960, 1. Bd., 231).

[2] Becker,O: Das Bild des Weges, 43

[3] Zum Begriff des Demiurgen siehe Berlinger, Rudolph: Philosophie als Weltwissenschaft. Vermischte Schriften, Bd. I, 45 ff., Bd. II, 77 ff. u. Berlinger, Rudolph: Die Weltnatur des Menschen, 84 f.

dem Gehen einen Sinn: er öffnet die Welt und verbindet gleichzeitig die Orte untereinander."[1]

Allerdings: die Wege des Spaziergängers sind keine Marschrouten. So geht der Spaziergänger gerne *Umwege*, die nur als solche gelten müssen, wenn man eine ‚Marschroute‘, das heißt die Zielsetzung im Auge hat, von hier nach dort in möglichst kurzer Zeit zu kommen. Die Umwege erweisen sich oftmals als die fruchtbaren Wege. Der äußere Weg des Spaziergängers ist stets nur eine Orientierungslinie für dessen inneren Weg.

Die Wege aber sind niemals dieselben. So etwa geht der beschauliche Spaziergänger seiner Wege, um seine Gedanken zu ordnen, um sie abzuklären, und wählt dabei gerne das Gleichmaß der vertrauten, sich wiederholenden Wege. Das unmerklich sich Ändernde auf dem gewohnten Weg wird dabei um so aufmerksamer wahrgenommen. Doch auch die sehr vertrauten Wege sind niemals gleichförmig und rufen keineswegs Langeweile hervor! In ihrer Vertrautheit liegt Geborgenheit. Die ruhige Gewißheit im Verlauf des äußeren Wegs ist vielfach wohltuend besonders dann, wenn die inneren Wege verschlungen und verworren sind.

So ist oft an den bescheidenen äußeren Wegen nicht sichtbar, daß ein Ereignis von besonderem Rang im Inneren des Spaziergängers stattgefunden hat: ein Entschluß, eine Festigung, eine weiterführende Erkenntnis, eine tiefe Einsicht. „Die grössten Ereignisse – das sind nicht unsre lautesten, sondern unsre stillsten Stunden", sagt Nietzsche.[2] Im Werden der Gedanken aber scheint der Spaziergänger für eine kurze Spanne aus dem faktischen Ablauf der Geschichte herauszutreten, er nimmt sich zurück ins Warten, in die Verborgenheit. In der scheinbar geschichtslosen ‚Zeitlosigkeit‘ seines Gehens liegt ein Fundus menschlicher und humaner Regenerierung verborgen: menschlich deshalb, da in der Einheit von Leib und Seele, von Gehen und Schauen, von Denken und Empfinden, von Warten und Hoffen, von Aufbruch und Heimkehr die Person in ihrer Ganzheit ihr Recht erfährt. Was das Humane angeht, so ist die Aura

---

[1] Plessen, Jaques: Promenade et Poésie. L' expérience de la Marche et du Mouvement dans L' Œuvre de Rimbaud, 264: „Pour un promeneur, c'est surtout la route, qui discipline et organise l'espace offert. La route donne très concrètement un sens à la marche: elle ouvre le monde et en même temps relie les lieux entre eux."

[2] Nietzsche, Friedrich: Also sprach Zarathustra II (Von den grossen Ereignissen), in: Kritische Gesamtausgabe, hrsg. v. G. Colli u. M. Montinari, 6. Abtlg., 1. Bd., 165

der Friedfertigkeit und Stille, die dem Spaziergänger durchgängig zu eigen ist, wahrhaftig dazu angetan, das Humane im Dasein zu mehren.

Allerdings sind diese stillen Stunden des Spaziergangs keine leeren Stunden, sie sind erfüllt und reich an Gestalten, reich an Beobachtungen, reich an Einbildungskraft und in alldem reich an innerem Werden. Der Gedanke des ‚Ereignisses‘ aber ist nicht in einem äußerlichen Sinne zu verstehen, wie das der Anglizismus ‚action‘ gängig zum Ausdruck bringt: laute Umtriebigkeit, permanente Aktionen und Veranstaltungen, in denen etwas ‚auf die Beine gestellt wird‘, sind letztlich dann kein Ereignis mehr und hinterlassen nur Schalheit und Abstumpfung. Dies aber betrifft nicht die Aura des Spaziergangs.

Der Spaziergänger ist nicht in dem Sinne selbstherrlicher Schöpfer, der eigensinnig die Dinge überformt und ihnen zu irgendeinem Zwecke Gewalt antäte. Er läßt die Dinge ja im Gegenteil das sein, was sie sind. Er läßt sie von sich selbst her aufscheinen, er beläßt sie, indem er sie ‚schaut‘. Er vereinnahmt sie nicht, wie der Tourist dies wohl tut.

In der Umtriebigkeit aber eines dem Spaziergänger fremden Aktionismus gleißt ein Anspruch auf, der die Mühen des langen Wegs *abkürzen* will und meint, das Ereignis direkt und unmittelbar ‚haben‘ zu können, sofern technisch genügend Vorausplanung investiert worden ist. Auf diese Weise nämlich – so wird suggeriert – sei das Ereignis jederzeit *verfügbar*, ohne den mühsamen Weg gehen zu müssen und ohne im ‚aktiven‘ Wartenkönnen das Ereignis eintreten zu lassen. In der Verplanung des Daseins *soll das Ereignis als Ziel des Weges vom Weg abgesondert werden*, ohne zu begreifen, daß Weg und Ziel nur in ihrer Einheit wirklich und wirksam sind. Das auf diese Weise rasch erreichte Ziel versinkt letztlich in betäubender Scheinhaftigkeit.

Was der Zweckdenker, der dies anstrebt, eben nicht wahrnimmt, ist, daß Weg und Ziel untrennbar miteinander verbunden sind, ja, daß der Weg es ist, der das Ziel in sich verschlossen trägt. Das Ziel *per se* haben zu wollen, ohne den mühsamen Weg gehen zu müssen, heißt auch, die Qualität des Ziels verändern.

Wie aber dies? Ist es denn nicht gleichgültig, ob ich etwa den Berggipfel vom Norden oder vom Süden her, kletternd oder über den Grat wandernd oder mit der Seilbahn fahrend erreiche, gleichgültig insofern, als ich doch in jedem Fall die gleiche weite Aussicht auf das Panorama der Berggipfel genieße? Nein, es ist wohl nicht dasselbe, dies ist es nicht: der jugendliche Kletterer, der sich eine Welt erobert in seinem Durchstieg

durch die ‚Direttissima‘, wird das ins Unendliche sich weitende Panorama in anderer Weise aufnehmen als der nunmehr schon etwas ge-
brechliche, alte Bergwanderer, der sich noch einmal via Seilbahn seiner
Vergangenheit im Blick auf ‚seine‘ Berge vergewissert, mag sein, in später Wehmut, mag sein, immer noch in stiller Leidenschaft.

Wir aber unterliegen den Versprechungen, immer noch müheloser
noch fernere und schönere Gipfel und Aussichten erreichen, ja schließlich *alle dasselbe Ziel kaufen zu können.*[1] Der Spaziergänger aber geht
fernab solcher Leitbilder in genügsamer Selbstbescheidung, ohne aus
seiner Bescheidenheit ein moralisches System zu machen. Er nämlich
weiß zuinnerst um die unauflösliche Einheit von Weg und Ziel.

Das Drehmoment aber eines suggerierten, scheinbar mühelosen unmittelbaren Erreichens der Ziele ist die ständig zunehmende besin-
nungslose Beschleunigung des ‚Fortschritts‘. Zwar ist gegenwärtig viel
von Er-*Fahrung* die Rede, doch ist darin – entgegen dem Wortsinn –
nicht der Weg, den man ‚fährt‘, betroffen, sondern die interessanten
‚pur‘ genommenen Ziele! In solcher gedanklichen Verschleifung wird
Erfahrung als das spektakuläre Ziel genommen. Man will das Erlebnis
haben, ohne die Entwicklung zum Ereignis hin, ohne das Durchschreiten des Weges selbst: „Das Streben nach reiner Geschwindigkeit wird
zur Verneinung des Weges, das Ticken der Stoppuhren und die lautlos
funktionierenden photoelektrischen Elemente zeichnen lediglich noch
ein Projekt auf, nämlich das Projekt eines sofortigen Hin- und Zurück.“[2] Dieses ‚Hin- und Zurück‘ leistet nunmehr das Medium selbst:
„Im Grunde *führt der Weg in die Zukunft des automobilen Abenteuers
über die Weiterentwicklung des Abenteuers der Erscheinungen*, das
heißt, über eine Verbindung und Fusion audiovisueller und automobiler

---

[1] Saña, Heleno: Das Ende der Gemütlichkeit, 79 bemerkt hierzu: „Da der for-
cierte Konsum mittlerweile eine unerläßliche Voraussetzung für das Weiterbe-
stehen des Systems geworden ist, sieht es sich gezwungen, ihn zu einer Art neuer
Metaphysik zu erheben, von der die Seligkeit des einzelnen abhängt. Was nichts
anderes als kunstvoll erzeugte Gier nach materiellem Besitz ist, wird von den
Apologeten des Systems gerade als eine Tugend gepriesen. So Ludwig von Mises:
‚Es wäre unsinnig, diesen unersättlichen Appetit nach mehr und immer mehr
Gütern zu bedauern. Diese Gier ist genau der Impuls, der den Menschen auf den
Weg der wirtschaftlichen Besserung führt.‘“
[2] Virilio, Paul: Der negative Horizont, 194

Medien, die auf diese Weise eine Verkettung herstellen, welche auf dem Vorrang der *Information* vor dem *Transport* beruht.“[1]

Scheint es nun also, als würden die Wege fürderhin überflüssig, da man ja im Nu schon medial am Ziel ist –, unter fast völliger Ausschließung der Zeit – so sind die Wege als solche letztlich dennoch nicht ins Ziel hinein aufhebbar.

Wohin aber führen demgegenüber die Wege den Spaziergänger und den Wanderer? Gerade der Spaziergänger, der sich der Offenheit des Weges überläßt, scheint *ziellos* zu gehen. *Sein* Ziel ist eingespannt zwischen Aufbruch und Heimkehr. Wenn aber der Spaziergang geglückt ist, so ist er immer auch ein Weg in sich selbst geworden. Über die Art des Ziels besagt dies noch wenig.

So betrachtet ist aber das Ziel nichts anderes als die Entfaltung eines bestimmten Weges, und auch die Aporie, die Weglosigkeit kennzeichnet einen bestimmten individuellen Weg und hat *darin* ihr Ziel. Dies erklärt auch, warum es letztlich aus existentieller Sicht keine Umwege gibt; nur derjenige bezeichnet Umwege als solche, der ein fixiertes, objekthaft ‚festgemachtes‘ Ziel vor Augen hat, welches aus dem Ganzen, aus der Einheit von Ziel und Weg herausgelöst erscheint.

So möge Rimbauds Leben zum Beispiel hierfür dienen, der eines Tages zu schreiben aufhörte und nach Afrika verschwand, um dort Waffenhandel zu betreiben:

„In diesem Leben, das so merkwürdig in zwei Abschnitte geteilt erscheint, in den des Literaten und in den des Handelsreisenden, stellt sie [die Wandererfahrung Rimbauds] ungeachtet dieses Bruchs einen Faktor dar, der ihm in einem tieferen Zusammenhang seine Einheit verleiht. Das wurde häufig betont, zum ersten Mal von Verlaine, der die bezaubernde Formel geprägt hat vom ‚Menschen mit den Windschuhen‘.“[2]

Der Spaziergänger geht als ein ‚Mensch in den Windschuhen‘ seinen kurzen oder längeren Weg. Sein Weg ist ein endlicher Weg, ein Weg, der zu einem Ende kommt – und der doch in sich geschlossen ist. Gelingt

---

[1] Virilio, Paul: Der negative Horizont, 206 f.

[2] Plessen, Jaques: Promenade et Poésie, 7 : „Dans cette vie qui paraît si étrangement coupée en deux périodes, celle de l'homme de lettres et celle du voyageur-trafiquant, elle [l'expérience ambulatoire de Rimbaud] figure comme un facteur qui, malgré cette brisure, lui donne son unité dans une continuité plus profonde. Cela a été souvent relevé, la première fois par Verlaine, qui a trouvé, la séduisante formule de l'homme aux semelles de vent“ …

der Weg, so ist der Spaziergang allemal ein Weg in den Ursprung. Seit den Vorsokratikern ist das Bild der Kreisbahn als Symbol für den Weg, den man geht, gebräuchlich. Diesem Gedanken eben wurde in den folgenden Zeilen versucht, bildlich Gestalt zu geben:

Wege 2
Wege. Sie weisen uns nicht
und binden doch ein
den zögernden Schritt.

Oft verlor sich ihre Kontur
in des Gebirges
stärkerem Anspruch:
innezuhalten, hinauszugehen ins Staunen,
ins umsichtig-uralte Warten,
- die stillen Halme am Stein,
Gräser, sichernd im Wind
des Sommers;
der angespannte Tritt, ruhend in sich,
bereit zum Aufbruch im Ursprung.

In ihm drängt der Bogen
zum Ende des Pfades,
felsverworfen und schmal,
Festigkeit, trauernd, und Klarsicht
im Atmen,
des Horizonts Linie gewiß,
ausholend weit ins Offene
selbstvergessener Erinnerung.[1]

Die leise Poesie des Spaziergangs

Nun neigt sich unsere Betrachtung dem Ende zu. Unterschiedlichste Wege wurden begangen, solche, die heiter stimmten, und Wege voller Melancholie; unterschiedlichste Wege waren aufzusuchen: der Kiesweg

---

[1] von der Weppen, Wolfgang: Metaphysische Gedichte, 81 f.

im Park, der laute Boulevard, die belebte Piazza, der Feldweg in der Weite der offenen Landschaft, der einsame Waldweg und Pfad.

Unbedeutend scheinende Seitenwege wurden vielfach eingeschlagen. Auf ‚Umwegen‘ haben wir uns manches Mal überraschend gefunden als auf Wegen einer sich selbst begreiflich gewordenen Existenz. Einsamkeit und Begegnung, Geselligkeit und Stille – auch dies: nicht austauschbare Begleiter auf dem Wege zu sich selbst.

Wir suchten den Spaziergang als Weg der Poesie zu begreifen. Wir suchten, jener leisen, kaum hörbaren Poesie des Spaziergangs mit leichten Schritten zu folgen, leicht und vorsichtig deshalb, um die Aura des Spaziergangs nicht zu zerstören. Andererseits mußten die vielfältigen Weg-Linien des Spaziergängers nicht nur besinnlich, sondern auch kritisch nachgegangen werden, so etwa im Gedanken, ob die Wege des Spaziergängers vielleicht zum Ende gekommen wären.

All diese Wege zu gehen war nicht möglich, indem man die Wege des Spaziergangs wie in einer Landkarte einfach abbildete, wie in einem Lexikon einfach auflistete; ihnen mußte vielmehr mit Geduld ‚nachgegangen‘, sie selbst ‚nachgestaltet‘ werden. Nie nämlich sind es dieselben Wege, die wir gehen. So entstand notwendigerweise ein subjektives Bild von vielen, vielen möglichen Spaziergängen.

Die Weg-Linien des Spaziergängers nachschaffen bedeutet aber: der Poesie des Spaziergangs als einem Gehen in ‚verklärter Stimmung‘ inne zu werden. Der Poesie des Spaziergangs schaffend nachzugehen heißt aber ein Doppeltes. Zum einen meint dies: eine Welt des Spaziergangs ‚hervorzubringen‘ in eben der Weise, wie der Spaziergänger *seine* Welt sich ‚schafft‘. Entsinnen wir uns dabei des altgriechischen ‚poiein‘, dessen Wortfeld nicht nur die Bedeutung von ‚schaffen‘ und ‚erfinden‘, sondern *auch* von ‚erdichten‘ umfaßt. Zum andern aber schafft sich der Spaziergänger seine Welt *nicht* im Verplanen seiner Wege und ihres Umfeldes, sondern allein darin, daß er Landschaft als Gefüge ‚schaut‘; dies, indem er sich ihr als einem Element seiner eigenen Innerweltlichkeit überläßt. Und indem er sie schaut, schafft er sich so seine Umgebung und bringt die ihm gemäße Landschaft hervor. Nur derjenige nämlich, der die Landschaft *wissend* schaut, nur der, welcher sich in wissender *Empfindung* in sie hineinversenkt, ‚sieht‘ sie auch. Der dazu nicht Entschlossene sieht nur dies oder jenes, sieht Bäume, Häuser, Geschäfte oder Leute, aber keine Landschaft. Erst in der Einheit des ‚Entwerfens‘ – eines Entwerfens, welches immer ein Ganzes betrifft – mit dem ,pathischen' Schauen erwächst die zarte, zerbrechliche Gestimmtheit des Spaziergängers.

Was aber der Spaziergänger zunächst als erstes *wahr*-nimmt, ist die Öffnung der Welt, einer Welt, die ihm zuvor verstellt, verfestigt und förmlich zugemauert schien. Er öffnet sich eine Welt und hebt sich gleichzeitig aus ihren Gegebenheiten heraus und tritt so für eine gewisse Zeitspanne in ein ,Reich der Freiheit' ein.

Schafft sich der Spaziergänger so seine Welt, so prägt sich darin seine eigene *Individualität* aus. Dies gerade macht die Vielgestaltigkeit des Spaziergangs und die Vielfalt des Spazierengehens aus.

Die innere Ausprägung von Individualität hat ihre Entsprechung in der Art und Weise des Einzelnen zu gehen, sich zu bewegen, was den Spaziergänger nicht nur einem bestimmten Typus zugeordnet sein läßt, sondern was auch seine situative Gestimmtheit verrät.

Doch ist desungeachtet jeglicher Form des Spaziergangs dies eine gemeinsam: der Aufbruch, die Heimkehr und dazwischen jene Spanne, in welcher sich die vielfältigsten Möglichkeiten entbergen können, sofern es gelingt, sie wahrzunehmen. Dies eben macht das Frühlinghafte, das Naive, das Offene und Hoffnungsfrohe des Spaziergangs aus, daß die Dinge noch nicht fixiert, noch nicht bestimmt, noch nicht verbraucht sind, dies auch in der Vertrautheit immer wieder begangener Wege.

Auch im Falle dessen, daß die schwärenden Dinge, die inneren Probleme, die den Spaziergänger beschäftigen, noch zum Ende des Spaziergangs unaufgearbeitet bleiben mußten und das innere Geschick die Möglichkeit einer Befreiung nicht einlösen will und der Weg dann zum Weg in die Nacht oder in die Unwegsamkeit, in die ,aporia' wird, – so ist doch darin Möglichkeit *als* Möglichkeit nicht aufgehoben und nicht widerlegt. Wünschte der Spaziergänger in verlockende Wege am Horizont unmittelbar ,hineinzuspringen', so würde er seine Möglichkeiten nicht verwirklichen, sondern in eine lediglich fiktive Wirklichkeit hinein aufheben und vernichten. Freilich sind die Wege, die am Horizont auftauchen oder jenseits von ihm vermutet werden, die verlockendsten, doch auch die nahen Wege eröffnen sich für den Spaziergänger stets aufs neue.

Das ,Noch-nicht-Bestimmtsein' der Dinge in der Offenheit der Möglichkeiten des Spaziergängers macht jedoch grundsätzlich den ,*schwebenden Charakter*' des Spaziergangs aus: alles ist noch Ahnung, Andeutung, Hoffnung, Hinweis, leichte Gestimmtheit, Stimmung des Aufbruchs ...

Der Eindruck der einströmenden Bilder von außen vermag den Spaziergänger ebenso zu bewegen, wie das innere Bewegtsein von etwas ihn betrifft, ganz gleich, ob ihn *etwas Bestimmtes* bedrückt, quält, schöpferisch bedrängt oder ob all dies noch im Unbestimmten verklingt. Oft nämlich ist es das Unbestimmte, die Ahnung, die ängstliche Befürchtung oder die Sehnsucht und innere Verzauberung, was den Spaziergänger zur Bewegung drängt. Freilich läßt es der schwebende Charakter des Spaziergangs auch zu, daß jeweils mehr das Nahe oder das Ferne überwiegt. Auch kann es sein, daß mehr das Äußere oder mehr das Innere zur Geltung gelangt und so eher das *impressive* oder das *expressive Moment* beim Spazieren zum Zuge kommt.

In der Gestalt des ‚idealen‘ Spaziergängers allerdings stimmt beides überein: das Suchen des Abenteuers und die Selbstbescheidung, das genaue Beobachten des äußeren Umfelds oder der Details der Landschaft wie ihr ganzheitliches ‚Schauen‘, während man die Schritte setzt und gleichzeitig nach Innen geht im Meditieren, im Fügen der Dinge zu einem Ganzen im Medium der Einbildungskraft. Mag sein, daß der Flaneur etwa seine ‚Welt‘ sich erschafft, indem er nur immer im Zimmer auf und ab schreitet und Landschaft aus der Einbildungskraft heraus neu sich entwirft, so zeigt sich darin doch nur die Spannweite der Möglichkeiten des Spaziergangs ...

Der Spaziergänger ist eine geschichtliche Gestalt, er ist als eine jeweils geschichtliche Erscheinung an einen *bestimmten* Raum und an eine *bestimmte* Epoche gebunden. Der Spaziergänger des 18. Jahrhunderts ist nicht der des Biedermeier und nicht der des ausgehenden 19. Jahrhunderts oder derjenige der Gegenwart. Und doch ist der Spaziergang in die *Zeitlosigkeit* insofern hineingehoben, als er auf seinem Weg letztlich in seinen Ursprung zurückgeht, in jenen *vor*geschichtlichen Raum des Spiels nämlich der Möglichkeiten, in welchem die Welt in ‚statu nascendi‘, in ihrem Werden erlebt wird: in der Weite der Phantasie, in der inneren Vorstellung, im vorübergehenden Herausgehobensein aus dem Alltag, im Genuß der Reize einer neuen Umgebung oder in der Versenkung in die Dinge, die längst vertraut sind.

In der Begegnung mit sich selbst wie im erwartungsvollen und gleichwohl doch warten könnenden ‚Gespräch‘ mit den Weggefährten und mit der Landschaft tritt der Spaziergänger für einen unbestimmten Zeitraum aus den Geleisen des Alltags heraus und wird gewissermaßen ,ekstatisch', freilich nicht in der Art des unbedingten Wollens, sich durch Ekstase in seiner Bedingtheit aufzuheben und ins Absolute unmittelbar vorzustoßen.

Der Anspruch des Spaziergängers ist viel bescheidener. Er entläßt sich nicht aus seiner Bedingtheit. Sein Bezugsfeld ist die verortete Welt in ihrer Gegenwärtigkeit, über die er nicht verfügen will. Im Nicht-Verfügen-Wollen liegt die tief anspruchslose *Selbstbescheidung* des Spaziergängers, die es ihm genügen läßt, die Dinge als das, was sie sind, in ihrer Gefügtheit zu schauen und darin eine Welt entstehen zu lassen.

Gleichwohl schließt dieses Schauen die Teilhabe an den Dingen und die Anteilnahme an den Geschehnissen der Welt und ihren Begebenheiten nicht aus. Das Ganze, das der Spaziergänger auf diese Weise ,schaut' ist so aber keine abstrakte, willkürlich ,gesetzte', konstruierte Ganzheit; sie ist vielmehr synoptisch-meditative Einheit einer Innenwelt, die sich aus der *Innerweltlichkeit* des Spaziergängers heraus begreift. Innerweltlichkeit ist aber „nicht eine Eigenschaft des innerweltlichen Vorhandenen als Vorhandenen an ihm selbst"[1], wie Heidegger dies sagt. Und dies meint hier: der Spaziergänger stellt ja sich und die Dinge nicht bloß *als gegebene Fakten* fest, er hebt sich und die Dinge vielmehr in sein ,In-der-Welt-Sein' hinein.

Indem dem Spaziergänger in seinen ,Träumereien' sich eine Welt öffnet, *er*-öffnen sich Möglichkeiten, die vielleicht zuvor verschüttet waren. Er eröffnet sich eine *neue* Welt, auch wenn seine Träumereien in Durchlebtem, in Vergangenem ihren Anlaß gefunden haben. Dieses Sich-Er-Öffnen heißt aber: sich selbst den Dingen in Anteilnahme zuwenden, sie in sich aufnehmen: die Gräser am Wegrand, die müden Gesichter der Gestrandeten auf der Parkbank der Großstadt, die Schatten auf dem schroffen Stein des Gebirges oder die vielschichtige Nacht der Boulevards. All dies berührt die Innerlichkeit des Spaziergängers und verleiht seiner inneren Gestimmtheit, seinem Erleben Zartheit und Vielgestaltigkeit, gleichgültig ob er die Dinge am Wege überhaupt bewußt wahrnimmt oder auch in innerer Versunkenheit scheinbar unbeachtet sein läßt. Darin aber, daß er die Welt nie zum bloßen Objekt werden läßt,

[1] Heidegger, Martin: Metaphysische Anfangsgründe der Logik, 251

sondern in sein Selbst umgreifend verwoben weiß, entsteht ein spannungsreicher und tief poetischer Zustand.

In diesem Sinne aber umspannt der Spaziergang das Moment der Meditation. Indem er die Dinge *absichtslos* schaut, vergißt er sich selbst. Diese *Selbstvergessenheit des Spaziergängers* widerspricht nicht seinem ausgesprochenen Sinn für Individualität, im Gegenteil! Individualismus ist ja wahrhaftig nicht mit selbstgefälliger Egozentrik ineins zu setzen. Gerade in der intensiven Ausformung des Individuellen ist der Spaziergänger der Selbstvergessenheit anheimgegeben, auch gerade dort, wo er von innen her bewegt ist und versucht, seiner selbst Herr zu werden.

Anders aber als in rein mystischen Formen der Meditation leert der ‚extatische‘ Spaziergänger nicht das Bewußtsein von den Dingen der Welt, um ihr darin auf den Grund zu kommen, vielmehr geht er im Schauen der Welt in ihrer Vielfalt durch sie hindurch. Insoweit der Spaziergänger aber philosophischer Spaziergänger ist, mag es ihm wohl durchaus gelingen, in der Begegnung, im Schauen der Natur über die Erscheinung der Dinge hinauszugehen und sich dem durchgängigen Grund von Welt zu ‚nähern‘ beziehungsweise sich auf diesen Urgrund zu beziehen.

Damit solche Öffnung in den ‚Grund‘, ins ‚Andere‘ hinein zu gelingen vermag, bedarf es allerdings wahrhaft der Muße, das heißt der *inneren* Bewegungsfreiheit. Die Zeit des Spaziergängers ist deshalb von *seinem* Rhythmus ureigens bestimmt; sein Gehen ist ein Werden, das sich nicht durch Kunstgriffe abkürzen läßt. Kontemplation und Muße werden auf diese Weise wesentlich: „Es gibt sowohl eine Überbewertung der Aktivität als auch eine Überbewertung der Mühe und des Schweren als auch, *last not least*, eine Überbewertung der sozialen Funktion. Genau dies ist der dreigesichtige Dämon, mit dem jeder es zu tun bekommt, der es unternimmt, die Muße zu verteidigen.“[1] Der Spaziergänger versucht diesem Dämon zu entfliehen und aus dessen Machtbereich zu entkommen. Er wechselt hinüber in das liebende Schauen, in den inneren Rhythmus seiner Bewegtheit und seiner Befindlichkeit.

Der einzige Weg, den der Spaziergänger darum nicht gehen kann, ist der jener verplanten, vorgeschriebenen Straße, deren Raum-Zeit-Gefüge *vermessen* ist, dies im doppelten Sinn des Wortes: die Straße nämlich, die

---

[1] Pieper, Josef: Die Muße und ihr dreifacher Widerpart, in: Lesebuch, 156

man versucht, dem Menschen als ‚statistisch' berechenbaren Weg vorzu-
gegeben und darin sogar den zukünftigen Weg, ja Zukunft schlechthin
verfügbar erscheinen zu lassen; im Behaupten aber eines solchen Weges
als einem gangbaren Weg liegt Vermessenheit. Solche Vermessenheit
nämlich liegt den ständigen Beschwörungsformeln angeblich ideologie-
freier, ‚zukunftsorientierter', auf Technokratie setzender Funktionäre
und Politiker zugrunde.

Dies betrifft den Spaziergänger nicht. Selbst wenn der Spaziergänger als
‚Gesundheitsspaziergänger' planmäßig seinen Weg geht, schnürt die
Nutzen-Zweck-Relation nicht seinen inneren Weg ein, wie dies beim
vermessenen Weg in der Tat der Fall ist. Die Absichtslosigkeit seines Daseins aber macht ihn frei und läßt sein Inneres sich weiten.

   Die Dinge am Wegrand wie die Erscheinungen am Horizont für sich
zu nehmen als das, was sie sind, und durch sie hindurch ein Ganzes zu
bilden, bedarf allerdings der *Muße*, wie schon betont worden ist. Um die
inneren Gestalten zu entwerfen, Innerlichkeit zu entfalten und ins Äußere zu wenden, bedarf es des ureigensten Rhythmus, der mehr ist als
der ‚meßbare' biologische Rhythmus, der mehr ist als bloßes ‚Abschal-
ten'; letzterer Begriff wäre nur dann zutreffend, wenn man einen inneren Mechanismus voraussetzte, der durch einen ‚Schalter' einfach still-
zulegen wäre.

   Um solcherart Muße zu ermöglichen, die eben *nicht* mit Freizeit
gleichzusetzen ist, bedarf es zwingend der *Verlangsamung*.[1] Scheint ein
solches Anliegen im gegenwärtigen sich überschlagenden Betrieb der
Arbeits- und Freizeitwelt und im sich ständig neu kulminierenden Getriebe höchst naiv zu sein, so ist doch auf die Dauer kein Fortkommen
mehr auf dem Wege ständiger Beschleunigung. Es wäre dies nicht das erste System, welches an seiner Besinnungslosigkeit zugrundegegangen
ist. So gilt es, die Maßstäbe der Zeit grundsätzlich in Frage zu stellen:
„Das moderne Leisten ist so veränderlich und historisch wie die Güte-
maßstäbe aller anderen historischen Epochen. Es ist mit einiger Plötz-
lichkeit entstanden, und es ist damit zu rechnen, daß es auch wieder verschwinden wird. Der Komplex aus Steigerung, Spannung und
Geschwindigkeit wird irgendwann beginnen, die Menschen zu langwei-

---

[1] Vergleiche hierzu wesentlich Menne, Ferdinand: Verlangsamung. Ein notwendiges Stichwort, in: Nichts Besseres zu tun, 236 und 239 über eine notwendige neue Kultur der Muße.

len. Man wird plötzlich anderes reizvoller finden und für diesen Reiz auch neue Begriffe entdecken (oder aber Worte, die wir heute schon sprechen, aber in ihrer neuen Bedeutung nicht wiedererkennen würden)."[1]

Dann auch nur wird ein wesentliches Moment menschlichen Daseins, ein Moment, welches dem Spaziergang zutiefst eingeschrieben ist, verstärkt wirksam sein können: das Moment der *Begegnung*. Auch dieses Moment verträgt keine Hast und keine Eile. Hält der Spaziergang alle Schattierungen bereit zwischen der sich selbst verpflichteten Einsamkeit – also der Begegnung mit sich selbst – und der Begegnung mit anderen, so ist Begegnung als solche durchtragendes Grundprinzip des Spaziergangs: die Offenheit des Spaziergängers gegenüber den einzelnen Dingen in ihrer ‚Individualität' wie der Welt als Ganzem, die Öffnung seiner selbst, durch die Welt hindurchgehend, verweist immer schon in die Begegnung, auch wenn sich der betreffende Spaziergänger nach außen – vorübergehend oder längerfristig – abzuschirmen scheint.

Im Moment der Begegnung aber weist der Spaziergang weit über sich hinaus in den Eros:
„Es ist sicher, daß *das Gehen* und das Suchen und *das Begegnen* irgendwie *zu den Geheimnissen des Eros* gehören. Es ist sicher, daß wir auf unserem gewundenen Wege nicht bloß von unseren Taten vorwärts gestoßen werden, sondern immer gelockt von etwas, das scheinbar immer irgendwo auf uns wartet und immer verhüllt ist. Es ist etwas von Liebesbegier, von Neugier der Liebe in unserem Vorwärtsgehen, auch dann, wenn wir die Einsamkeit des Waldes suchen oder die Stille der hohen Berge oder einen leeren Strand, an dem wie eine silberne Franse das Meer leise rauschend zergeht. Allen einsamen Begegnungen ist etwas sehr Süßes beigemengt, und wäre es nur die Begegnung mit einem einsam stehenden großen Baum oder die Begegnung mit einem Tier des Waldes, das lautlos anhält und aus dem Dunkel her auf uns äugt. Mich dünkt, es ist nicht die Umarmung, sondern die Begegnung die entscheidende erotische Pantomime. Es ist in keinem Augenblick das Sinnliche so seelenhaft, das Seelenhafte so sinnlich, als in der Begegnung. Hier ist

---

[1] Eichberg, Henning: Leistung, Spannung Geschwindigkeit: Sport und Tanz im gesellschaftlichen Wandel des 18./19. Jahrhunderts. Stuttgart 1978, 306

alles möglich, alles in Bewegung, alles aufgelöst. [...] Ein Gruß ist etwas Grenzenloses."[1]
Der Eros aber braucht Zeit.[2] Sie ist es, die den schlechten vom guten Eros zu trennen vermag. In der Muße des Spaziergangs ist die Zeit nicht dem Verbrauch anheimgegeben. Im Eros begegnen die Dinge ursprünglich, vom Ursprung her. Der Eros hat gemäß Hesiod ‚keine Eltern‘[3], er ist gemäß dem griechischen Mythos ursprünglich wie die Erde selbst. So tut sich im Eros ursprüngliche Begegnung auf.

Was ist dies – *Begegnung*? Ein Wort wohl nur zuerst, das leichthin mißbraucht werden kann und ständig auch mißbraucht wird, ähnlich wie der Begriff des Dialogs. Begegnung ist kaum möglich im bloßen ‚Gestelltsein‘ eines Treffens, einer Feier, einer Verabredung und ebensowenig im zufälligen Beieinandersein; am allerwenigsten aber im gängigen Gebarme der Gruppe und ihrer gruppenpsychologisch fixierbaren Prozeßabläufe. Hier haben nur vordergründige Gruppen- und Erfolgsmechanismen Platz. Dies kann verständlicherweise nicht in den Ursprung der Begegnung, in den Eros führen: „Das bedeutet ja überhaupt ‚Begegnung, im Unterschied zum bloßen ‚Darangeraten‘: Wir sehen ein Ding, empfinden seine Eigenart, seine Größe, seine Schönheit, seine Not – und sofort, wie ein lebendiges Echo, antwortet darauf etwas in uns selbst, wird wach, erhebt sich, entfaltet sich. Kann man doch den Menschen geradezu jenes Wesen nennen, das fähig ist, mit seinem inneren Sein auf die Dinge der Welt zu antworten und ebendarin sich zu verwirklichen"[4]...
Gerade aber dieses wahrhaftige Antworten ist in der Offenheit des Spaziergangs verbürgt, und der Eros stellt sich ein: in der stillen Weise des Gehens, in der Versenkung des Spaziergängers in die vielfältigen Gestalten der Welt bleibt er selbst letztlich nicht unberührt. Im Sich-Zuwenden zu den Dingen, im Sich-Öffnen, Im Bestehen-Lassen der Dinge in ihrer Eigenheit, im Hineinschlüpfen in die Dinge, die ihm begegnen, antwortet der Spaziergänger und erhebt sich gleichzeitig über sich hin-

---

[1] Hofmannsthal: Wege und Begegnungen, 305 f. (Hervorhebung von mir)
[2] Vergleiche hierzu die Eros-Reflexionen bei Platon: Sämtliche Werke. Hamburg 1957. Bd. 2, 201 ff. (besonders Nr. 184 a)
[3] Eine andere Deutung bestimmt Eros als Kind von ‚Mangel‘ und ‚Überfluß‘. Auch diese Deutung ließe sich hier fruchtbar machen.
[4] Romano Guardini: Über das Wesen des Kunstwerks. Tübingen 1962, 9 f.

aus. Allerdings: dieses Hineinschlüpfen, dieses Hinübergehen ist voller Wehmut, betrifft es ja auch das nie ganz im anderen Aufgehen-Können. – „Der Mensch ist ein Wesen der Ferne! Und nur durch echte ursprüngliche Ferne [...] kommt in ihm die wahre Nähe zu den Dingen ins Steigen."[1] In der Versenkung in die Dinge der Außenwelt aber wie in die Welt seines Innern liegt so die Möglichkeit zur *Umkehr* verborgen als einer ursprünglichen Möglichkeit, welche Meditation mit sich führt.

Freilich – der Spaziergang ist auch hierin nie spektakulär, die Möglichkeiten seiner Poesie sind leise. Seine Zeitlosigkeit aber ist recht einfacher Art, wenn auch im doppelten Sinne: gerade darin, daß der Spaziergänger auf seinen Wegen in die Ursprünglichkeit seiner selbst zurückgeht, gelangt er ins zeitlos Allgemeine. Dieses aber läßt sich nur als Annäherung an den Horizont begreifen. In diesem Sinne aber ist auch unser Spaziergang nur ein vorläufiger, und in diesem Sinne wollen wir auch diesen Spaziergang in die Zeitlosigkeit, in sein Möglichsein hinein aufheben und beschließen.

---

[1] Heidegger, Martin: Metaphysische Anfangsgründe der Logik, 285

Literatur

Primärliteratur

Anthologien

Dornemann, Axel: Spazieren muß ich unbedingt. Freiburg 1990

Lyrik des expressionistischen Jahrzehnts von den Wegbereitern bis zum Dada, eingeleitet von Gottfried Benn. Wiesbaden 1974

Strickland, Ron (Ed.): Shank's Mare. A Compendium of remarkable walks. New York 1988

Um uns die Stadt. Eine Anthologie neuer Großstadtdichtung, hrsg. v. Robert Seitz und Heinrich Zucker. Berlin 1931

Wellman, Angelika: Der Spaziergang. Ein literarisches Lesebuch. Hildesheim 1992

Biographien und biographische Aufzeichnungen

Abendroth, Walter: Schopenhauer. Reinbek 1985

Amman, Jürg: Robert Walser. Auf der Suche nach einem verlorenen Sohn. München 1985

Beheim-Schwarzbach, Martin: Knut Hamsun. Reinbek 1958

Benjamin, Walter: Charles Baudelaire. Ein Lyriker im Zeitalter des Hochkapitalismus, in: Gesammelte Schriften, hrsg. v. Rolf Tiedemann und Hermann Schweppenhäuser. Frankfurt a. M. 1974. 509 – 604

Beethoven, Ludwig van: Briefe und Aufzeichnungen. Ausgewählt und mit einem Nachwort versehen von Rüdiger Görner. Frankfurt a. M. 1993

Beethoven-Gesellschaft (Hrsg.): Ludwig van Beethoven. Gestaltung von G-L-De Baranyai. München 1970

Braun, Felix: Beethoven im Gespräch. Leipzig 1915

Cabanne, Pierre: Van Gogh. Aus dem Französischen v. H. Strauss. Paris o.J.

Cassirer, Ernst: Kants Leben und Lehre. Berlin 1921

Dahlhaus, Carl: Ludwig van Beethoven und seine Zeit. Laaber 1993

Fernau, Joachim: Die Genies der Deutschen. Berlin 1990

Friedrich, Caspar David in Briefen und Bekenntnissen. Hrsg. v. Sigrid Hinz. München 1968

Fröhlich, Elio und *Hamm*, Peter: Robert Walser. Leben und Werk in Daten und Bildern. Frankfurt a. M. 1980

Geismar, Eduard: Sören Kierkegaard. Göttingen 1919

Görner, Rüdiger: Ludwig van Beethoven. Briefe und Aufzeichnungen. Frankfurt a. M. 1993

Hein, Wolfgang-Hagen: Die amerikanische Reise und ihre Auswertung, in: Alexander von Humboldt. Leben und Werk, hrsg. v. Wolfgang-Hagen Hein. Frankfurt a. M. 1985, 56 – 108

Hürlimann, Martin (Hrsg.): Beethoven. Briefe und Gespräche. Zürich 1944

Kaulbach, Friedrich: Immanuel Kant. Berlin 1969

Leitzmann, Albert (Hrsg.): Ludwig van Beethoven. Berichte der Zeitgenossen, Briefe und persönliche Aufzeichnungen. Leipzig 1921

Ley, Stephan: Beethoven. Sein Leben in Selbstzeugnissen, Briefen und Berichten. Stuttgart 1954

Kant, Immanuel: Sein Leben in Darstellungen von Zeitgenossen. Die Biographien von L. E. Borowski, R. B. Jachmann und E. A. Ch. Wasianski. Neudruck 1993 der von Felix Groß hrsg. Ausgabe von 1912. Mit einer neuen Einleitung von Rudolf Malter. Darmstadt 1993

Riezler, Walter: Beethoven. Zürich 1971

Rolland, Romain: Ludwig van Beethoven. Zürich 1918

Scheit, Gerhard: Grillparzer. Reinbek 1989

Schultz, Uwe: Kant. Reinbek 1992

Thiel, Rudolf: Leben und Werk der großen Symphoniker. Wiesbaden 1951

Volke, Werner: Hofmannsthal. Reinbek 1967

Zeller, Bernhard: Hermann Hesse. Reinbek 1988

Zobeley, Fritz: Beethoven. Reinbek 1992

Einzelne Werke

Anmerkung: hier wurden all jene Werke der Belletristik aufgenommen, welche im Text oder in den Anmerkungen zitiert worden sind. Darüber hinaus wurden einige wenige Titel hinzugefügt, in welchen das ‚Gehen‘, das ‚Spazieren‘ eine herausragende Funktion im betreffenden Kontext zu haben schien und die den Leser tiefer in die Thematik weiterführen könnten. Darüber hinaus sei auf die Anthologien zum Thema ‚Spaziergang‘ von Dornemann, Strickland und Wellman verwiesen, die oben zitiert werden.

Altenberg, Peter: Der Vogel Pirol, in: Die Wiener Moderne, hrsg. v. Wunberg Gotthart. Stuttgart 1981

Angelus Silesius: Cherubinischer Wandersmann, in: Sämtliche poetische Werke, hrsg. v. Hans Ludwig Held. München 1949, Bd. 3

Bassani, Giorgio: Ferrareser Geschichten (Il romanzo di Ferrara). München 1987

Baudelaire, Charles: Die Tänzerin Fanfano *und* Der Spleen von Paris. Prosadichtungen. Aus dem Französischen von Walther Küchler. Heidelberg 1977

Beckett, Samuel: Warten auf Godot. Frankfurt a. M. 1973

Beckett, Samuel: Murphy. Reinbek 1992

Bernhard, Thomas. Frost. Frankfurt a. M. 1993

Bernhard, Thomas: Gehen. Frankfurt a. M. 1987

Bonaventura: Nachtwachen. Stuttgart 1970

Brancati, Vitaliano: Der schöne Antonio (Il bell' Antonio). Zürich 1989

Büchner, Georg: Gesammelte Werke. München 1960

Busch, Wilhelm: Sämtliche Bildergeschichten, hrsg. von Rolf Hochhuth. München o.J.

Chatwin, Bruce: Utz. Frankfurt a. M. 1993

Chatwin, Bruce: Traumpfade. Frankfurt a. M. 1992

Cooper, James Fenimore: Lederstrumpf. Stuttgart 1989

Döblin, Alfred: Berlin Alexanderplatz. München 1965

Doderer, Heimito von: Die Strudlhofstiege oder Melzer und die Tiefe der Jahre. München 1966

Dostojewski, Fjodor M.: Der Doppelgänger. Frankfurt a. M. 1986

Dostojewski, Fjodor M.: Helle Nächte. Frankfurt a. M. 1991

Eichendorff, Joseph Freiherr von: Aus dem Leben eines Taugenichts. Stuttgart 1956

Eichendorff, Joseph Freiherr von: Das Marmorbild, in: Novellen und Gedichte, eingeleitet von Hermann Hesse. München 1952,185 ff.

Fontane, Theodor: Wanderungen durch die Mark Brandenburg, in: Werke in 3 Bänden, hrsg. v. Kurt Schreinert. München 1968

Fontane, Theodor : Irrungen, Wirrungen, a.a.O., Bd. 1

Frisch, Max: Homo faber. Ein Bericht. Frankfurt a. M. 1977

George, Stefan: Hochsommer, in: Hymnen. Pilgerfahrten. Algabal. Berlin 1905, 36 f.

George, Stefan: Gartenfrühlinge, in: Der teppich des lebens und die lieder von traum und tod. Berlin 1908, 82

Goethe, J. W.: Faust I, in: dtv-Gesamtausgabe. München 1962, Bd. 9

Goethe, J.W.: Stundenmaß der Italiener, in: Saemtliche Werke. Bd. XII. Leipzig o.J. = Schriften zur Literatur. Bd. I, 112 ff.

Goethe, J.W.: Reiseberichte aus Neapel, a.a.O.

Goethe, J. W.: Die Leiden des jungen Werther, in: dtv-Gesamtausgabe. München 1962, Bd. 13

Goethe, J. W.: Wilhelm Meisters Wanderjahre. 1. Teil, in: dtv-Gesamtausgabe. München 1962, Bd. 17

Goethe, J.W.: Der Wandrer, in: Goethes poetische Werke, vollständ. Ausgabe, 1. Bd. Gedichte, Stuttgart o.J., 379 – 386

Graf, Oskar Maria: Die Flucht ins Mittelmäßige. München 1983

Grillparzer, Franz: Der arme Spielmann, in: Sämtliche Werke. München 1964, Bd. 3, 146 – 186

Grün, Anastasius: Spaziergänge eines Wiener Poeten, in: Gesammelte Werke, hrsg. v. L. E. Frankl. Leipzig 1844, Bd. 2

Handke, Peter: Nachmittag eines Schriftstellers. Wien 1987

Hamsun, Knut: Hunger, in: Sämtliche Romane und Erzählungen. München 1958, Bd. 1

Hamsun, Knut: Mysterien, a.a.O., Bd. 1

Hamsun, Knut: Gedämpftes Saitenspiel, a.a.O., Bd. 3

Hamsun, Knut: Die letzte Freude, a.a.O., Bd. 4

Hamsun, Knut: Die Stadt Segelfoß, a.a.O., Bd. 5

Hauff, Wilhelm: Abner, der Jude, der nichts gesehen hat, in: Sämtliche Märchen. Wien 1949, 165 ff.

Hemingway, Ernest: Paris – ein Fest fürs Leben. Reinbek 1992

Hesse, Hermann: Die Kunst des Müßiggangs. Kurze Prosa aus dem Nachlaß. Hrsg. v. Volker Michels. Frankfurt a. M. 1970

Hesse, Hermann: Der Steppenwolf. Frankfurt a. M. 1990

Hesse, Hermann: Wanderung, in: Gesammelte Dichtungen. Frankfurt a. M. 1952, Bd. 3, 385 – 425

Hölderlin, Friedrich: Der Wanderer, in: Sämtliche Werke und Briefe, hrsg. v. Günter Mieth, München 1970, Bd. 1, 208 ff.

Hölderlin, Friedrich: Hyperion oder der Eremit in Griechenland, a.a.O., 573 ff.

Hofmann, E. T. A.: Klein Zaches genannt Zinnober, in: Werke. Frankfurt a. M. 1967, Bd. 2, 132 ff.

Hofmann, E. T. A: Des Vetters Eckfenster, in: Werke. Frankfurt a. M. 1967, Bd. 4, 381 ff.

Hofmannsthal, Hugo von: Wege und Begegnungen, in: Gesammelte Werke, hrsg. v. Herbert Steiner. Frankfurt a. M. 1956, Prosa II, 304 – 310

Hofmannsthal, Hugo von: Das Glück am Weg, in: Gesammelte Werke, hrsg. v. Herbert Steiner. Frankfurt a. M. 1956, Prosa I, 122 – 127

Hofmannsthal, Hugo von: Der Wanderer, in: Gesammelte Werke, hrsg. v. Herbert Steiner. Frankfurt a. M. 1956, Prosa III, 16 – 26

Hofmannsthal, Hugo von: Preuße und Österreicher, in: Gesammelte Werke, hrsg. v. Herbert Steiner. Frankfurt a. M. 1956, Prosa III, 407 – 409

Jaccottet, Philippe: Der Spaziergang unter den Bäumen. Zürich 1988

Jünger, Ernst: Strahlungen I und II. Stuttgart 1980

Jünger, Ernst: Der Waldgang. Stuttgart 1986

Jünger, Ernst: Annäherungen. Drogen und Rausch. Frankfurt a. M. 1980

Jünger, Friedrich Georg: Orient und Okzident. Frankfurt a. M. 1966

Kafka, Franz: Hochzeitsvorbereitungen auf dem Lande und andere Prosa aus dem Nachlaß, hrsg. v. Max Brod. New York 1966

Kafka, Franz: Beschreibung eines Kampfes. Frankfurt a. M. 1969

Kafka, Franz: Der plötzliche Spaziergang, in: Erzählungen. New York 1980

Kafka, Franz: Kinder auf der Landstraße, in: Erzählungen. New York 1980

Kihn, Hans Alfred: Stadtbahnfahrt durch Berlin, in: Um uns die Stadt. Eine Anthologie neuer Großstadtdichtung. Hrsg. v. Robert Seitz, Heinz Zucker. Braunschweig 1986

Kleist, Heinrich von: Das Erdbeben in Chili, in: Werke und Briefe. Darmstadt 1970. Bd. 2, 144 ff.

Körner, Theodor: Die Reise nach Wörlitz. Eine Erzählung nach sechs gegebenen Kapitelüberschriften. 1810, in: Werke, hrsg. v. Hans Zimmer. Leipzig 1917, Bd. 2

Krolow, Karl : Im Gehen. Frankfurt a. M. 1981

Mann, Thomas: Doktor Faustus. Frankfurt a. M. 1973

Mann, Thomas: Herr und Hund. Frankfurt a. M. 1975

Mann, Thomas: Der Zauberberg. Frankfurt a. M. 1972

Mann, Thomas: Der Tod in Venedig. Frankfurt a. M. 1954

Messner, Reinhold: Die Herausforderung. München 1976

Miller, Henry: Hin und Her in China, in: Schwarzer Frühling. Erzählungen. Reinbek 1973

Moravia, Alberto: Römische Erzählungen (Raconti romani). München 1991

Moravia, Alberto: Neue Römische Erzählungen (Nuovi Raconti romani). München 1991

Musil, Robert: Der Mann ohne Eigenschaften. Reinbek 1970

Nietzsche, Friedrich: Der Wanderer und sein Schatten (= Menschliches, Allzumenschliches, 2. Bd., 2. Abteilung), in: Werke in 3 Bänden, hrsg. v. Karl Schlechta, 871 ff.

Nietzsche, Friedrich: Der Wanderer (= Also sprach Zarathustra, 3. Teil), in: Werke in 3 Bänden, hrsg. v. Karl Schlechta, Bd. 2, 403 ff.

Nietzsche, Friedrich: Freundesbriefe, Wiesbaden 1954

Novalis: Heinrich von Ofterdingen. Reinbek 1966 (= Rowohlts Klassiker der Literatur und der Wissenschaft. Deutsche Literatur, Bd. 11, 87ff.)

Pascal, Blaise: Größe und Nichtigkeit des Menschen. Übertragung von Theodor Tagger. München 1918

Paul, Jean: Titan, in: Werke, hrsg. v. Norbert Miller, Bd. II. München 1969, 53 ff.

Paul, Jean: Die unsichtbare Loge, in: Werke, hrsg. v. Norbert Miller, Bd. I. München 1969, 7 ff.

Pavese, Cesare: Der Genosse (Il compagno). Frankfurt a. M. 1988

Pavese, Cesare: Der schöne Sommer (La bella estate). Frankfurt a. M. 1990

Poe, Edgar Allan: Der Mann der Menge (Der Massenmensch), in: Edgar Allan Poe, Werke, hrsg. v. Arno Schmidt und Hans Wollschläger. Olten u. Freiburg i. B. 1967, Bd. II, 706 ff.

Pörksen, Uwe: Der Struktursprung im Grenzlandschatten. Ein Märchen, in: Allmende. Eine allemannische Zeitschrift, hrsg. v. Manfred Bosch. Sigmaringen 1988

Pratolini, Vasco: Die Mädchen von Sanfrediano (Le ragazze di S. Frediano). Freiburg 1993

Proust, Marcel: In Swanns Welt (= Auf der Suche nach der verlorenen Zeit, Bd. 1). Frankfurt a. M. 1993

Rilke, Rainer Maria: Die Aufzeichnungen des Malte Laurids Brigge, in: Sämtliche Werke, 6. Bd. München 1956

Rimbaud : Briefe. Dokumente. Reinbek 1964

Rousseau, Jean Jaques: Die Träumereien des einsamen Spaziergängers (Les rêveries du promeneur solitaire). Zürich 1985

Rousseau, Jean Jaques: Julie oder Die neue Héloïse. München 1988

Rousseau, Jean Jaques: Bekenntnisse. München 1985

Sartre, Jean Paul: Der Ekel. Reinbek 1986

Schiller, Friedrich: Der Spaziergang, in: Schiller. Dramen und Gedichte, hrsg. v. der Deutschen Schillergesellschaft. Stuttgart 1959

Seume, Johann Gottfried: Spaziergang nach Syrakus. München 1985

Sillitoe, Alan: Die Einsamkeit des Langstreckenläufers. Erzählungen I. Aus dem Englischen von Günther Klotz. Zürich 1967

Stendhal: Wanderungen in Rom. Berlin o.J.

Sterne, Laurence: Eine empfindsame Reise durch Frankreich und Italien. München o.J.

Stifter, Adalbert: Bergkristall, in: Bunte Steine. Erzählungen. Mit Erläuterungen von Hannelore Schlaffer. München o.J.

Stifter, Adalbert: Feldblumen, in: Stifters Werke, hrsg. v. Gustav Wilhelm, 1. Teil, 1. Bd. Leipzig o.J.

Stifter, Adalbert: Der Hochwald, in: Stifters Werke, hrsg. v. Gustav Wilhelm, 1. Teil, 2. Bd. Leipzig o.J.

Stifter, Adalbert: Der Waldgänger, in: Stifters Werke, hrsg. v. Gustav Wilhelm, 5. Teil, Erzählungen. Leipzig o.J.

Strati, Saverio: Tibi e Tàscia. Milano 1959

Strati, Saverio: Noi Lazzaroni. Milano 1978

Süßkind, Patrick: Die Geschichte von Herrn Sommer. Zürich 1991

Thoreau, H. D.: Walden oder Leben in den Wäldern. Zürich 1971

Tieck, Ludwig: Franz Sternbalds Wanderungen, in: Dichtung der Romantik. Romane 2, hrsg. v. Karl Balser, Reinhard Buchwald und Karl Franz Reinking. Wiesbaden o.J.

Toole, John Kennedy: Ignaz oder die Verschwörung der Idioten. München 1992

Trakl, Georg: Dichtungen und Briefe. Hrsg. v. Walther Killy und Hans Szklenar. Salzburg 1970

Valery, Paul: Mein Faust. München 1963

Walser, Robert: Der Spaziergang, in: Romane und Erzählungen, 6. Bd., Frankfurt a. M. 1984, 40 – 108

Walser, Robert: Das Gesamtwerk, hrsg. v. J. Greven. Genf 1966

Weppen, Wolfgang von der: Metaphysische Gedichte. Dettelbach 1993

Whitman, Walt: Grashalme. Zürich 1985

Sekundärliteratur

Spaziergang, Weg und Raum

Balzer, Georg: Goethe auf Reisen. München 1979

Becker, Otfrid: Das Bild des Weges und verwandte Vorstellungen im frühgriechischen Denken, in Hermes. Zeitschrift für klassische Philologie, 1931, Einzelschriften, Heft 4

Böhm-Christl, Thomas: Spazieren. Von einer untergehenden Form der Bewegung, in: Merkur, 42. Jg. (1988), Heft 467 – 478, 262 ff.

Bollnow, Otto Friedrich: Probleme des erlebten Raums. Wilhelmshaven 1962 (= Schriftenreihe der Nordwestdeutschen Universitätsgesellschaft, Heft 34)

Dischner, Gisela: Spaziergänger in Sprachlandschaften, in: Nichts Besseres zu tun – Über Muße und Müßiggang, hrsg. v. Joseph Tewes. Oelde 1991

Disko, Rüdiger: Koniferenland, in: Grün kaputt. Landschaft und Gärten der Deutschen. München 1983

Ghent, Dorothy van: The English Novel. New York 1953

Gödde, Günter: Zu einer Theorie der Muße bei Friedrich Nietzsche, in: Nichts Besseres zu tun – Über Muße und Müßiggang, hrsg. v. Joseph Tewes. Oelde 1991

Lipps, Hans: Über den Raum, in: Die Wirklichkeit des Menschen (= Werke V). Frankfurt a. M. 1977, 170 ff.

Plessen, Jaques: Promenade et Poésie. L´ expérience de la Marche et du Mouvement dans L´ Œuvre de Rimbaud. La Haye 1967

Riedel, Robert: Der Spaziergang. Würzburg 1989

Robinson, Jeffrey C.: The Walk. Notes on a Romantic Image. University of Oklahoma Press Norman and London 1989

Schmidlin, Bruno: Das Motiv des Wanderns bei Goethe. Diss. Winterthur 1963

Thurnher, Rainer: Lebenswelt und gelebter Raum. Grundzüge des phänomenalen Raumbegriffs und Möglichkeiten seiner Anwendung, in: Die aufgeräumte Welt. Raumbilder und Raumkonzepte im Zeitalter globaler Marktwirtschaft (= Loccumer Protokolle 74/92. Loccum 1993)

Thurnher, Rainer: Vom Befinden des Menschen im Raum, in: Daseinsanalyse. 12. Jg. 1995, Heft 1

Virilio, Paul: Der negative Horizont. Bewegung – Geschwindigkeit – Beschleunigung. München 1989

Wellmann, Angelika: Der Spaziergang. Stationen eines poetischen Codes. Würzburg 1991

Wölfel, Kurt: Andeutende Materialien zu einer Poetik des Spaziergangs. Von Kafkas Frühwerk zu Goethes ‚Werther‘, in: Zur Geschichtlichkeit der Moderne. Der Begriff der literarischen Moderne in Theorie und Deutung, hrsg. v. Theo Elm u. Gerd Hemmerich. München 1982

Wölfel, Kurt: Kosmopolitische Einsamkeit, in: Jahrbuch der Jean-Paul-Gesellschaft, 15. Jg. (1980)

Zängl, Wolfgang: Oasen und Wüsten. Gedankensplitter zu deutschen Landschaften, in: Grün kaputt. Landschaft und Gärten der Deutschen. München 1983, 138 ff.

Der Spaziergang in der Kunst und Geistesgeschichte

Curtius, Ernst Robert von: Europäische Literatur und lateinisches Mittelalter. Bern 1978

Hauser, Arnold: Sozialgeschichte der Kunst und Literatur. München 1990

Krebber, Sabine: Der Spaziergang in der Kunst. Eine Untersuchung des Motivs in der Kunst des 18. und 19. Jahrhunderts. Frankfurt a. M. 1990 (Europäische Hochschulschriften, Reihe XXVIII, Kunstgeschichte, Bd. 108)

Schrenk, Klaus: Honoré Daumier. Das lithographische Werk. Mit einem Essay von Charles Baudelaire. 2 Bde. München o.J.

Uthemann, Ernest W.: August Macke – Spaziergang. Münster 1986

Wichmann, Siegfried: Carl Spitzweg. Die Wanderwege. Bd. 1. Sindelfingen 1976, Bd. 2, Sindelfingen 1981/82

Park und Garten

Adorno, Th.W.: Wien nach Ostern 1967, in: Ohne Leitbild. Parva Aesthethica. Frankfurt a. M. 1968, 158 ff.

Balzer, Georg: Goethe als Gartenfreund. München 1978

Biedermann, Karl: Deutschland im 18. Jahrhundert. Herausgegeben und eingeleitet von Wolfgang Emmerich. Frankfurt a. M. 1979

Bogumil, Sieghild: Die Parkkonzeption bei Rousseau oder die Natur als Lenkung und Ablenkung, in: Park und Garten im 18. Jahrhundert. Colloquium. Heidelberg 1978, 100 – 112

Brosé, Claudia: Park und Garten in Goethes Wahlverwandtschaften, in: Park und Garten im 18. Jahrhundert. Heidelberg 1978, 125 – 129

Gerndt, Siegmar: Idealisierte Natur. Stuttgart 1981

Hirschfeld, Christian Cay Lorenz: Theorie der Gartenkunst. Leipzig 1786. Nachdruck Hildesheim 1973 mit einem Vorwort von Hans Foramitti. 5 Bände in zwei Bänden.

Jünger, Friedrich Georg: Italienischer, Französischer und Englischer Park, in: Orient und Okzident. Frankfurt a. M. 1966, 34 – 80

Koebner, Thomas: Der Garten als literarisches Motiv: Ausblick auf die Jahrhundertwende, in: Park und Garten im 18. Jahrhundert, a.a.O., 141 – 192

König, Dominik von: Das Leben – ein Garten. Bemerkungen zu Jean Pauls Titan, in: Park und Garten im 18. Jahrhundert, a.a.O., 113 – 129

Nivelle, Armand: Literaturästhetik der europäischen Aufklärung. Wiesbaden 1977

Lengelsen, Monika : Spaziergänge in Wörlitz, in: Park und Garten im 18. Jahrhundert. Heidelberg 1978, 119 – 124

Schepers, Wolfgang: C. C. L. Hirschfelds *Theorie der Gartenkunst* (1779 – 85) und die Frage des ‚deutschen Gartens‘, in: Park und Garten im 18. Jahrhundert. Heidelberg 1978, 83 – 92

Schepers, Wolfgang: Hirschfelds Theorie der Gartenkunst (1779 – 85). Worms 1980

Schönberger, Arnold u. *Soehner*, Halldor: Die Welt des Rokoko. Kunst und Kultur des 18. Jahrhunderts. München o.J.

Schusky, Renate: Der Garten als Buch – das Buch als Garten, in: Park und Garten im 18. Jahrhundert. Heidelberg 1978, 93 – 99

Sühnel, Rudolf: Der englische Landschaftsgarten auf dem Hintergrund der Geistes- und Gesellschaftsgeschichte des 18. Jahrhunderts, in: Park und Garten im 18. Jahrhundert. Heidelberg 1978

Wörlitz: Führer durch den Wörlitzer Park. Dessau 1937

Wunberg, Gotthart: Die Wiener Moderne. Literatur, Kunst und Musik zwischen 1890 und 1910. Stuttgart 1981

Naturgefühl und Bürgerlichkeit

Biese, Alfred: Das Naturgefühl im Wandel der Zeiten. Leipzig 1926

Bietak, Wilhelm: Das Lebensgefühl des „Biedermeier" in der österreichischen Dichtung. Wien 1931

Fliegende Blätter, Bd. 83. München 1885

Prang, Helmut (Hrsg.): Begriffsbestimmung der Romantik. Darmstadt 1968

Schnabel, Franz: Deutsche Geschichte des neunzehnten Jahrhunderts. Bd. 1: Die Grundlagen. München 1987

Volkmann-Schluck, Karl Heinz: Novalis' magischer Idealismus, in: Die deutsche Romantik. Poetik, Formen und Motive, hrsg. v. Hans Steffen. Göttingen 1967

Wildgans, Anton: Rede über Österreich, in: Sämtliche Werke, Wien o.J., 7. Bd.

Stadt und Vorstadt

Capurro, R.: Les cités à venir. Vortrag, gehalten am 18. 12. 1993 im Rahmen der Tagung: La ville-monde on la nature urbanisée. Colloque international organisé par l'association descartes, le collège international de philosophie et l'association internationale Schopenhauer. Du 16 Au 18 décembre 1993

Czok, Karl: Vorstädte. Berlin 1979

Hebebrand, W.: Stadt und Umland, in: Studium Generale, 16. Jg. (1963), 606 – 619

Klotz, Volker: Die erzählte Stadt. Ein Sujet als Herausforderung des Romans von Lesage bis Döblin. München 1969

Mitscherlich, Alexander: Die Unwirtlichkeit unserer Städte. Frankfurt a.M. 1966

Nestler, Paolo und *Bode*, Peter M.: Deutsche Kunst seit 1960. Architektur. München 1976

Plagemann, Volker (Hrsg.): Kunst im öffentlichen Raum. Anstöße der 80er Jahre. Köln 1989

Polt, Gerhard: Deutschland muß überdacht werden, in: Country, 3/1993

Riha, Karl: Deutsche Großstadtlyrik. München und Zürich 1983

Schmid, Leopold: Zwischen Bastei und Linienwall. Wien 1946

Sengle, F.: Wunschbild Land und Schreckbild Stadt, in: Studium Generale, 16. Jg. (1963) 519 – 631

Siedler, Wolf J.: Der Tod der Boulevards, in: Frankfurter Allgemeine Zeitung (23. 1. 93), Nr. 19

Türk, Hans Joachim: Postmoderne Architektur, in: Postmoderne. Mainz 1990, 39 ff.

Virilio, Paul. Der negative Horizont. Bewegung – Geschwindigkeit – Beschleunigung. Aus dem Französischen von Brigitte Weidmann. München 1989

Weyr, Siegfried: Wien. Zauber der Vorstadt. Wien 1969

Metropole und Flaneur

Benjamin, Walter: Das Kunstwerk im Zeitalter der technischen Reproduzierbarkeit, in: Gesammelte Schriften I, 2, hrsg. v. Rolf Tiedemann und Hermann Schweppenhäuser. Frankfurt a. M. 1974

Benjamin, Walter: Das Passagen-Werk, hrsg. v. Rolf Tiedemann, 1. Band, Frankfurt a. M. 1983. 524 – 569 [Der Flaneur]

Brunn, Gerhard u. *Reulecke* Jürgen. Metropolis Berlin. Berlin 1992

Hennings, Fred: Ringstraßensymphonie. Bd. 1, Wien 1963/64

Hessel, Franz: Ein Flaneur in Berlin. Berlin 1984

Ortheil, Hanns-Josef: Der lange Abschied vom Flaneur, in: Merkur, 40. Jg. (1986), 30 – 42

Sieburg, Friedrich: Gott in Frankreich? Ein Versuch. Stuttgart 1993

Siedler, Wolf Jobst: Der Tod des Boulevards, in: Frankfurter Allgemeine Zeitung (23.1.93), Nr. 19

Vietta, Silvio: Großstadtwahrnehmung und ihre literarische Darstellung. Expressionistischer Reihungsstil und Collage, in: Deutsche Vierteljahrsschrift für Literaturwissenschaft und Geistesgeschichte. 48 Jg. (1974), Heft 2, 354 – 373

Wandern

Berg, Alfred: Geographisches Wanderbuch. Leipzig u. Berlin 1914

Betz, Otto: Wandern, um der Muße zu begegnen, in: Nichts Besseres zu tun – Über Muße und Müßiggang, hrsg. v. Joseph Tewes. Oelde 1991

Frecot, Janos: Die Lebensreformbewegung, in: Das wilhelminische Bildungsbürgertum. Zur Sozialgeschichte seiner Ideen, hrsg. v. Klaus Vondung. Göttingen 1976, 138 – 152

Gabschuß, Georg: Vom Spazierengehen. München 1926

Grebing, Helga: Der Nationalsozialismus: Ursprung und Wesen. München 1964

Hartmann, Klaus D.: Zur Psychologie des Landschaftserlebens im Tourismus. Starnberg 1982

Hoffmann, Hermann: In Freuden wandern. Burg Rothenfels a. M. 1918

Kindt, Werner: Die deutsche Jugendbewegung 1920 bis 1933. Quellenschriften. Hrsg. im Auftrag des „Gemeinschaftswerkes Archiv und Dokumentation der Jugendbewegung". Düsseldorf 1974

Klönne, Arno: Jugend im Dritten Reich. Die Hitler-Jugend und ihre Gegner. Düsseldorf 1982

Kotowski, Georg , Pöls Werner und Ritter A. Gerhard (Hrsg.): Das Wilhelminische Deutschland. Stimmen der Zeitgenossen. Frankfurt a. M. 1965

Krüger, Emil: Der Wandertag. Langensalza 1931

Lindner, Werner: Vom Reisen und Wandern in alter und neuer Zeit. Berlin 1921

Müller-Maquart, F.: Das Wandern. Leipzig 1927

Raydt, H.: Fröhlich wandern. Leipzig u. Berlin 1912

Rohmeder, Wilhelm: Der monatliche Wandertag. München 1926

Schmidt, Ulrike: Über das Verhältnis von Jugendbewegung und Hitlerjugend, in: Geschichte in Wissenschaft und Unterricht, 16. Jg. (1965), 19 – 37

Sternberger, Dolf: Jugendstil. Frankfurt a. M. 1977

Denkwege

Berlinger, Rudolph: Augustins dialogische Metaphysik. Frankfurt a. M. 1962

Berlinger, Rudolph: Philosophie als Weltwissenschaft. Vermischte Schriften Bd. I (= Elementa Bd. 2). Amsterdam 1975

Berlinger, Rudolph: Philosophie als Weltwissenschaft. Vermischte Schriften Bd. II (= Elementa Bd. 14). Amsterdam 1980

Berlinger, Rudolph: Die Weltnatur des Menschen. Morphopoietische Metaphysik. Grundlegungsfragen. Amsterdam 1988

Berlinger, Rudolph: Philosophisches Denken. Einübungen. Amsterdam 1992 (= Elementa Bd. 57, 1992)

Bort, Klaus: Personalität und Selbstbewußtsein. Grundlagen einer Phänomenologie der Bezogenheit. Tübingen 1993

Heidegger, Martin: Sein und Zeit. Tübingen 1972

Heidegger, Martin: Unterwegs zur Sprache. Stuttgart 1993

Heidegger, Martin: Metaphysische Anfangsgründe der Logik im Ausgang von Leibniz. Frankfurt 1990 (= Gesamtausgabe, Bd. 26)

Heidegger, Martin: Beiträge zur Philosophie (Vom Ereignis). Frankfurt 1989 (= Gesamtausgabe, Bd. 65)

Kant, Immanuel: Kritik der Urteilskraft, in: Werke, hrsg. v. Wilhelm Weischedel, Bd. 8. Darmstadt 1975

Kessler, Herbert: Das offenbare Geheimnis. Das Symbol als Wegweiser in das Unerforschliche und als angewandte Urkraft für die Lebensgestaltung. Freiburg i. B. 1977

Kessler, Herbert: Die Welt des Menschen. Sankt Augustin 1992

Koch, Dietmar. Zur Hermeneutischen Phänomenologie. Ein Aufriß. (= Phainomena Bd. 1) . Tübingen 1992

Koch, Dietmar: Sache und Weg. Zur Frage nach der Verfassung des Seins und seiner Ergründung. Eine bestimmungslogische Auseinandersetzung mit der Konzeption Martin Heideggers im Kontext der Ereignis-Struktur. Tübingen 1996

Lipps, Hans: Untersuchungen zu einer hermeneutischen Logik. (= Werke II). Frankfurt a. M. 1976

Lipps, Hans: Die menschliche Natur (= Werke III). Frankfurt a. M. 1977

Nietzsche, Friedrich: Werke in drei Bänden, hrsg. v. Karl Schlechta. München 1981

Nietzsche, Friedrich: Kritische Gesamtausgabe, hrsg. v. Giorgio Colli und Mazzino Montinari. Berlin 1968

Pöggeler, Otto: Der Denkweg Martin Heideggers. Pfullingen 1963

Röd, Wolfgang (Hrsg.): Geschichte der Philosophie. Bd. I: Die Philosophie der Antike 1. München 1983

Schirnding, Albert von: Am Anfang war das Staunen. Über den Ursprung der Philosophie bei den Griechen. München 1978

Schneider, Friedhelm: Die Wahrnehmung der Wirklichkeit. Ein philosophisch-theologischer Essay. Tübingen 1992

Schrader, Wiebke: Die Dringlichkeit der Frage nach dem Individuum, in: Perspektiven der Philosophie, Bd. 8 (1982), 29 ff.

Weppen, Wolfgang von der: Die existentielle Situation und die Rede. Untersuchungen zu Logik und Sprache in der existentiellen Hermeneutik von Hans Lipps. Würzburg 1984

Anthropologie; Begegnung; Bewegung des Leibes

Adorno, Th.W.: Veblens Angriff auf die Kultur, in: Adorno: Prismen. Kulturkritik und Gesellschaft. Berlin 1955, (= Gesammelte Schriften, Bd. 10, I, 72 – 96)

Adorno, Th.W.: Stichworte. Kritische Modelle 2. Frankfurt a. M. 1969

Adorno, Th.W.: Erziehung zur Unmündigkeit. Frankfurt a. M. 1972

Bauer, Karl-Oswald: Eros und Musse, in: Nichts Besseres zu tun – Über Muße und Müßiggang, hrsg. v. Josef Tewes. Oelde 1991

Boss, Medard: Das Verhältnis von Leib und Seele im Lichte der Daseinsanalytik, in: Leib und Leben. Beiträge zur Psychosomatik und Psychotherapie, hrsg. v. M. Boss, G. Condrau u. A. Hicklin. Bern 1977

Buber, Martin: Urdistanz und Beziehung. Beiträge zu einer philosophischen Anthropologie I. Heidelberg 1978

Dischner, Gisela: Spaziergänge in Sprachlandschaften, in: Nichts Besseres zu tun – Über Muße und Müßiggang, hrsg. v. Josef Tewes. Oelde 1991

Eggeling, V. Th.: Freizeit und Massentourismus. Freie Zeit und Freizeitraum als Gegenstand politischer Bildung. Stuttgart 1981

Franke, Elk (Hrsg.): Sport und Freizeit. Reinbek 1983

Gebauer, Gunter: ‚Leistung' als Aktion und Repräsentation, in: *Lenk*, Hans, *Moser*, Simon und *Beyer*, Erich (Hrsg.): Philosophie des Sports. Schondorf 1973, 42 – 66

Grieswelle, Detlef: Sportsoziologie. Stuttgart 1978

Guardini, Romano: Über das Wesen des Kunstwerks. Tübingen 1962

Jünger, Ernst: Interview mit der *Welt am Sonntag* v. 21. 12. 1978

Jünger, Friedrich Georg: Die Sagas der Isländer, in: Orient und Okzident, Frankfurt a. M. 1966, 179 ff.

Kleist, Heinrich von: Über die allmähliche Verfertigung der Gedanken beim Reden, in: Werke und Briefe. München 1970, 2. Bd., 319 ff.

Krockow, Christian Graf von: Sport. Eine Soziologie und Philosophie des Leistungsprinzips. Hamburg 1974

Lenk, Hans, *Moser*, Simon und *Beyer*, Erich (Hrsg.): Philosophie des Sports. Schondorf 1973

Lipps, Hans: Der Spieler und der Abenteurer, in: Die menschliche Natur. Frankfurt a. M. 1977, 119 ff.

Mayer, Hans: Das kulturelle Erbe. Vom Sinn und Unsinn eines Klischees, in: Aufklärung heute. Reden und Vorträge. Frankfurt a. M. 1985

Menne, Ferdinand: Verlangsamung. Ein notwendiges Stichwort, in: Nichts Besseres zu tun, – Über Muße und Müßiggang, hrsg. v. Joseph Tewes. Oelde 1991, 233 ff.

Nutt, Harry: Hauptsache Sport. Zwischen Ideologiekritik und Rezeptionsästhetik, in: Merkur. Deutsche Zeitschrift für europäisches Denken, 42. Jg. 1988, Heft 467 – 478, 242 ff.

Nuss, Bernhard: Das Faust-Syndrom. Ein Versuch über die Mentalität der Deutschen. Bonn 1993

Padrutt, Hanspeter: Und sie bewegt sich doch nicht. Zürich 1991

Pieper, Josef. Die Muße und ihr dreifacher Widerpart, in: Lesebuch. München 1990, 155 ff.

Plessner, Hellmuth: Philosophische Anthropologie. Frankfurt a. M. 1970

Prokop, Ludwig: Der ältere Mensch, in: Sportwirklichkeit, hrsg. v. Reinhard Bachleitner und Sepp Riedl, 63 – 69

Rigauer, Bero: Sportsoziologie: Grundlagen. Methoden. Analysen. Reinbek 1982

Rittner, Volker: Die ‚success-story‘ des modernen Sports und seine Metamorphosen. Fitneß, Ästhetik und individuelle Selbstdarstellung, in: Aus Politik und Zeitgeschichte. Beilage zur Wochenzeitung Das Parlament, Heft 24/94 vom 17. Juni 1994, 23 – 30

Saña, Heleno: Das Ende der Gemütlichkeit. Eine Bilanz der Krise unserer Zeit. Hamburg 1992

Seiffert, Josef: Das-Leib-Seele-Problem und die gegenwärtige philosophische Diskussion. Darmstadt 1989

Schiller, Friedrich: Über Anmut und Würde, in: Schriften zur Philosophie und Kunst. München 1964

Schiller, Friedrich: Über naive und sentimentalische Dichtung, in: Schriften zur Philosophie und Kunst. München 1964

Sloterdijk, Peter: Kritik der zynischen Vernunft. Frankfurt a. M. 1983

Sobotka, Raimund: Das Begriffsfeld ‚Bewegung des Menschen‘, in: Sportwirklichkeit, hrsg. v. Reinhard Bachleitner und Sepp Redl. Wien 1981. 70 – 82

Stratmann, Jörg: Mit uns soll sich der Laie fit halten. Über Freizeitsportler, Studiobesitzer und Gerätehersteller, in: Frankfurter Allgemeine Zeitung vom 3. September 1994

Weiler, Ingomar: Der Sport bei den Völkern der alten Welt. Eine Einführung. Mit dem Beitrag ‚Sport bei den Naturvölkern‘ von Christoph Ulf. Darmstadt 1981

Weiß, Otmar: Sport und Gesellschaft. Eine sozialpsychologische Perspektive. Wien 1990

Weppen, Wolfgang von der: Das verlorene Individuum. Eine phänomenologische Skizze zur Funktionalisierung von Welt (= Phainomena Bd. 3). Tübingen 1994

Quellennachweis der Bilder

Titelbild: Rewald, John: Camille Pissaro. Quai und Brücke von Pontoise. New York 1989, 49

1. Amman, Jürg: Robert Walser. München 1985, 37, Radierung von Karl Walser *(Kapitel: Der schweifende Spaziergänger oder das Warten des Robert Walser)*

2. Ley, Stephan: Beethoven. Sein Leben in Selbstzeugnissen, Briefen und Berichten.Wien 1954, 339: Zeichnung von Johann Daniel Böhm, um 1823 *(Kapitel: Der in sich Versunkene – Beethoven)*

3. Holzamer, Karl: Philosophie. Einführung in die Welt des Denkens. Gütersloh 1961, 15: Dieter, Hans: Einer, der seine Wege zieht. *(Kapitel: Der romantische Spaziergänger)*

4. Balzer, Georg: Goethe als Gartenfreund. München 1978, 97. Im Prinzessinen-Garten zu Jena. Zeitgenössischer Stich *(Kapitel: In Muße zu promenieren)*

5. Stich um 1900: Der Ringstraßenkorso. Aus: Hennings, Fred: Ringstraßensymphonie. Wien 1963, Bd. I, 49 *(Kapitel: Der Corso)*

6. Stich um 1900: Spaziergang auf dem Kurfürstendamm *(Kapitel: Der bürgerlich-beschauliche Spaziergang)*

7. Honoré Daumier: Das lithographische Werk. Hrsg. v. Klaus Schrenk. Mit einem Essay von Charles Baudelaire. 2 Bde. München 1977. 1. Bd. 269: Moeurs conjugales *(Kapitel: Die Parodierung des bürgerlichen Spaziergängers)*

8. Gotthart Wunberg (Hrsg.): Die Wiener Moderne. Stuttgart 1978, 423: Karl Schwetz: Partie aus Schönbrunn *(Kapitel: Der Park als weltverlorenes Labyrinth)*

9. Norman Geraldine. Die Maler des Biedermeier 1815 – 1848. Spaziergänger vor München. Freiburg 1987. Lithographie um 1860 *(Kapitel: Die Vorstadtidylle und die Selbstbescheidung des biedermeierlichen Spaziergänger)*

10. Uthemann, O., Ernest, W.: August Macke – Spaziergang. Münster 1986, 10. Café an der Straße *(Kapitel: Vom unbestimmten Ende der Urbanität)*

11. H. W. Richter: Wandernde Burschen, aus: Das Ludwig Richter Album, eingeleitet von Wolf Stubbe, verlegt bei Rogner & Bernhard. o. O. und o.J., Bd. I, 450 *(Kapitel: Die Wanderbewegung)*

12. Art of our time. The Saatchi Collection, Bd. 4: Jan Borofsky: Runnig Man. London. New York 1985 *(Kapitel: Der leistungsstarke Lauf ins Leere)*

13. Richter, Horst: Malerei der sechziger Jahre: Franz Gertsch: Kranenburg, 1970, Dispersion auf ungrundiertem Halbleinen. Köln 1990 *(Kapitel: Die Bewegtheit und das Sich-Bewegen)*

Trotz aufwendiger Recherchen ist es nicht in jedem Falle gelungen, Inhaber von eventuellen Fotorechten ausfindig zu machen.

Vom Autor bereits erschienen:

In der Reihe >Elementa<:
Die existenzielle Situation und die Rede
(Untersuchungen zu Logik und Sprache in der
existenziellen Hermeneutik von Hans Lipps)

146 S., br., 27 DM
Rodopi Verlag, Amsterdam und
Verlag Königshausen und Neumann, Würzburg 1984

In der Reihe >Phainomena<:
Das verlorene Individuum
(Eine phänomenologische Skizze zur
Funktionalisierung von Welt)

65 S., br., 17,80 DM
Attempto Verlag, Tübingen 1994

Metaphysische Gedichte
(sowie: Sonntagabend in Nirbrond. Eine
Geschichte ohne Handlung)
Zeichnungen Friederike von der Weppen

112 S., Broschur mit 7 Zeichnungen, 19,80 DM
Verlag J. H. Röll, Dettelbach 1993

In der Reihe
>*Tübinger Phänomenologische Bibliothek*<
bisher erschienen:

Friedhelm Schneider
Die Wahrnehmung der Wirklichkeit
Ein philosophisch-theologischer Essay

1992. 332 Seiten. kt. 39,80 DM / 311,- öS / 41,- sfr
ISBN 3 – 89308 – 155 – 0

Philosophische Begründungsbemühung hat spätestens seit Descartes die Gestalt einer Selbstvergewisserung der Vernunft. Das Gewisse gilt als das Wahre, und als das Wirkliche gilt das, was dieser Gewißheit zu genügen vermag. Die vorliegende Arbeit stellt sich in die Reihe derjenigen, die der Leitfigur neuzeitlichen Philosophierens, dem Selbstbewußtsein als Grund der Erkenntnis, mißtrauen. Sie bemüht sich um eine phänomenologische Bestimmung der zahlreichen Erfahrungen, in denen die Selbstgewißheit immer auch eine Gestalt gewußten Nichtwissens ist, untrennbar verknüpft mit der Unbekanntheit des Selbst und der Grundlosigkeit des Wissens. In der denkenden Aneignung dieser Erfahrung findet sich die Arbeit auf einem Weg, der philosophische Erkenntnis und christliches Bekenntnis einander zu nähern verspricht. Sie will auf diesem Weg einen neuen Sinn wecken für die fast vergessene Bedeutung von Erkenntnis, nach der es nur eine Erkenntnis gibt, nämlich die Erkenntnis Gottes.

„*Ein moderner, großer Essay über ein zentrales Thema der Philosophie. Die Ausführung ist sprachlich überzeugend, ja glänzend, bisweilen geradezu elegant. Der Text ist ganz aus einem Guß. Für den, der liest, ein gewinnbringendes Exercitium.*"

Professor Dr. Klaus Hartmann

Klaus Bort
Personalität und Selbstbewußtsein
Grundlagen einer Phänomenologie der Bezogenheit

323 Seiten. kt. 78.- DM / 609,- öS / 79,90 sfr
ISBN 3 – 89308 – 179 – 8

Thema des Buches ist eine philosophische Bestimmung des Selbstbewußtseins im Rahmen einer Phänomenologie der Bezogenheit von Denken und Sein. Erst in diesem Horizont, so lautet die Grundthese, lassen sich die strukturellen Aporien in der Fassung des Selbstbewußtseins vermeiden, und erst von hier aus wird der kategoriale Grund philosophischer Besinnung deutlich. Im Mittelpunkt steht daher die Entfaltung dieser grundlegenden Bezogenheit als ein Verhältnis dreier Verhältnisse: der ontologischen Differenz von Sein und Seiendem, der hermeneutischen Differenz des Etwas als Etwas und der intentionalen Differenz von Fremd- und Selbstbezug. In einem philosophischen Gespräch mit Aristoteles und Augustinus mit Descartes, Kant und Hegel sowie in Auseinandersetzung mit den phänomenologisch geprägten Konzeptionen von Brentano, Husserl und Sartre wird dieser Grund erörtert. Aus ihm heraus läßt sich die philosophische Frage nach dem Selbstbewußtsein zureichend nur in der Auslegung seiner personalen Erscheinungsweisen wie Sprache, Freiheit und Tod beantworten.

In der Reihe
>*Phainomena*<
bisher erschienen:

Dietmar Koch

Zur Hermeneutischen Phänomenologie
Ein Aufriß

58 Seiten. br. 12,80 DM / 100,- öS / 13,70 sfr
ISBN 3 – 89308 – 153 – 4

Die hermeneutische Phänomneologie als eine Gestalt des Verhältnisses von philosophischer Sache und ergründendem Denkweg wird hier – im Blick auf die Philosophie Martin Heideggers – gleichsam durch Grenzpfähle in ihrem Bereich abgesteckt. Mit dieser aufrißartig vorgestellten Konzeption soll eine Möglichkeit vor Augen geführt werden, die Einheit der Wirklichkeit – auch in ihrer geschichtlichen und existenziellen Dimension – philosophisch zu bewahren.

Klaus Bort

Freiheit und Bezug
Ansätze zu einer phänomenologischen Ethik

52 Seiten. br. 12,80 DM / 100,- öS / 13,70 sfr
ISBN 3 – 89308 – 156 – 9

Thema und Methode einer phänomenologischen Ethik erwachsen aus der grundlegenden Einsicht, nach der das Maß des Handelns in der Eigengesetzlichkeit der ausgelegten Sache selbst und nicht in einer transzendenten Instanz zu stehen kommt. Aus der Entfaltung dieses Ansatzes heraus bemüht sich eine phänomenologische Ethik um den Aufweis eines wahrenden und befreienden Verhältnisses zu unterschiedlich Seiendem im Horizont des Weltbezuges.
Wolfgang von der Weppen

Das verlorene Individuum
Eine phänomenologische Skizze zur Funktionalisierung von Welt

65 Seiten. br. 17,80 DM / 139.- öS / 18,90 sfr
ISBN 3 – 89308 – 182 – 8

Nicht wenige Anzeichen sprechen dafür, daß das Individuum und die Integrität seiner Aura im Zuge einer durchgängigen Funktionalisierung von Welt selbst aufgehoben werden soll. Dies geschieht in einer Atmosphäre des Denkens, in der paradoxerweise das Individuum ideologisch überhöht wie gleichzeitig seiner Grundlagen beraubt wird. Es geht in dieser Arbeit jedoch nicht einfach um die Artikulation eines kritischen Unbehagens an destruktiven Strukturen unserer Epoche, sondern vielmehr – unzeitgemäß – um eine Prinzipienüberlegung bezüglich der unabdingbaren Integrität des Individuums.

Friedhelm Schneider

Kindsein – ein Gleichnis
Philosophisch-theologische Gedanken zum generativen Verhältnis

59 Seiten. br. 18.- DM / 141.- öS / 17,50 sfr
ISBN 3 – 89308 – 219 – 0

Kindsein, Vatersein, Muttersein sind elementare Erfahrungen menschlichen Lebens und leitende Figuren menschlichen Selbstverständnisses. In diesen Begriffen und Bildern spricht aber auch die Religion das Verhältnis Gottes zu den Menschen aus, ja, im Artikel der Trinität sogar das Verhältnis Gottes zu sich selbst. Einsicht in den Grund und die Eigenart dieser Metaphorik will die vorliegende Arbeit aus dem Versuch gewinnen, den Erfahrungen von Zeugung und Erziehung und den Erschütterungen des Selbstbewußtseins, die diese Erfahrungen auslösen, denkend nachzugehen.

Bitte fordern Sie den Sonderprospekt des Verlages an.
Attempto Verlag Tübingen, Nauklerstraße 2, 72074 Tübingen